ADRIAN LANGENSCHEID

BENJ

TRUE CRIME DEUTSCHLAND 3

WAHRE VERBRECHEN
ECHTE KRIMINALFÄLLE

Impressum

Autoren: Adrian Langenscheid, Benjamin Rickert, Stefanie Löschmann

ISBN: 978-3-98661-012-8 (Paperback)

Lektorat: Hannah Thier, BA, MSc.

1. Auflage Juli 2021

Druckerei: Amazon Media EU S.á r.l., 5 Rue Plaetis, L-2338, Luxembourg
Coverbild: © Canva (canva.com)
Covergestaltung: Pixa Heros, Stuttgart

Einige Dialoge und Äußerungen, der in diesem Buch auftretenden Personen sind nicht wortgetreu zitiert, sondern dem Sinn und Inhalt nach wiedergegeben.

ADRIAN LANGENSCHEID
BENJAMIN RICKERT

TRUE CRIME DEUTSCHLAND 3

WAHRE VERBRECHEN – ECHTE KRIMINALFÄLLE

Über dieses Buch:

Eiskalte Serienmörder, verhängnisvolle Familiendramen, tragische Entführungen, niederträchtige Folter und skrupelloser Missbrauch: zehn schockierende True Crime-Kurzgeschichten zu wahren Kriminalfällen aus Deutschland.

Gefesselt, fassungslos, verblüfft und zu Tränen gerührt werden Sie alles in Frage stellen, was Sie über die menschliche Natur zu wissen glauben. Das Leben schreibt entsetzliche Geschichten und dieses Buch fasst sie zusammen. Tauchen Sie ein in die schockierende Welt der wahren Kriminalfälle und der echten Verbrechen!

Über die Autoren:

Adrian Langenscheid ist Autor der erfolgreichen Buchserie True Crime International. Seine Bücher „True Crime Deutschland“, „True Crime USA“, „True Crime England“, „True Crime Schweden“, „True Crime Frankreich“ und „Finnland True Crime“ haben über die Grenzen Deutschlands hinaus Bestsellerstatus erlangt. Gemeinsam mit dem Thriller-Autor Benjamin Rickert knüpfen die beiden True Crime-Experten mit dem achten Band der Reihe an die beachtlichen Erfolge der Vorgänger an.

„Die Geschichte ist nur ein Gemälde von Verbrechern und Drangsalen. Die Menge unschuldiger und friedlicher Menschen tritt auf diesem ungeheuren Schauplatz fast immer in den Hintergrund. Die Hauptpersonen sind nur ehrgeizige Schurken.“

- Voltaire (1694–1779), französischer Philosoph und Schriftsteller -

Vorwort

„Jetzt bekommst du mal so richtig eine auf die Fresse“, dachte ich mir, als er mich an die Wand drückte. Robert* war im Gegensatz zu mir ein Hüne, knapp zwei Köpfe größer und einigermaßen muskulös. Zumindest hatte er so viel Kraft, dass ich nun, mit dem Rücken zur Wand hochgehoben und nur durch seine Hände in der Luft gehalten, respektvoll in sein wutverzerrtes Gesicht schaute. Wäre dort am Mauerwerk eine Garderobe gewesen, er hätte mich wie eine Jacke aufgehängt. Die Wahl zwischen Flucht oder Kampf blieb mir in dieser ausweglosen Misere erspart. So fand ich mich mit der Situation ab und tat, was ich in Anbetracht meiner beschränkten Möglichkeiten als geringstes Übel ansah: ich holte aus und versetze Robert das Veilchen seines Lebens. Der Schlag saß, und mein persönlicher Goliath wich kurz von mir ab. Danach nahmen die Dinge ihren Lauf und ich „bekam ordentlich auf die Fresse“.

Wie es dazu kam? Das ist wohl eine lange und durchaus komplizierte Geschichte.

Sicher war es eine Jugendsünde und die Dummheit zweier Teenager. Direkt im Anschluss und mit schmerzenden Gliedern haben wir uns wieder versöhnt. Dem Veilchen sei

Dank, verbreitete sich danach das Gerücht, der kleine Adrian habe den großen Robert mal so richtig vermöbelt.

Später war mein „Gegner“ der erste, der nach dem Schulabschluss einen Porsche durch die Straßen unserer Kleinstadt fuhr. Eines Tages hielt ihn die Polizei an und siehe da: eine Ladung Drogen im Kofferraum. Im darauffolgenden Verhör verpfiff Robert seine Kontaktmänner. Heute, nach einer verkürzten Haft, fristet der ehemalige Sträfling ein Dasein in Angst und Schrecken vor der Rache seiner damaligen „Freunde“.

Warum wurde Robert kriminell? Warum begehen Menschen überhaupt Verbrechen? Bewegen uns Machthunger, Geldgier, Sex oder das Streben nach Anerkennung und Adrenalinkicks zu Dummheiten – oder sogar abscheulichen Taten? Und wenn, wen trifft dann die Schuld? Die Erziehung? Das soziale Umfeld? Ist der Hang zum Bösen vielleicht sogar tief in unseren Genen verankert?

Das ist wohl eine lange und durchaus komplizierte Geschichte.

Adrian Langenscheid.

*Name geändert

»Der Verbrecher von gestern ist der Held von heute.«

- Fritz Bauer (1903–1968) Jurist, Remigrant, jüdischer Intellektueller, Sozialdemokrat -

KAPITEL 1

Blütenreiner Zaster

Während Deutschland im September 2006 die letzten Tage des Spätsommers genießt, herrscht auf der Mülldeponie in Ossendorf, einem Stadtteil von Köln, helle Aufregung. Ein Mitarbeiter war beim Sortieren versehentlich mit der Gabel seines Gabelstaplers in einen blauen Plastiksack geraten. Eigentlich kein besonders außergewöhnlicher Vorfall, doch als sich der Deponiemitarbeiter den herausgequollenen Inhalt des Sacks genauer ansieht, staunt er nicht schlecht: Zwischen Papierfetzen kommen mehrere geschredderte Dollarnoten zum Vorschein. Da wohl kaum jemand echtes Geld zerkleinern würde und auf einer Mülldeponie loswerden will, verständigt der Mann die Polizei und schildert den Beamten den Vorfall.

Wenige Stunden später landet der Sack im Falschgelddezernat des Bundeskriminalamts (BKA) in

Wiesbaden. Dort wird er von Kriminalhauptkommissar Leo Kleinhans genauer unter die Lupe genommen. Er stellt fest, dass es sich bei den Scheinen um qualitativ hochwertige „Andruckbögen" handelt, also Probedrucke zur Überprüfung der Druckqualität. Die Polizei lässt weitere blaue Säcke sicherstellen, die ebenfalls voll mit geschredderten Dollarnoten sind. Bei Kleinhans schrillen alle Alarmglocken: Gibt es in Deutschland etwa eine Falschgelddruckerei? Stammen diese Blüten möglicherweise aus der Hand eines Mafiarings?

Die Polizei beginnt nun damit, den riesigen Haufen Falschgeldschnipsel zu durchsuchen; vielleicht findet sich unter den zahlreichen falschen Dollarnoten ein Hinweis auf den oder die Täter. Und tatsächlich: den Ermittlern fällt ein etwa zwei Millimeter dicker Papierstreifen in die Hände, der Teil eines Briefkopfs zu sein scheint. Es ist ein Erfolg, doch leider sind auf dem Stück bloß die Postleitzahl und der Wohnort zu erkennen.

Nach mehreren Wochen mühevoller Kleinarbeit entdecken die Ermittler schließlich das letzte, entscheidende Puzzlestück. Sie stellen fest, dass das Papier zu einem zerrissenen Briefkuvert der AXA-Versicherung gehört, adressiert an einen gewissen Hans-Jürgen Kuhl.

Die Anschrift führt die Ermittler zu einem Kunstatelier im Industriegebiet von Brauweiler, in der Nähe von Köln. Hier widmet sich der 65-jährige Hans-Jürgen Kuhl der Malerei. Gerade fertigt er Gemälde von Oldtimern an. Ein Rentner, der als Marionette eines nationalen, möglicherweise internationalen, Falschgeldvertriebs der Mafia agiert? Die Beamten wittern eine Sensation.

Um Kuhl und seinen vermeintlichen Hintermännern das Handwerk zu legen, beginnt das BKA mit drastischen Überwachungsmaßnahmen. Sie hören Kuhls Telefon ab, prüfen seine Kunden und beobachten jeden seiner Schritte durch das Teleobjektiv einer Kamera. Doch als die Observierung auch nach fünf Monaten ergebnislos bleibt, kommen bei den Beamten erste Zweifel auf. Könnte es sein, dass Kuhl gar nicht im Auftrag irgendwelcher Hintermänner handelt? Hat der Künstler überhaupt etwas mit der Sache zu tun oder wurde die Spur absichtlich zu ihm gelegt, um von den eigentlichen Tätern abzulenken? Aufgrund der hohen Qualität der Blüten ist sich das BKA sicher, dass die falschen Dollarnoten nur aus der Hand eines Profis stammen können. Doch wer steckt dahinter?

So einfach will sich das BKA allerdings nicht geschlagen geben. Da die gefundene Adresse die bisher einzige verwertbare Spur in diesem Fall ist, bleiben die Polizisten an Kuhl dran – und setzen zwei verdeckte Ermittlerinnen auf den Künstler an. Die Beamtinnen sollen sein Vertrauen gewinnen und ihn durch ein geschicktes Täuschungsmanöver in eine Falle tappen lassen.

Im Frühjahr 2007 kommt ein dunkles Cabrio der Marke BMW vor dem Kunstatelier in Brauweiler zum Stehen. Dem Auto entsteigt eine attraktive, exotisch aussehende junge Dame; gefolgt vom süßlichen Duft ihres Parfums.

Nachdem sie von Kuhl, einem mittelgroßen, hageren Herrn mit grauen Haaren und Brille, hereingebeten wurde, stellt sich die Dame als Naomi Jefferson vor. Sie sei die Tochter einer Inderin und eines Briten, aufgewachsen in Mumbai und war dort von einem deutschen Kindermädchen betreut worden; ein Glücksfall wie sie berichtet, denn so lernte sie, neben ihren Muttersprachen Hindi und Englisch, auch noch Deutsch. Als sie zwölf Jahre alt war, seien ihre Eltern im Auftrag einer IT-Company mit ihr nach Düsseldorf gezogen. Nach ihrem Schulabschluss habe sie sowohl in London als auch in San Francisco studiert und sei nun seit mittlerweile acht Jahren als freiberufliche Beraterin für die indische Außenhandelskommission tätig. Auf einer Veranstaltung hatte die Dame eines der Werke Kuhls erworben und ihrem Schwager ein Bild davon geschickt. Dieser sei von dem Motiv – das Gesicht John F. Kennedys auf einem vergrößerten 100-DM-Schein – so begeistert gewesen, dass er sie fragte, ob Kuhl nicht so etwas ähnliches für sein Chefbüro anfertigen könne. Statt eines Gesichts soll jedoch ein pompöser Bau in Mumbai abgebildet sein und statt der Deutschen Mark möchte der Auftraggeber einen 10-Rupien-Schein verwendet wissen. Kuhl versichert ihr, den Auftrag auszuführen und bietet der jungen Dame an, auch noch Blumenmotive sowie Elefanten oder Rinder in das Bild miteinzuarbeiten. Jefferson zeigt sich begeistert und möchte wissen, ob das Bild genauso viel kostet wie das von ihr erworbene Kennedy-Motiv. „Ja", bestätigt Kuhl mit ruhiger Stimme.

„Und wann denken Sie, ist das Werk fertig?“

„In zwei Wochen.“

Strahlend ergreift Jefferson seine Hand und bekräftigt überschwänglich, wie schön es doch sei, dass sie sich kennengelernt haben. Als sie Kuhls Hand wieder loslässt, bemerkt der Künstler verblüfft, dass sich darin nun fünfzehn 100-Euro-Scheine, verborgen unter einer 10-Rupien-Note, befinden.

„Ist eine Anzahlung bei Künstlern nicht üblich?“, möchte Jefferson verunsichert wissen.

Kuhl lächelt. „Nicht unbedingt“, sagt er, „aber durchaus gern gesehen.“

Zwei Wochen später klingelt im Kunstatelier Kuhl das Telefon; am Apparat meldet sich Naomi Jefferson. Sie möchte wissen, ob das von ihr bestellte Bild fertig sei. „Natürlich“, antwortet Kuhl, der seine Versprechen immer einzuhalten pflegt. Begeistert schlägt Jefferson vor, am übernächsten Tag gegen 16 Uhr vorbeizukommen. Kuhl ist einverstanden.

Zwei Tage später, eine dreiviertel Stunde vor dem vereinbarten Termin, klingelt im Atelier des Künstlers erneut das Telefon. Wieder ist es Frau Jefferson, die Kuhl den Tränen nahe berichtet, dass sie vom indischen Botschafter in die Hauptstadt zitiert wurde und den Termin daher nicht wahrnehmen könne. Stattdessen würde eine Bekannte um 16 Uhr vorbeikommen und das Bild abholen. Kuhl gibt sich am Telefon zwar verständnisvoll, ist innerlich allerdings ein klein wenig enttäuscht; hatte er sich auf das Treffen mit der charmanten Dame von der Handelskommission doch eingehend vorbereitet. Mit elegantem Hemd, glatt rasiertem Gesicht und einem verführerischen Duft auf den Wangen wollte Kuhl bei Jefferson Eindruck schinden. Er hatte sogar extra einen kleinen Käsekuchen besorgt, um bei einer dampfenden Tasse Kaffee mit der Frau ins Gespräch zu kommen.

Um kurz nach 16 Uhr steigt eine etwa dreißig Jahre alte, schlanke Frau mit kurzen, blonden Haaren und blauen Augen aus einem silbernen VW-Golf. Sie trägt eine Jeans und Bowlingschuhe, dazu ein rund ausgeschnittenes, weißes T-Shirt unter einem hellbraunen Lederblouson.

„Bin ich hier richtig bei Hans-Jürgen Kuhl?“, fragt sie, als sie die Wagentüre hinter sich schließt.

„Goldrichtig“, antwortet Kuhl, der erwartungsvoll in der geöffneten Ateliertür steht.

„Mein Name ist Marie Falkenthal, Frau Jefferson hat mich gebeten …“

„Ich weiß Bescheid“, unterbricht Kuhl sie. „Sie können das Bild mitnehmen, es ist fertig. Kommen Sie herein.“ Die beiden reichen sich die Hand und Frau Falkenthal folgt dem Künstler ins Innere seiner Werkstatt, wo sie zunächst mit bescheidenem Blick die Vielzahl an Kunstwerken an den Wänden mustert.

„Das sind also die Sachen, die Sie so anfertigen“, stellt sie fest.

„Ein kleiner Teil“, erwidert Kuhl. „Es würde Tage dauern, Ihnen alles zu zeigen.“

„Mir gefallen Ihre Bilder sehr gut“, sagt Frau Falkenthal. „Ich kann nicht viel mit moderner Kunst anfangen. Aber Ihre Werke sehen gut aus. Die kann man sich an die Wand hängen oder auch verschenken.“ Geschmeichelt bedankt sich Kuhl bei der Frau und bittet sie, ihm zu folgen.

„Hier ist das Prachtstück“, sagt Kuhl, als er auf ein Bild deutet, das auf einer Staffelei neben der Eingangstür steht. „Fabelhaft!“, schwärmt Frau Falkenthal und nimmt das Kunstwerk genauer unter die Lupe. Rote, gelbe und orangene Farben bilden den Hintergrund des Himmels, der mit Lotusblüten vollgehangen ist. Der 10-Rupien-Schein ist auf dem Vorplatz des glanzvollen Gebäudes platziert, ein Elefant schaut von der rechten Seite ins Bild.

„Sie sind ein wahrer Meister Ihres Fachs!“, fügt Frau Falkenthal hinzu und zieht ein Kuvert aus ihrer Handtasche, welches sie dem Künstler reicht. „Das soll ich Ihnen von Frau Jefferson überreichen.“ Kuhl nimmt den Briefumschlag dankend entgegen. „Zählen Sie ruhig nach“, sagt Frau Falkenthal. „Nicht nötig“, erwidert Kuhl und steckt das zusammengefaltete Kuvert in die Brusttasche seines Hemds. Nach einigen Sekunden betretenen Schweigens bietet Kuhl der jungen Frau an, ihm bei einer Tasse Kaffee und einem Stück Käsekuchen noch ein wenig Gesellschaft zu leisten. „Mit Vergnügen!“

Die beiden lassen sich in einer Ecke des Ateliers auf zwei Barhockern an einem Stehtisch nieder. Während Kuhl Kaffee aufbrüht und den Kuchen anschneidet, kommen er und Frau Falkenthal ins Plaudern.

„Woher kennen Sie Frau Jefferson eigentlich?", möchte Kuhl wissen. „Ich bin Eventmanagerin bei einer Firma in Essen namens Niagara", erklärt Frau Falkenthal, „und die indische Kommission, in welcher Frau Jefferson tätig ist, veranstaltet oft Präsentationen oder Empfänge. Meine Aufgabe ist es, diese zu organisieren."

„Interessant", sagt Kuhl und beichtet, dass er früher auch immer gern Partys gefeiert habe, sich dies heute jedoch nicht mehr leisten könne. „Das verstehe ich", sagt Frau Falkenthal nickend. Es sei sicherlich nicht einfach, mit Kunst seinen Lebensunterhalt zu verdienen. Ob er denn auch graphische Arbeiten wie Logos, Layouts oder dergleichen anfertige?

„Theoretisch könnte ich es", sagt Kuhl. „Doch leider gehen die Leute mit solchen Aufträgen eher zu Werbeagenturen."

„Die Resultate sind aber meist grauenvoll", sagt Frau Falkenthal. „Sie glauben gar nicht, wie oft wir uns mit irgendwelchen Agenturen herumärgern müssen!"

„Also, wenn Sie mal wieder etwas brauchen, ich helfe Ihnen gerne", sagt Kuhl.

Zu seiner Überraschung steigt Frau Falkenthal sofort auf das Angebot ein und zieht einen Zettel aus ihrer Handtasche: „Da gäbe es tatsächlich etwas – haben Sie schon einmal

Eintrittskarten erstellt?“ Zwar verneint Kuhl dies, erklärt aber, er habe alle nötigen Programme auf seinem Computer und würde sich dieser, seiner Ansicht nach, nicht allzu schweren Aufgabe gerne annehmen.

Als der Künstler wissen möchte, wofür die Eintrittskarten denn bestimmt sind, erzählt Frau Falkenthal von einem First-Class-Event im besten Hotel von Riga, der Hauptstadt von Lettland, das sie gerade organisiere. Sie habe zwar schon Eintrittskarten in Auftrag gegeben, diese hätten ihr jedoch nicht gefallen. Kuhl schlägt angesichts der gerade erfolgreich verarbeiteten 10-Rupien-Note vor, die Einladungskarte in ähnlicher Manier in Form eines golden verzierten, aufklappbaren 100-Dollar-Scheins zu gestalten. Falkenthal ist einverstanden, möchte aber, dass der Schein möglichst echt aussieht – kein Problem, wie Kuhl sie wissen lässt. „Wunderbar“, sagt Frau Falkenthal und fügt lachend hinzu: „Dann können Sie mir ja gleich eine Million mitdrucken!“

Drei Wochen später holt die Eventmanagerin die fertigen Eintrittskarten ab und zeigt sich begeistert von Qualität und Look des Druckes. Bei einer weiteren Runde Hefegebäck und Milchkaffee – diesmal zur Feier des erfolgreich ausgeführten Auftrages – plaudert Frau Falkenthal munter über die „trinkfesten und partygeilen“ Russen, die auch zu diesem Event kämen; da würden am Abend schon einmal einige Dollars über die Theke gehen.

„Neulich hat mich doch tatsächlich einer von denen gefragt, ob ich ihm nicht gefälschte Dollarnoten besorgen könne“, berichtet Frau Falkenthal. „Er meinte, er würde sofort fünf Millionen davon kaufen.“

„Soso“, erwidert Kuhl und richtet den Blick auf seine Kaffeetasse.

„Aber Sie sind ja Künstler und kein Krimineller, Herr Kuhl“, stellt Frau Falkenthal ironisch frustriert fest. „Sie wissen sicherlich nicht, wo ich so etwas bekommen könnte.“

„Nun ... ich könnte mich mal in Druckerkreisen umhören“, sagt Kuhl. „Versprechen kann ich natürlich nichts.“

Es ist ein verregneter Dienstag im Oktober 1998. Kuhl zieht nachdenklich an seiner Zigarette, kurbelt das Fenster seines Porsches herunter und stößt den Rauch aus. Nachdem der Künstler einen ereignislosen Arbeitstag in seinem Atelier hinter sich gebracht hatte, war er mit dem Auto zunächst nach Aachen ins Casino gefahren. Als ihm dort jedoch das Glück nicht hold war, hatte ihn seine Intuition nach Köln getrieben, wo er das italienische Lokal „Bei Bepi“ in der Breite Straße aufsuchte.

Eigentlich erlaubt Kuhls finanzielle Situation solche kleinen Spielereien, wie etwa einen Besuch im Casino, nicht. Vorbei sind die Zeiten, in denen sich der Künstler regelmäßig auf Partys rumtrieb und er monatlich mehrere zehntausend Euro einnahm. Das Geld verdiente der gebürtige Nordrhein-Westfale jedoch keineswegs allein mit seinen Bildern.

Den Grundstein seiner Karriere legt Kuhl bereits in seiner Kindheit: mit acht Jahren malt er leidenschaftlich gerne Comic-Figuren und findet dafür sogar Abnehmer: die Bilder verscherbelt seine Mutter für vierzig Pfennig an die Nachbarn. Allerdings vernachlässigt der kleine Junge dafür seine Schulaufgaben. Nach nur drei Wochen auf dem Gymnasium verlieren die Lehrer die Geduld mit Hans-Jürgen Kuhl, er muss auf die Realschule wechseln, verfehlt allerdings auch dort die mittlere Reife.

Mit fünfzehn Jahren hat Kuhl keine Lust mehr, die Schulbank zu drücken und trampt ohne Schulabschluss durch Italien. Zurück in Deutschland kann er durch einen Glücksfall eine Ausbildung zum Fotokaufmann beginnen. Doch auch hier fehlt ihm die nötige Motivation, denn die Verlockungen des Nachtlebens ziehen ihn in seinen Bann.

In den Kölner Ringen, die zu jener Zeit aufgrund ihrer Unterweltgrößen sowie Nachtclubs einen schillernden Ruf genießen, ist Kuhl unter dem Spitznamen „De Duv“ – die Taube – bekannt. Woher dieses Pseudonym rührt, weiß der Künstler selbst nicht mehr so genau. Obwohl er meist mit „Stammkunden bei der Polizei“, also Wiederholungstätern, verkehrt, hält Kuhl selbst sich von krummen Geschäften weitestgehend fern.

Das Nachtleben wird dem Lebemann allerdings schon bald zum Verhängnis: da er erst nach Sonnenaufgang ins Bett fällt, kommt der Lehrling in der Berufsschule ständig zu spät, schwänzt später sogar den Unterricht. Um seine Gesellenprüfung trotzdem irgendwie zu bestehen, wagt er es im Alter von achtzehn Jahren, die Unterschrift seines Klassenlehrers selbst unter die Anwesenheitsliste im Lehrlingsheft zu setzen.

Das Ganze fliegt auf, als Kuhls Chef aus dem Fotoladen den Lehrer fragt, ob der Junge die Prüfung bestehen würde. Der Lehrer schätzt Kuhl als durchaus geeignet ein, kann aber nicht sagen, mit welcher Note, da sein Schüler bloß dreimal zum Unterricht erschienen sei. Kuhl besteht, wenn auch nur mit der Note „ausreichend". Nach diesem – mehr oder weniger – erfolgreichen Abschluss seiner Ausbildung verkauft Kuhl noch eine Weile lang Kameras, kehrt der Fotobranche Mitte der Sechziger allerdings den Rücken zu und widmet sich einem neuen Geschäft.

Ausschlaggebend dafür sind die sogenannten „Hotpants" – ein aus England stammender Trend, der allmählich nach Deutschland überschwappt. Da noch kaum ein deutsches Modehaus die kurzen Shorts im Sortiment hat, beschließt Kuhl, die Idee der Hotpants zu übernehmen und fertigt eigene Entwürfe aus Leder an.

Das Geschäft läuft so gut, dass Kuhl sein eigenes Modelabel gründet, welches er „Paloma", Spanisch für „Taube", tauft – eine Hommage an seinen Spitznamen in der Kölner Szene. Seine originellen Kollektionen schaffen es sogar auf die Titelseite der „VOGUE" und Kuhl damit zu seiner ersten Million. Was folgt ist ein Leben voller Partys, teuren Autos, Drogen und ständig wechselnden Geschlechtspartnern.

Nach fast zwanzig Jahren in der High Society verliert der gelernte Fotokaufmann jedoch die Lust an der Mode und wendet sich Mitte der Achtziger der Kunst zu. Als Fan des amerikanischen Künstlers Andy Warhol ahmt Kuhl dessen Stil nach und bringt Motive vom Kölner Dom, Beethoven oder Marylin Monroe als Siebdruck-Bilder zu Papier; die Werke unterzeichnet er aber stets mit seinem eigenen Namen. Der Meister selbst kennt Kuhls Adaptionen und scheint sie zu tolerieren – zumindest wird der Kölner nie ernsthaft von Warhol dafür verklagt. Dies ermöglicht es ihm, täglich bis zu dreihundert Stück der Bilder für je einhundert Euro zu verkaufen.

Mit den Jahren ebbt der Hype um Kuhls Warhol-Kopien jedoch immer mehr ab, bis er schließlich ganz verschwindet. Seine Kunden wollen etwas Neues, denn Warhols Meisterwerke sind mittlerweile in jedem Baumarkt zu erstehen. Dies wirft den Kölner Künstler unerwartet in eine tiefe Krise. Da ihm allmählich das Geld auszugehen droht, spielt Kuhl mit dem Gedanken, einen Neuanfang auf Mallorca zu wagen – seit Ende der Achtziger neu erobertes Terrain der Deutschen.

Zusammen mit seinem Steuerberater geht er daraufhin seine Lagerbestände durch und kommt auf einen Verkaufswert von insgesamt 1,6 Millionen Mark. Doch keiner der von Kuhl kontaktierten Poster- und Kunstdruckunternehmen will diese horrende Summe für sein Repertoire aufbringen. Das Höchstgebot, 400.000 Mark von einer Hamburger Firma, ist Kuhl zu wenig; er will mindestens 600.000 Mark haben.

Resigniert widmet sich der Künstler wieder seinen wenigen Aufträgen und sucht verzweifelt nach einer Lösung für sein drohendes Geldproblem – bis zu jenem verregneten Dienstag im Oktober 1998.

Der einzige Gast, der an diesem Nachmittag an der Theke des italienischen Lokals „Bei Bepi" sitzt, ist dem Kölner Künstler nur allzu gut bekannt: sein Freund Rickart*, der einen tadellosen Ruf in der Kölner Szene genießt. Diesen verdiente sich Rickart vor allem durch sein korrektes Verhalten, denn er ist alles andere als ein „profilierungssüchtiger Szene-Schwätzer". Vermutlich war er auch deshalb immer wieder bei dem Versuch gescheitert, wohlhabend zu werden. Als sich die beiden Männer vor rund einem Jahr das letzte Mal gesehen hatten, war Rickart noch im innereuropäischen Schweinefleischhandel aktiv, der so manchem Grenzgänger, aufgrund der nicht gut durchdachten Subventionspolitik der EU, eine sprudelnde Geldquelle bot.

Als Kuhl sich der Theke nähert, wird auch Rickart auf ihn aufmerksam und rutscht von seinem Barhocker: „Hab' mir doch gedacht, dass ich dich hier treffe."

„Wirklich?", entgegnet Kuhl. „Also eigentlich war ich gerade auf dem Weg ins Klo, um mich mit der Kette vom Spülkasten aufzuhängen."

Rickart lächelt. „Lass uns spazieren gehen", sagt er und gibt Kuhl ein Zeichen, ihm zu folgen.

Zusammen laufen sie durch den strömenden Regen in Richtung Kölner Ringe, wo Kuhl seinen Porsche abgestellt hat; währenddessen führen die beiden ihre Plauderei fort. Kuhl möchte von Rickart wissen, ob er immer noch die „Sache mit dem Fleisch“ mache.

„Ach, hör mir auf“, schnaubt Rickart. „Da sahnen ein paar Große alles ab und die anderen hängen am Haken.“ Kuhl nickt.

„Und deine Bilder?“, fragt Rickart ihn.

„Könnte besser laufen.“

Die beiden steigen in Kuhls Porsche und der Künstler steuert den Wagen in Richtung Belgisches Viertel. Währenddessen gesteht er seinem Freund, dass er nach Mallorca auswandern wolle, ihm jedoch das Geld dazu fehle.

„Lass uns in ein paar Monaten doch gemeinsam rübergehen“, sagt Rickart. „Mir hat zwar jemand 400.000 Mark für meinen Lagerbestand angeboten“, erklärt Kuhl, „aber das reicht niemals aus, um damit abzuhauen.“ „Muss es auch nicht“, winkt Rickart ab. „Ich weiß, dass du ein guter Drucker bist und habe da etwas, das dich interessieren könnte.“

Rickart erklärt, dass ein internationaler Investor als Partner eines Schweizer Unternehmens ins Immobiliengeschäft einsteigen wolle. Das Startkapital betrage 50 Millionen Dollar, von denen der Investor 90 Prozent einbringen will. Das Problem: die restlichen fünf Millionen Dollar hätten die

Schweizer zwar, allerdings nicht griffbereit. Rickart brauche demnach fünf Millionen Dollar in Blüten, dafür bekäme er zwei Millionen Mark. Macht Kuhl mit, schlägt Rickart vor, diese zwei Millionen Mark nach Abzug der Kosten zwei zu eins aufzuteilen. Eins für Rickart, zwei für Kuhl.

„Aha", sagt Kuhl und zündet sich eine Zigarette an. „Und wer ist dieser Investor?"

„Er soll aus den Emiraten stammen."

Kuhl schaut seinen Freund ausdruckslos an und fasst zusammen: „Du willst also einen Ölscheich mit fünf Millionen falschen Dollars über den Tisch ziehen."

„Nicht direkt", sagt Rickart. „Die Schweizer haben das Geld ja, nur eben nicht in gebündelten Scheinen zum Anfassen."

Die Araber kämen mit 45 Millionen Dollar zum Treffpunkt, erklärt Rickart weiter, die Schweizer mit fünf Millionen in Blüten. Darauf folge dann das übliche Prozedere – das Geld würde gezählt, die Firma gegründet und dann hauen die Araber wieder ab.

„Und das falsche Geld?", fragt Kuhl. „Was passiert damit?"

„Es wird verbrannt."

„Das bezweifle ich."

„Doch, glaub mir. Und selbst wenn das nicht der Fall wäre, könnte uns das herzlich egal sein"

„Nein“, beharrt Kuhl. „Es ist vor Gericht ein gewaltiger Unterschied, ob man Falschgeld nur für den Ofen macht oder es tatsächlich in Umlauf gebracht wird. Außerdem ist es kompliziert, einen Dollar zu machen. Die Motive werden auf Kupferplatten gestochen und im Siebdruckverfahren hergestellt. Das bekommt so jemand wie ich niemals hin.“

„Wenn ich es jemandem zutraue, dann dir!“

Kuhl zieht nachdenklich an seiner Zigarette, kurbelt das Fenster seines Porsches runter und stößt den Rauch aus. Eine schöne Finca auf dem sonnigen Mallorca, dazu eine Motoryacht in der Marina von Cala d'Or? Nein, eine Harley würde besser zu ihm passen. Auf dem Wasser würde es ihm bloß schlecht werden. Doch soll er wirklich solch ein hohes Risiko für ein bisschen Sonne, Strand und Meer eingehen? Was, wenn die Sache schief geht?

„Tut mir leid, aber die Sache ist mir zu heiß“, sagt Kuhl. „Und ich bin zu alt für den Knast.“

„Du kommst nicht in den Knast, vertrau mir.“

„Und was, wenn das Ganze eine Falle ist? Wie kommen die überhaupt auf dich? Was haben Schweinefleischhälften mit Geldfälschung zu tun?“

Rickart erklärt, dass er vor dem Handel mit Fleisch im Kölner Hyatt Hotel für die Food-Disposition zuständig war und sich dort mit einem der Köche anfreundete. Bruno*, so der Name des Kochs, habe jetzt das Restaurant seiner Eltern auf der schwäbischen Alb übernommen. Dort würde sich der Geldadel aus der gesamten Region herumtreiben, unter anderem auch die Mitarbeiter des besagten Schweizer Unternehmens, die sich angesichts der Wichtigkeit des Deals nun in einer misslichen Lage befänden.

„Als Bruno mich vor drei Wochen anrief und mir von der Sache berichtete, hab‘ ich ihm gesagt, dass ich jemanden kenne, der die Blüten drucken könne. Da war er ganz begeistert und hat gemeint, dass eine Anzahlung in Höhe von 10.000 Mark für uns bestimmt drin wäre."

Kuhl erklärt, dass er mit niemandem Geschäfte mache, den er nicht näher kenne. Darüber hinaus betont er noch einmal, dass seine Maschinen nicht dafür gemacht seien, falsche Geldscheine zu drucken und er eine gute Offset-Druckmaschine bräuchte. Diese lägen preislich allerdings bei 100.000 oder sogar 200.000 Mark.

„Wärst du dabei, wenn wir dir das Geld für die Maschine drauflegen?", fragt Rickart.

„Nicht unbedingt."

Rickart will es jetzt genau wissen: „Was sind deine Bedingungen?"

Kuhl schweigt ein paar Augenblicke lang. Dann fordert er, dass Bruno ein Treffen mit den Schweizern in seinem Lokal organisiert und diese Rickart das Geld zeigen. Zudem sollen sie die Offset-Druckmaschine finanzieren und eindrücklich versichern, dass die Blüten bloß ein einziges Mal vorgelegt und danach verbrannt werden würden.

Ab April 2007 wird der silberne VW-Golf der jungen Eventmanagerin aus Brauweiler fast schon zum alltäglichen Anblick vor Kuhls Atelier. Diesmal hat Frau Falkenthal eine Flasche Krimsekt im Gepäck, die sie dem Künstler als Zeichen ihres Dankes überreicht. Der Auftraggeber aus Lettland sei von den Eintrittskarten begeistert und das Fest mit fast eintausend Gästen ein voller Erfolg gewesen.

Nachdem Kuhl die Eventmanagerin beglückwünscht hat, lädt er sie zu einer kleinen Plauderei bei Kaffee und Kuchen ein. Doch schon nach kurzer Zeit wird Frau Falkenthal ernst und berichtet, dass „der Russe“ ebenfalls auf der Feier war und sie abermals auf die falschen Dollarnoten angesprochen habe. Würde sie ihm 6 Millionen Dollar in Blüten besorgen, bekäme sie 1,5 Millionen Euro.

Die Provision käme ihr sehr gelegen, da ihre Mutter eine aufwendige Spezialbehandlung benötige und die Krankenkasse für so etwas nicht aufkommen würde. Sie, Marie, sei die einzige Bezugsperson, die ihre Mutter noch habe; der Vater sei bereits vor acht Jahren bei einem Autounfall ums Leben gekommen und Geschwister habe die Eventmanagerin nicht. Die angelastete Verantwortung mache ihr zwar nichts aus, jedoch verfüge sie bloß über geringe finanzielle Möglichkeiten.

Kuhl überlegt. Dann erzählt er Frau Falkenthal, dass er sich nach ihrem letzten Gespräch umgehört und tatsächlich jemanden gefunden hat. Es gibt da einen Kollegen von ihm, der Kontakt zu einem polnischen Falschgelddrucker hat.

Der Mann könne die Blüten für zwanzig zu eins in Euro weitergeben.

Frau Falkenthal ist begeistert. Die Übergabe würde ratzfatz an einem Flughafen über die Bühne gehen, sagt sie, der Zoll und die Polizei seien geschmiert.

„Sie sind also wirklich interessiert?“, möchte Kuhl verwundert wissen.

„Unbedingt!“, erwidert Frau Falkenthal. „Sie bekommen natürlich etwas von dem Gewinn ab.“

Kuhl ist mit dem Deal einverstanden und versichert der Eventmanagerin, noch am selben Abend mit dem polnischen Drucker in Kontakt zu treten.

„Sie sind ein Engel!“, sagt Frau Falkenthal, umarmt den Künstler und küsst ihn auf beide Wangen.

Kuhl ist geschmeichelt, ermahnt sie allerdings zur Vorsicht. Schließlich wisse er nicht, ob der Drucker wirklich die Wahrheit sagt.

Die Eventmanagerin sieht das gelassen. Sie winkt ab und hat anstelle von Sorgen eine weitere Bitte an Kuhl: sie würde dem Russen gerne einen Probeschein mitbringen, wenn sie übermorgen wieder nach Riga fliegt.

Nachdem er ihr lange und tief in die Augen geschaut hat, steht Kuhl auf, geht zu seinem Schreibtisch und kommt mit einem Kuvert in der Hand zurück, das er Frau Falkenthal übergibt. Sie öffnet den Umschlag und zieht fünf Dollarnoten daraus hervor. Nachdenklich begutachtet sie die Scheine.

„Das sind jetzt aber schon echte, oder?“

„Nein“, sagt Kuhl. „Das sind Blüten aus Polen. Die hat mir dieser Drucker gegeben, von denen kann er angeblich beliebige Mengen besorgen.“

„Sie sind wunderbar!“

Wenige Wochen nach Rickarts und Kuhls Treffen in Köln werden Kuhls Bedingungen erfüllt und die beiden machen sich auf den Weg nach Baden-Württemberg. Mit gefälschtem Nummernschild auf einem geliehenen BMW parken sie eine Stunde vor dem geplanten Zeitpunkt in Sichtweite von Brunos Restaurant. Rickart steigt aus, klopft an die Scheibe des Lokals und verschwindet kurz darauf in dessen Inneren; Kuhl bleibt im Wagen.

Einige Minuten später rollt ein Audi A6 mit Züricher Nummernschild an. Dem Auto entsteigen zwei Männer – dezent gekleidet, schätzungsweise Mitte dreißig und eindeutig fürs Geschäft hier. Einer von ihnen geht zum Kofferraum und holt einen silbernen Alukoffer heraus. Anschließend verschwinden auch sie in dem Restaurant.

Kurz vor dem Treffen hatte Rickart eine Visitenkarte des Schweizer Unternehmens von Bruno bekommen. Um die Echtheit der Züricher Telefonnummer darauf zu überprüfen, hatte Kuhl aus einer Telefonzelle heraus das Unternehmen kontaktiert und behauptet, er sei ein Doktor aus Berlin und würde gerne den Geschäftsführer sprechen. Die freundliche Dame am anderen Ende der Leitung teilte ihm mit, dass dieser sich bedauerlicherweise auf einer Dienstreise befände. Aber wenn Kuhl ihr seine Telefonnummer hinterließe, könne sie ihrem Chef ausrichten, dass er angerufen habe. Kuhl bedankt sich, lehnt den Vorschlag aber ab. Er sei selbst für ein paar Tage in den Staaten und würde sich nach seiner Rückkehr wieder melden.

Es dauert etwas mehr als zwei Stunden, bis sich die Tür zu Brunos Restaurant wieder öffnet und die beiden Männer samt des Alukoffers in ihrem Audi verschwinden. Weitere zehn Minuten später öffnet sich die Tür erneut und Rickart erscheint auf der Schwelle.

Als sich der geliehene BMW wieder auf der Autobahn befindet, berichtet Rickart, dass die Schweizer das Geld vor seinen Augen gezählt und gesagt hätten, dass sie die Kosten für die Druckmaschine übernehmen würden. Auf Kuhls Frage hin, wann die Blüten fertig sein sollen, sagt Rickart, dass die Schweizer spätestens in sechs Monaten damit rechnen. Dann legt er zehn 1000-Mark-Scheine in die Mittelkonsole, als Anzahlung für Farbe und Papier.

Einige Wochen später schließen Mechaniker die schwere Druckmaschine in Kuhls Atelier an. Das Gerät hatte den Künstler etwa 130.000 Mark gekostet, von denen er sich – aufgrund seines relativ leeren Geschäftskontos – 70.000 Mark von der Bank leihen musste.

Mit einer Offset-Maschine alleine ist die Arbeit jedoch noch lange nicht getan – im Gegenteil. Kuhls Aufgabe besteht nun darin, die besonderen Sicherheitsmerkmale des Scheins zu erkennen und so gut es geht nachzuahmen.

Auf den ersten Blick scheint eine Dollarnote relativ simpel aufgebaut zu sein; man hat den typischen Silberstreifen, der unter anderem auch beim Euro zu finden ist, dann das gut sichtbare Wasserzeichen sowie ein wenig Text und einige Motive auf der Vorder- und Rückseite. Doch wer schon einmal einen Dollarschein in der Hand hatte, weiß, dass er nicht glatt, sondern griffig ist; man kann den Druck spüren. Dies ist auf die spezielle Herstellungsweise der Banknote zurückzuführen. Die Motive werden auf eine handgestochene Stahlplatte gedruckt und dann so fest auf das Papier gepresst, dass die feinen Stiche und Linien Erhebungen im Papier hinterlassen. Dieses Verfahren kann Kuhl mit seiner Maschine jedoch unmöglich leisten.

Einfacher ist hingegen die Herstellung des Wasserzeichens. Beim Dollar ist das Wasserzeichen positiv, was bedeutet, dass man es als leichte Erhöhung spüren kann. Kuhl experimentiert etwa sieben Tage lang, bis er das Gesicht von Benjamin Franklin, dem Gründervater der Vereinigten Staaten, erfolgreich sicht- und fühlbar auf den falschen Geldschein bekommt.

Als nächstes knöpft er sich den Silberstreifen vor. Beim echten Dollar wird dieser bereits bei der Herstellung des Papiers eingearbeitet. Doch um das hinzubekommen, hätte

Kuhl Vorder- und Rückseite des Scheins herstellen, den Silberstreifen dazwischen legen und die beiden Hälften wieder zusammenkleben müssen. Stattdessen druckt Kuhl, mithilfe derselben Technik wie auch schon bei dem Wasserzeichen, den Streifen auf das von ihm verwendete Papier. So erlangt der Schein mehrere Schichten, die später fühlbar sein werden.

Während seiner Arbeit trifft sich Kuhl regelmäßig mit seinem Freund Rickart, um ihn über den Fortschritt des Auftrages auf dem Laufenden zu halten. Als die ersten Dollarblüten fertiggestellt sind, bringt der Künstler fünf davon in einem Kuvert zu einem dieser Treffen und übergibt sie seinem Freund, der sie dann über den Koch Bruno zwecks Qualitätskontrolle an die Schweizer weiterleiten soll. Diese wären auch soweit zufrieden, erklärt der Koch, jedoch sei das Papier noch etwas zu weiß und auch das Wasserzeichen sei noch nicht optimal.

Nach etlichen weiteren Probedrucken bekommt Kuhl im März 1999 endlich grünes Licht, mit der Produktion zu beginnen. Das bedeutet für ihn nun, dass er fünfzigtausend 100-Dollarscheine anfertigen muss. Da auf seine Papierbögen jedoch bloß insgesamt zwölf passen, muss er mehr als viertausend Bögen bedrucken; eine schweißtreibende Maloche für Geld, das in Kürze bloß noch als Brennstoff dienen soll. Doch für die knapp zwei Millionen Mark, die am Ende für ihn dabei herausspringen würden, nimmt Kuhl dieses Laster schon einmal auf sich. Zu den Bögen kommen noch insgesamt 100 Banderolen, die Kuhl ebenfalls selbst anfertigt.

Um je 500 Scheine wickelt er eine Banderole; somit enthält jedes von diesen Päckchen 50.000 Dollar.

Die Übergabe ist für einen Donnerstag Anfang Mai 1999 um 14 Uhr auf einem Autobahnrastplatz nahe Heidelberg geplant. Gegen neun Uhr morgens laden Kuhl und Rickart fünf Umzugskartons, gefüllt mit den falschen Dollarnoten, in einen dunkelblauen Volvo-Kombi.

Nachdem sich Rickart in Richtung Baden-Württemberg aufgemacht hat, kehrt Kuhl wieder in sein Atelier zurück. Die beiden hatten vereinbart, dass sich Rickart nach der Übergabe bei Kuhl melden würde, als Zeichen, seinen Arbeitsplatz zu räumen und die übriggebliebenen Probedrucke zu vernichten. Gegen Abend wollten die beiden sich dann noch einmal treffen, um das Geld aufzuteilen und „Lebewohl" zu sagen.

Doch statt des Telefons läutet es um kurz nach zwei an Kuhls Ateliertür. Nanu? Wer könnte das sein? Ein Kunde vielleicht? Oder war möglicherweise etwas bei der Übergabe schiefgelaufen und Rickart hatte die Sache vorzeitig abbrechen müssen? Als Kuhl die Tür öffnet, steht dort jedoch keineswegs ein Kunde oder sein Freund Rickart. Nein, der Künstler blickt geradewegs in drei Pistolenläufe, die ihm von unterschiedlich gekleideten Polizeibeamten ins Gesicht gehalten werden.

Kuhl wird vorläufig festgenommen und ins Gefängnis von Stuttgart-Stammheim gebracht. Es stellt sich heraus, dass es sich bei den angeblichen Schweizer Geschäftsleuten in Wahrheit um BKA-Beamte handelte, die Bruno gezielt erpresst hatten, um Kölner Unterweltgrößen hochzunehmen.

Dabei machten sich die Polizisten einen Haftbefehl gegen den Koch zunutze, der diesem aufgrund von bei ihm gefundenen Kokain drohte. Der Deal lautete ganz einfach: Um seine Freiheit zu erlangen, sollte Bruno den Beamten Kölner Unterweltgrößen liefern. Der Koch hatte keine andere Wahl, als der Sache Folge zu leisten und versprach eine einhundertprozentige Erfolgsquote. Schon bald musste er jedoch feststellen, dass dieses Versprechen nicht so leicht erfüllt wie gegeben war – die großen Fische präsentierten sich dem Koch schließlich nicht von selbst auf dem Silbertablett. Nach einer Weile kam Bruno der Gedanke, dass ihm die Geldfälscher-Szene vielleicht einen Weg aus dem Dilemma bieten würde. Zudem ergäbe sich viel Platz für Spekulationen und Strategien.

Als die BKA-Leute ihn erneut aufsuchten, behauptete Bruno, er habe einen Weg zu einer Geldfälscherbande aufgetan, die im großen Stil multinational agiere und mit ihren Blüten Bruttosozialprodukte mehrerer osteuropäischer Neurepubliken steuerten. Daraufhin bauten die Beamten die Fassade um das Schweizer Unternehmen auf. Das Problem war nur: Es gab in Wahrheit keine Geldfälscherbande. Bruno hatte sich die Geschichte ausgedacht, um seiner Strafe zu entgehen. Wie also sollte er an solche Leute herankommen? Nach einigem Überlegen erinnerte sich der Koch an seinen ehemaligen Kollegen Rickart, den er sogleich anrief und ihm die Mär des angeblichen, internationalen Investors auftischte.

Da Kuhl vom BKA – verbotenerweise – bewusst zu einer Straftat überredet wurde, verurteilt ihn das Gericht zu einer fünfzehnmonatigen Haftstrafe, die auf drei Jahre zur Bewährung ausgesetzt wird. Als er im Herbst des Jahres 1999 aus der Untersuchungshaft zurück nach Köln kommt, verkauft Kuhl seinen Porsche sowie seinen Lagerbestand und macht sich auf nach Mallorca, wo er sich erst einmal niederlässt.

Als Kuhl die Insel Ende Juli 2002 jedoch satt hat, kehrt er nach Deutschland zurück und mietet sich in Köln ein neues Atelier an, wo er sich fortan wieder seiner Kunst widmet.

Nach einigen ruhigen Jahren steht 2006 plötzlich ein Albaner namens Fero* vor Kuhls Atelier. Fero hatte Wind von Kuhls Erfahrungen im Geldfälschen bekommen und bietet ihm zwei Millionen echte Dollar für zehn Millionen Blüten. Nach einigem Zögern beißt der Künstler an. Einerseits ist es ihm recht, etwas von dem verlorenen Geld wieder zu bekommen, andererseits reizt es ihn, den Dollarschein noch präziser nachzuahmen. Der Schreck über die Verurteilung nach der Sache mit Bruno und den „Schweizern“ scheint Kuhl nicht mehr länger in den Knochen zu sitzen.

Kuhl besorgt sich eine neue Offset-Druckmaschine und findet in Prag ein geeignetes Papier. Das „US-Bureau of Engraving and Printing“, das für die Herstellung des Dollars zuständig ist, verwendet für den Geldschein eine Mischung aus Baumwolle und Leinen. Doch da es praktisch unmöglich ist, dieses spezielle Papier zu bekommen, behilft sich Kuhl mit einer unbehandelten und auch leichteren Alternative. Das

Entscheidende: es darf unter keinen Umständen unter UV-Licht leuchten.

Damit die Blüten auch wirklich erstklassig werden und nach Möglichkeit nicht ohne weiteres vom Original zu unterscheiden sind, scannt Kuhl einen echten Geldschein ein und verpasst ihm mittels des Grafikprogramms Photoshop ein Facelifting; er radiert die Unfeinheiten und Knicke raus und ändert die Seriennummer.

Am Ende stehen die Vorlagen bereit und Kuhl produziert einige Probescheine. Doch etwas scheint noch zu fehlen. Zunächst einmal ist der Schein zu blass, es fehlt Farbe. Und dann ist da noch die Fühlbarkeit des Drucks, die sich bei Kuhls Blüten einfach nicht richtig aufbringen lassen will.

Kuhl braucht also eine neue Idee. Diese findet er, nachdem er den Dollarschein nächtelang unter der Leselampe am Schreibtisch durch seine Finger gleiten ließ.

Der Künstler kombiniert das Offsetdruckverfahren mit dem Siebdruckverfahren; er druckt die Scheine im Offset vor und trägt anschließend, mittels der Siebdruckanlage, einen speziellen Lack auf die Blüten auf, der unter UV-Licht innerhalb von Sekundenbruchteilen aushärtet. Diesen Vorgang wiederholt Kuhl nun so oft, bis der Schein die gewünschte Erhabenheit erlangt hat. Es dauert fast ein Jahr, bis der Künstler seine Blüte so perfektioniert hat, dass er sie auch haptisch nicht mehr vom echten Dollar unterscheiden kann. Auch Fero ist zufrieden und Kuhl beginnt mit der Massenproduktion.

Kurz vor der geplanten Übergabe platzt der Deal jedoch und Kuhl bleibt nach jahrelanger Arbeit auf dutzenden Millionen falscher Dollarnoten sitzen. Er packt das Geld in Umzugskartons und deponiert es in einem angemieteten Container. Falls nochmal jemand falsche Dollars von ihm benötigen sollte, hätte er nun einen „kleinen" Vorrat zur Verfügung.

Nun gibt es nur noch ein Problem zu bewältigen: Wohin mit den unzähligen Probedrucken und Fehlversuchen? Kuhl versucht es zunächst mit einem 300-Liter-Blechfass und Benzin. Die daraus resultierende dicke, schwarze Rauchwolke hätte man bis zum Kölner Dom sehen können – keine gute Idee. Dann müssen die Bögen eben geschreddert und in blaue Müllsäcke gestopft werden. Diese entsorgt er auf der Mülldeponie in Köln-Ossendorf – wo sie schon bald in kleinen Fetzen wieder das Tageslicht erblicken werden.

Am 23. Mai 2007 gegen 10 Uhr schließt Hans-Jürgen Kuhl die Tür seines Ateliers hinter sich und spaziert auf einem Feldweg in Richtung Widdersdorf. In den blühenden Bäumen zwitschern Vögel und am tiefblauen Himmel ist nicht eine einzige Wolke zu erkennen.

Heute ist ein besonderer Tag, das spürt der Künstler. Um 12 Uhr würde Eventmanagerin Marie Falkenthal vorbeikommen, ihre bestellten Dollarblüten abholen und Kuhl, nach Abzug entsprechender Kosten, um mindestens 400.000 Euro reicher machen.

Nach einigem Hin und Her hatten Frau Falkenthals Kunden die falschen Dollarscheine des angeblichen polnischen Druckers, hinter dessen Fassade Kuhl als wahrer Produzent sich versteckt, akzeptiert und die 6 Millionen in Auftrag gegeben. Vor wenigen Wochen war die Eventmanagerin schon einmal vorbeigekommen, um ihm 250.000 Dollarblüten für 21.600 Euro abzukaufen – kein Problem für Kuhl und seinen Container voller Dollar. Heute sollte der Rest folgen; dotiert mit 550.000 Euro.

Der Künstler blickt seiner Zukunft zuversichtlich entgegen. Es fühlt sich nicht so an wie das letzte Mal, als ihn das BKA mit Brunos Hilfe gehörig in die Pfanne gehauen hatte. Trotzdem war Kuhl nach einer der letzten Treffen mit Frau Falkenthal nach Essen zur angeblichen Agentur Niagara gefahren, um sich doppelt und dreifach von der Echtheit des Ganzen zu überzeugen. Die Firma befindet sich auf einer großbemessenen und teuer eingerichteten Büroetage in guter Lage. Als sich der Künstler bei einer jungen Dame am Empfang nach der Eventmanagerin erkundigte, sagte man ihm, dass diese momentan nicht im Haus sei; sie verkehre geschäftlich in Lettland.

Um eine Minute nach 12 Uhr klopft es an Kuhls Ateliertür.

„Pünktlich wie die Maurer", sagt Kuhl lächelnd, nachdem er Frau Falkenthal hereingebeten hat.

Die beiden scherzen und plaudern wieder einmal ein wenig herum, ehe Kuhl die Eventmanagerin zu seinem Schreibtisch führt. Dort stehen fünf gelbe Postkartons, in denen die sechs Millionen Dollar zu je 24 Bündeln à 50.000 Dollar fein säuberlich verpackt sind.

Begeistert lässt Frau Falkenthal verlauten, dass die vereinbarten 550.000 Euro in einer Einkaufstüte in ihrem Firmengolf seien. Kuhl nickt, greift sich einen der Kartons und folgt der Eventmanagerin nach draußen. Die Sonne steht hoch am Horizont und brennt dem Künstler auf die Haut.

Dann geht plötzlich alles ganz schnell. In dem Moment, als Frau Falkenthal die Heckklappe ihres VW-Golf öffnet, biegt ein LKW in die Einfahrt und kommt neben dem Firmenwagen der Eventmanagerin zum Stehen. Kurz darauf fliegen die Ladetüren auf und fünfzehn mit Maschinenpistolen bewaffnete Männer stürmen mit lautem Gebrüll auf Kuhl zu. Zwei von ihnen zerren Marie Falkenthal vom Auto weg, weitere zwei stoßen Kuhl zu Boden und fixieren seine Hände auf dem Rücken mit Kabelbindern.

Die linke Gesichtshälfte im Staub, die rechte unter dem Stiefel eines SEK-Mannes eingeklemmt beobachtet der Künstler, wie die Polizisten sein Atelier durchsuchen. Nach ein paar Minuten gibt der Einsatzleiter Entwarnung; Kuhl ist offenbar allein. Man zerrt ihn zurück auf die Beine und fordert ihn auf, Name, Geburtsdatum sowie Geburtsort zu nennen.

„Hans-Jürgen Kuhl, 9. Dezember 1941, Köln“

Der Einsatzleiter nickt. Offenbar scheinen die Angaben mit denen der Polizei übereinzustimmen. Kuhl wird auf einen Stuhl gesetzt. Dann fahren dutzende Fahrzeuge der Polizei vor. Einige in Zivil, andere offizielle Streifenwagen; sogar Männer der amerikanischen CIA sind darunter. Kuhls Atelier wird bis in die letzte Ecke durchsucht. Währenddessen überschlagen sich die Gedanken des Künstlers.

Sie war eine von ihnen. Er hatte sich tatsächlich erneut linken lassen. Das bedeutet, dass die Ermittler alles wissen, was er „Marie Falkenthal" gesagt hat. Und das war eine ganze Menge. Darüber hinaus wusste das BKA, dass er schon einmal mit falschen Dollars zu tun hatte. Andererseits hatte er immer behauptet, das Geld stamme aus Polen. Ob er damit durchkäme?

Ein Gefangenentransporter bringt den Künstler ins Polizeipräsidium im Kölner Stadtteil Kalk, wo Kuhl sich einigen Befragungen unterziehen muss. Immer wieder wird er dazu aufgefordert, die Namen seiner Hintermänner zu nennen; das BKA geht schließlich davon aus, dass Kuhl Teil eines Mafiarings ist. Schon bald müssen sich die Ermittler aber dann doch geschlagen geben und erkennen, dass Kuhl tatsächlich bloß eine „Ein-Mann-Produktion" ist.

Das Urteil gegen den Kölner Künstler steht am 8. November 2007 nach nur einem Verhandlungstag fest. Während seines Plädoyers wendet sich der Oberstaatsanwalt an Hans-Jürgen Kuhl und blickt ihn verständnislos an: „Warum haben Sie denn Ihr, zugeben eindrucksvolles, Talent nicht für etwas Ordentliches genutzt? Sie sind doch ein intelligenter Mann!"

Kuhl schaut zu Boden. „Säße ich dann hier?", fragt er.

Hans-Jürgen Kuhl wird zu sechs Jahren Gefängnis verurteilt, von denen er drei im offenen Vollzug verbringt. Nach vier Jahren wird er vorzeitig aus der Haft entlassen und hat sich inzwischen wieder seinen Bildern gewidmet.

Der mittlerweile 80-jährige Kuhl wird heute vor allem als Experte zu Rate gezogen, wenn es in den Medien wieder mal eine Diskussion um die neuen Euroscheine gibt. Auf die Frage, ob er seine Taten bereue oder nicht vielleicht doch irgendwann wieder in alte Muster verfallen könnte, sagt Kuhl, dass er das Thema „abgehakt" habe. Ein Lächeln kann er sich dabei allerdings nur schwer verkneifen.

**Einige Namen wurden geändert*

»*Kriminelle Energie ist noch nie knapp geworden.*«

*- Siegfried Wache (*1951), technischer Zeichner, Luftfahrzeugtechniker und Buchautor -*

KAPITEL 2

Besessen

Monatelang hat er sich auf diesen ganz besonderen Tag vorbereitet. Ein 260 Seiten langer Katalog mit über 6500 Fragen. Sämtliche Kameras an verschiedenen Autobahnabfahrten. Ein Kampfmesser mit einer Klingenlänge von siebzehn Zentimetern, Kabelbinder und Chemikalien. Alles, was jetzt noch fehlt ist sie. Aber das sollte kein Problem sein, schließlich müsste ihr Auto jeden Moment in die Straße einbiegen. Es war kinderleicht gewesen, herauszufinden wo sie wohnt. Und es hatte sich gut angefühlt, sie durch das Gebüsch auf der gegenüberliegenden Seite ihrer Wohnung zu beobachten. Wie sie morgens am Küchenfenster stand. Oder nachmittags das Haus verließ, um in den Supermarkt zu fahren.

Ein letzter, prüfender Blick auf sein Handy. Der Peilsender unter ihrem Auto schickt ihm in regelmäßigen Abständen die Koordinaten ihres Standpunkts. Sie wird ihm nicht entwischen. Ab heute gehört sie ihm. Ihm ganz allein. Hätte sie seine Liebe doch nur erwidert. Ein Fehler. Ein ganz böser Fehler. Dafür wird sie bezahlen. Er wird sie in einen Gegenstand verwandeln. Seinen Gegenstand.

Heike Block steuert ihren silbernen Mini Cooper sehnsüchtig in Richtung Straße Tannenhof im Bremer Stadtteil Sankt Magnus, wo sich ihre kleine Wohnung befindet. Nach einer ereignisreichen Woche freut sich die 35-Jährige auf ihren wohlverdienten Feierabend und auf das bevorstehende Wochenende. Dieses hat sie auch redlich verdient, denn als Lehrerin für Chemie und Biologie an einem Gymnasium im rund vierzehn Kilometer entfernten Osterholz-Scharmbeck wird sie von ihren Schülern ganz schön auf Trab gehalten. Vor allem aber freut Heike Block sich auf die bevorstehenden Weihnachtsferien. Zwei Wochen lang Ruhe und Gelassenheit, ehe der Schulstress im neuen Jahr erneut beginnt.

Die junge Frau kann ihren Wagen an diesem 18. Dezember 2009 nur mit Mühe auf den verschneiten Straßen halten. Doch mit festen Griff um das Lenkrad kommt sie dem Feierabend Stück für Stück näher. Sie ahnt nicht, dass sie in wenigen Minuten ihre ewige Ruhe finden wird.

Um 14:30 Uhr stellt Heike Block ihren Mini Cooper auf dem Parkplatz vor ihrem Wohnhaus ab und tritt ins Freie. Die Luft ist eisig und dicke Schneeflocken rieseln auf die Straße. Als sie gerade ihre Einkäufe aus dem Kofferraum holen will, nähert sich ihr eine in Schwarz gekleidete, dünne, blasse

Gestalt mit Segelohren, geschwungener Nase und kleinen, dunklen Augen.

Es ist ein etwa 20 Jahre alter Junge, der eine Pistole zückt und sie Heike drohend ins Gesicht hält. Immer wieder fordert er sie dazu auf, ihn mit in ihre Wohnung zu nehmen, was die 35-Jährige allerdings zu unterbinden versucht. Offenbar hat sie gemerkt, dass es sich bei der Pistole lediglich um eine Attrappe handelt, denn sie schlägt sie dem Angreifer aus der Hand und beginnt, lauthals um Hilfe zu rufen. Der junge Mann umklammert die Lehrerin von hinten mit seinem linken Arm und will sie zum Schweigen bringen. Für einen kurzen Moment blitzt eine silberne Klinge auf, dann rammt er seinem Opfer mehrmals ein Messer in den Hals.

Ein Briefträger, der Heikes Hilfeschreie gehört hat, eilt herbei; die Frau fleht ihn röchelnd an, ihr zu helfen. Der mutige Postbote schafft es tatsächlich, den Angreifer von seinem Opfer zu reißen. Doch als sich der Helfer hektisch nach einer Waffe umsieht, stürzt sich Gero S. bereits wieder auf Heike Block und sticht ihr das Messer mitten in die Brust. Dann steht er mechanisch auf, mustert sein Opfer und greift mit blutüberströmten Händen nach seinem Handy.

Müll. Zerbrochene Fensterscheiben. Heruntergekommene Mietshäuser und verwahrloste Vorgärten. In solch eine Umgebung, im Problemviertel von Osterholz-Scharmbeck, wird Gero S. im Jahr 1988 hineingeboren. Seine Mutter ist in der Mediathek des örtlichen Gymnasiums beschäftigt und zieht ihren Sohn allein auf. Das Verhältnis Geros zu seiner

Mutter ist eher kalt. Von ihr erfährt er bloß wenig Liebe und Zuneigung; sie habe ihm sogar öfters gesagt, dass er eigentlich gar nicht gewollt war.

Auch sonst ist Gero eher als Einsiedler unterwegs. Seine Lehrer lernen ihn als „bedrücktes, isoliertes Kind, das nie lächelt" kennen, so gut wie niemand will etwas mit dem „blassen Jungen, der immer nur Schwarz trägt" zu tun haben. Einigen Kindern ist er sogar geradezu unheimlich, denn anstatt mit seinen Mitschülern in der Grundschule draußen auf dem Hof zu spielen, malt Gero lieber Bilder von Waffen und zerstückelten Leichen. Niemand weiß, woher der Junge diese Szenen hat.

Im Alter von 14 Jahren stalkt er zwei seiner Mitschülerinnen, legt ihnen Geschenke vor die Haustür. Als die beiden sich von ihm distanzieren, beginnt Gero, sie mit hasserfüllten Briefen zu bombardieren und droht sogar, eine Rakete auf ihren Wohnort abzufeuern. Die mittlerweile jungen Frauen haben auch heute noch mit Angstzuständen zu kämpfen.

Gero erschafft in seinem Kopf früh eine eigene Welt, in der es von ihm ausgedachte Regeln gibt. So ist Sex für ihn ein Tabuthema, Fortpflanzung darf allerhöchstens im Labor stattfinden. Körpermodifikationen, wie durch Besuche im Fitness- oder Tattoo-Studio verabscheut er genauso wie Alkohol und Zigaretten. Sollte jemand nicht in sein Bild passen, müsse diese Person bestraft werden – wenn nötig auch mit dem Tod.

Später wird Geros Intelligenzquotient mit 131 beziffert. Damit gilt er, laut deutscher Interpretation von IQ-Werten, als hochbegabt. Seine schulischen Leistungen sind, trotz seiner Selbstisolation und außergewöhnlichen Fantasien, so gut, dass er den Sprung in die Oberstufe des Gymnasium Osterholz-Scharmbeck schafft. Dort beginnt er im Oktober 2007 den Bioethikkurs, der von Heike Block geleitet wird.

An der jungen Frau mit den schulterlangen, braunen Haaren, schmalen Lippen und hellblauen Augen findet der damals 19-jährige Gero von Anfang an Gefallen. Es ist jedoch nicht bloß das Aussehen Heike Blocks, das auf ihn äußerst attraktiv erscheint; vor allem ihre liebevolle und einfühlsame Art findet bei Gero S. Anklang. Diese steht im scharfen Kontrast zum Verhalten seiner Mutter, von der Gero sein ganzes Leben lang bloß Abscheu und Demütigung erfuhr. Der Junge beneidet Heike Block um ihren familiären Hintergrund, den er akribisch recherchiert, und ihren Lebensstandard, von dem er nur zu gerne ein Teil sein möchte. Er fühlt sich ihr auf eine gewisse Art verbunden, doch tatsächlich herrscht zwischen den beiden zunächst nichts weiter als eine harmlose Lehrer-Schüler-Beziehung.

Die Unterschiede zwischen den beiden könnten größer nicht sein. Es beginnt bereits damit, dass Heike Block in ihrer Kindheit das komplette Gegenteil von dem erlebte, was Gero S. über sich ergehen lassen musste. Sie wird im Juli 1974 geboren und wächst, zusammen mit einem eineinhalb Jahre jüngeren Bruder, in einem fürsorglichen Umfeld auf. Ihre

Eltern, Magdalene und Wilfried Block, sind immer für ihre Kinder da und tun alles, damit es ihnen gut geht – mit Erfolg. Heike studiert zunächst Mikrobiologie und hängt später noch ein Aufbaustudium für Lehramt hintendran; die Uni verlässt sie mit einem Schnitt von 1,0. Auch als Erwachsene pflegt Heike ein enges Verhältnis zu ihrer Familie, die ihr alles bedeutet. Sie genießt ihr Leben; geht gelegentlich ins Solarium und greift ab und zu auch mal zu einer Zigarette.

Im Herbst 2006 tritt sie ihre Stelle als Chemie- und Biologielehrerin am Gymnasium Osterholz-Scharmbeck an. Die Schule, mit ihrem dottergelben Hauptgebäude, bietet Schulabschlüsse in den Sekundarstufen I und II an und genießt durch die umfassende und differenzierte Ausbildung in Fremdsprachen sowie naturwissenschaftlichen und gesellschaftswissenschaftlichen Fächern einen ausgezeichneten Ruf. Die Qualität des Unterrichts spiegle sich vor allem in einer großen Zahl erfolgreicher Studienabschlüsse der Abiturienten und Abiturientinnen wider, heißt es auf der Webseite.

Auch Heike Block strebt zu Zeiten ihres Studiums nicht nur einen erfolgreichen Abschluss an, sondern hat zudem den Ehrgeiz, eine gute Lehrerin zu sein. Entsprechend engagiert zeigt sie sich an dem Gymnasium im Umgang mit ihren Schülern; so hat sie beispielsweise für jeden ein offenes Ohr, der Hilfe benötigt. Diese Hilfsbereitschaft kommt auch Gero zugute. Er scheint damit endlich einen Weg gefunden zu haben, sich seiner Lehrerin anzunähern und ihr Vertrauen zu gewinnen. So kommt es, dass aus einer anfänglichen Zuneigung schon bald Besessenheit wird.

Gero beginnt damit, Heike zunehmend zu bedrängen. Immer wieder passt er sie etwa auf dem Flur ab und will mit ihr sprechen. Er habe Depressionen und gesteht, er wolle sich das Leben nehmen.

Die Lehrerin befindet sich in einer Zwickmühle: Einerseits fühlt sie sich von Gero belästigt, andererseits hat sie Angst, er könne sich etwas antun, wenn sie ihn zurückweist. In ihrer Not sucht Heike Rat bei ihrem Vater Wilfried, der ihr empfiehlt die Aufeinandertreffen mit ihrem Schüler, für alle Fälle, zu protokollieren.

Die junge Lehrerin nimmt die Empfehlung ihres Vaters ernst und hält fortan jede Begegnung mit Gero fest. Die Aufzeichnungen zeigen, wie sich die Situation um Heike Block immer weiter zuspitzt:

20. Dezember 2007

„Gero fängt mich vor dem Lehrerzimmer nach Unterrichtsschluss ab und bittet um ein Gespräch. Wir gehen zusammen in die Chemievorbereitung und reden über seine Probleme, ca. zwei Stunden lang. Zeugen: Frau M. Kontaktaufnahme von mir und Frau N. mit Dr. J. vom Sozialpsychiatrischen Dienst, da ich mir nicht mehr zu helfen weiß."

Der Psychiater Dr. J. rät Heike, sich sofort von Gero zu distanzieren und bei weiteren Suiziddrohungen umgehend die Polizei zu alarmieren. Auch diesen Rat befolgt die Lehrerin – doch ihr Schüler lässt nicht locker.

09. Januar 2008
„Gero steht vor dem Lehrerzimmer und wartet auf mich. Frau N. bekommt das mit und warnt mich. Ich steige aus dem Fenster."

Doch auch das nützt nichts.

11. Januar 2008
„Gero fängt mich vor dem Lehrerzimmer ab. Finales Gespräch, Gero droht, sich umzubringen."

Noch am selben Tag setzt Heike Block die Polizei über die suizidalen Absichten ihres Schülers in Kenntnis; einige Stunden später am Abend wird Gero dann von mehreren Beamten von zuhause abgeholt. In seinem Zimmer stoßen die Polizisten auf einen Sprengstoffgürtel aus Schwarzpulver – Gero behauptet, er habe sich diesen um den Hals legen und sich in die Luft jagen wollen.

Auf Druck von außen willigt Gero schließlich ein, eine Therapie bei einem externen Psychiater zu machen. Für seine erste Sitzung bekommt er Unterstützung von Heike Block, die ihn, vermutlich aufgrund ihres Pflichtgefühls, zur Therapiestunde begleitet. Dies soll sich jedoch schon sehr bald als großer Fehler herausstellen. Denn anstatt sich seiner Vergangenheit zu stellen und seine Fehler zu reflektieren, gesteht Gero der Lehrerin, vor den Augen des Psychiaters, dass er eine Beziehung mit ihr will.

Die aufopfernde Lehrerin steht auf und verlässt bestürzt den Raum. Sie weigert sich, ihn weiterhin zu unterrichten und wendet sich an Gerd S., den Schulleiter des Gymnasiums. Sie will, dass Gero aus ihrem Kurs entfernt wird. S. scheint ihre Ängste allerdings nicht ernst zu nehmen und fällt, zusammen mit der Oberstufenkoordinatorin Frau B., eine fatale Entscheidung, wie Heike Block in ihrem Stalking-Tagebuch festhält:

17. Januar 2008

„Entschluss von mir, dass ich Gero nicht mehr in meinem Kurs haben möchte. Gero weigerte sich aber, das zu akzeptieren. Schlug vor, dass ich ihn allein betreuen kann.

Entscheidung von Herrn S. und Oberstufenkoordinatorin, Frau B., dass Gero in meinem Kurs verbleibt und dass es besser für alle ist, wenn ich ihn einzeln betreue.

Meine Einwände dagegen wurden nicht ernst genommen. So machte ich mit Gero Einzeltermine ab."

Die Schulleitung will offenbar verhindern, dass es zu Schwierigkeiten im Kurs kommt, lässt dabei allerdings Heike

Blocks Sorgen und Ängste völlig außer Acht und liefert sie schutzlos ihrem Peiniger aus.

Widerwillig befolgt die junge Lehrerin die Anweisung von Gerd S., da sie ihre bevorstehende Verbeamtung, für welche sie eine positive Beurteilung des Schulleiters benötigt, nicht gefährden will. Angesichts der Gleichgültigkeit, mit der Herr S. die Situation hinzunehmen scheint, empfindet Heike nun auch Angst gegenüber ihrem Chef und dessen Anordnungen, wie Freunde, Kollegen und ihre Eltern bestätigen. Unterdessen suhlt sich Gero in seinem Triumph; er hat genau das erreicht, was er wollte. Höhnisch unterzeichnet er die Antwort auf eine Mail von Heike Block mit: „MFG – dein Ein-Personen-Kurs."

Ende Februar 2008 wird Heike Block verbeamtet. Zu diesem Zeitpunkt hat sie bereits etwa einen Monat Einzelunterricht mit Gero hinter sich gebracht. Freude über diesen beruflichen Meilenstein will jedoch nicht so recht aufkommen; zumal die Umstände einen neuen Höhepunkt erreicht haben, wie die Lehrerin bloß wenige Wochen zuvor in ihrem Stalking-Tagebuch dokumentiert:

> „Gero gesteht mir seine Liebe. Info an Herrn S., dass ich mich mit Gero nicht mehr allein treffen kann. Unverständnis von seiner Seite."

Einzig auf die Unterstützung ihrer Kollegen kann sie sich verlassen – obgleich auch diese großteils hilflos mitansehen müssen, wie Gero die Schraube um Heikes Daumen immer weiter anzieht und sie systematisch psychisch foltert. Der Beistand beschränkt sich auf Mut machen und Kopf schütteln, denn so sehr sich das Kollegium auch bemüht, keiner dringt zu Schulleiter Gerd S. durch; dieser hält weiterhin an seinem Glauben fest, Heike Block käme mit Gero schon allein zurecht.

Dass sie nun endlich verbeamtet ist, spielt Heike Block in die Karten; sie kann sich nun offen gegen die Anweisungen ihres Vorgesetzten stellen. Zunächst willigt sie ein, den Einzelunterricht mit Gero unter der Bedingung weiterzuführen, dass dies im Beisein von Zeugen geschieht, doch als der Junge im Juni 2008 seine Therapie abbricht, weigert sich Heike, ihn weiterhin zu betreuen. Ein erneutes Gespräch beim Schulleiter zeigt endlich den gewünschten Erfolg: nach acht Monaten wird Gero einem anderen Kurs zugeteilt und die Lehrerin kann endlich aufatmen. Doch ihre anfängliche Hoffnung, die Belästigungen würden damit aufhören, wird blitzschnell begraben. Gero macht so weiter wie bisher. Er wuselt in der Nähe des Lehrerzimmers herum und hat Heike Block immer im Auge.

Nicht einmal in den Ferien hat die Lehrerin Ruhe vor dem Teenager. Gero bombardiert sie mit E-Mails, die teilweise sogar acht Seiten lang sind und tief in die kranke Welt eines Menschen mit psychopathischen Zügen blicken lassen.

„Wärst du nicht gewesen, könnte ich dir heute nicht mehr schreiben. Vielleicht kann ich dir eines Tages dafür danken, dass du mein Leben bewahrt hast“, schreibt er. „Du kannst wirklich sehr verletzend und kühl sein, aber manchmal auch zum Knuddeln. Was mir […] niemand bezahlen kann, sind die Stunden und Minuten, die ich mit dir verbracht habe, waren sie auch noch so schmerzhaft."

Je mehr von Geros Mails in Heike Blocks Postfach landen, desto deutlicher wird auch sein hasserfüllter Neid auf das Leben der Frau, die er begehrt. So schreibt er:

„Ich muss zugeben, dass ich dich um dein Leben, das du führst, beneide. […] Ich habe kein Geld […], keinen Führerschein, kein Auto, so gut wie keine Möbel, kein Geschirr, kein Besteck, keinen Kühlschrank, keine Waschmaschine, kaum Kleidung, und wenn, dann nur billige minderer Qualität, während das bei dir etwas anders aussieht […].

Ich habe keine Eltern und Freunde wie du, denen ich mich anvertrauen kann und die mir helfen können […]. Du führst mir ein Leben vor, das für mich unerreichbar erscheint […]. Ich bin nicht so klug wie du, ich sehe nicht so gut aus wie du, vielleicht bin ich auch nicht so nett wie du. Aber vor allem eines haben wir nicht gemeinsam: unsere Vergangenheit."

In einer weiteren Mail schreibt Gero von „Wut […] gegen euch Lehrer". Er findet es unverschämt, dass er sich das „Gejammer" von verschiedenen Lehrern anhören muss, die sich darüber beschweren, „wie anstrengend" bei ihnen alles doch manchmal sei, wobei er doch die viel größeren Sorgen habe. Immer mehr zeigt sich: Heike Block ist für Gero in gewisser Weise auch ein Sündenbock für all das, was Lehrer seiner Meinung nach falsch machen.

Kurz nach Ende der Sommerferien, im August 2008, ist die Junglehrerin so verzweifelt, dass sie eine einstweilige Verfügung gegen Gero S. erwirken möchte. Als sie mit dem Schulleiter darüber sprechen will, stößt sie wieder einmal auf Unverständnis. Am Abend nach dem Gespräch berichtet sie ihrem Tagebuch den Standpunkt ihres Chefs.

21. August 2008
„Unverständnis von Herrn S., dass ich Gero verklagen will, da Gero schon genug um die Ohren hat. [...]"

Heike trotzt der Auffassung ihres Vorgesetzten einmal mehr und wendet sich im September 2008 an einen Anwalt. Unterdessen scheint sich die Situation zwischen ihr und Gero etwas zu beruhigen, was Heike dazu veranlasst, über eine einstweilige Verfügung doch noch einmal hinwegzusehen – ein folgenschwerer Fehler, wie sich im Frühjahr 2009 herausstellen soll.

Nur wenige Tage nach dem schrecklichen Amoklauf von Winnenden, bei welchem der 17-jährige Tim K. an der Albertville Realschule 15 Menschen und anschließend sich selbst tötete, verfasst Gero eine Facharbeit, in welcher er, fasziniert von der Bluttat K.s, über „Recht" und „Gerechtigkeit" schwadroniert, für die er sorgen wolle. Zur gleichen Zeit machen im Gymnasium Osterholz-

Scharmbeck vermehrt Zettel die Runde, auf denen Lehrern wüste Beschimpfungen entgegengeworfen werden; Anlass für Schulleiter Gerd S., Alarm zu schlagen. Plötzlich hält er Gero für so gefährlich, dass er ihn zwangseinweisen lassen will und sucht Unterstützung beim Sozialpsychiatrischen Dienst der Schule.

Die Polizei bestätigt „eine allgemeine Gefährdungslage", doch das Amtsgericht lehnt eine Einweisung ab. Nichtsdestotrotz zieht Geros Handeln zum ersten Mal Konsequenzen nach sich: er wird nicht fürs Abitur zugelassen und verlässt das Gymnasium, woraufhin er im Juli 2009 seinen Wehrdienst bei der Bundeswehr antritt; dort weiß niemand etwas über die Vorkommnisse an Geros ehemaliger Schule.

Der Junge fühlt sich verraten. Verraten von Schulleiter Gerd S. und vor allem verraten von seiner Lehrerin – Heike Block. Er hat ihr sein ganzes Herz ausgeschüttet und im Gegenzug lässt sie ihn eiskalt sitzen? Dafür muss sie bestraft werden, denkt Gero und beschließt, Heike Block zu ermorden. Es soll jedoch keine einfache und feige Tat aus dem Hinterhalt sein. Nein. Gero will, dass seine ehemalige Lehrerin leidet, dass sie sich ihm unterwirft. Heike Block soll zu spüren bekommen, welch großen Kummer sie ihm bereitete; bereuen, dass sie so kalt zu ihm war und seine Liebe nicht erwiderte.

Bevor er seinen Plan jedoch in die Tat umsetzen kann, muss Gero erst einmal herausfinden, wo seine ehemalige Lehrerin überhaupt wohnt. Dazu postiert er Videokameras an verschiedenen Autobahnabfahrten, die Heike Blocks silbernen Mini-Cooper einfangen sollen. Auf diese Weise verfolgt er Stück für Stück den Heimweg seiner ehemaligen Lehrerin, bis er sie schließlich in der Straße Tannenhof im Bremer Stadtteil Sankt Magnus ausfindig macht. Von nun an fährt er mit seinem Fahrrad immer wieder zu ihrer Wohnung, versteckt sich in einem gegenüberliegenden Gebüsch und fotografiert sie, während sie sich in der Küche Essen kocht oder vor dem Fernseher sitzt. Da Heike Block allein lebt, verbringt sie die Wochenenden bei ihren Eltern in Hamburg; nicht ahnend, dass Gero sie dorthin begleitet.

Als die Tage immer kürzer, die Temperaturen immer eisiger und in den Vorgärten allmählich Weihnachtsdekorationen aufgerichtet werden, stehen Geros Vorbereitungen für den von ihm geplanten Mord unmittelbar vor dem Abschluss. In den vergangenen Wochen hat er zuhause einen detaillierten Tatablauf entworfen:

Er wird Heike Block mit Kabelbindern an einen Stuhl in ihrer Wohnung fesseln und sie 48 Stunden lang mit über 6500 Fragen durchlöchern, die penibel genau jedes noch so kleine Detail ihres Lebens betreffen. So will er unter anderem von ihr wissen, wo sie ihr Auto gekauft hat, ob sie ein Poesiealbum führt, wie viele Männer es in ihrem Leben gab oder welche sexuellen Erfahrungen sie bereits gemacht hat. Das Interview samt krönendem Finale wird er auf seiner Digitalkamera festhalten.

Alles, was ihm nun noch fehlt, sind die Mordwerkzeuge. Doch das stellt sich nicht als sonderlich schwierig heraus; während Heike Block ihre Weihnachtseinkäufe tätigt, besorgt Gero zwei Messer, eines davon ein Kampfmesser mit einer Klingenlänge von vierzehn Zentimetern, sowie Salzsäure und Kabelbinder aus dem Internet.

Am Morgen des 18. Dezember 2009, sechs Tage vor Heiligabend, ist es so weit: Gero packt die erworbenen Folterinstrumente, zusammen mit einer Pistolenattrappe, seiner Digitalkamera sowie einem USB-Stick mit dem 260-seitigen Fragenkatalog in seinen Rucksack, radelt zum Parkplatz seiner ehemaligen Schule in Osterholz-Scharmbeck und bringt einen Peilsender unter Heike Blocks Wagen an. Anschließend schlittert er bei Eiseskälte über die verschneiten Straßen nach Sankt Magnus, um sich vor Heikes Wohnung, im gegenüberliegenden Gebüsch, auf die Lauer zu legen.

Gegen 14 Uhr beobachtet Gero via Handy, wie sich der silberne Mini-Cooper seiner ehemaligen Lehrerin in Bewegung setzt. Als Heike Block ihren Wagen kurze Zeit später auf dem Parkplatz vor ihrem Wohnhaus parkt, springt Gero aus dem Gebüsch und nähert sich ihr.

„Polizei. Hallo?“

„Ich habe einen Menschen umgebracht.“

„Wer hat ihn umgebracht?“

„Ich.“

„Wen haben Sie umgebracht? Hallo?“

„Heike Block.“

„Heike Block?“

„Ja. Ich stehe hier, habe meine Waffen niedergelegt. Bitte schicken Sie einen Streifenwagen. Ich habe sie umgebracht.“

„Der Streifenwagen ist unterwegs. Wer ist denn Heike Block? Ist das Ihre Lebensgefährtin? Ihre Ehefrau? Eine Bekannte?“

„Meine Lehrerin. Aber da war mehr zwischen uns.“

Gero legt auf und wartet seelenruhig auf Polizei und Rettungskräfte, die nach wenigen Minuten in die Straße Tannenhof einbiegen. Doch es ist zu spät: sämtliche Versuche, Heike Blocks Leben zu retten, schlagen fehl; die Verletzungen der insgesamt 22 Messerstiche in Hals und Brust sind zu gravierend. Die 35-Jährige stirbt noch am Tatort, keine zehn Meter von ihrer Wohnung entfernt, blutüberströmt zwischen ihren Einkaufstüten und ihrer Handtasche im Schnee liegend.

Während die Spurensicherung anrückt und über dem Leichnam einen großen, weißen Plastikpavillon aufrichtet, lässt Gero sich widerstandslos festnehmen. Sein Rucksack samt Inhalt sowie die Tatwaffe bleiben am Tatort zurück; sie werden von der Polizei mit Nummern versehen und als Beweisstücke beschlagnahmt.

Das traurige Schicksal Heike Blocks gerät sofort bundesweit in die Schlagzeilen und dringt sogar bis in die

Politik vor. Noch am selben Tag gibt die niedersächsische Kultusministerin Elisabeth Heister-Neumann ein Statement ab, in welchem sie verkündet, „tief betroffen“ zu sein.

„Unser Mitgefühl gilt der Familie, den Angehörigen, den Freunden und dem Kollegium“, sagt Heister-Neumann.

Je mehr Details in den Tagen und Wochen nach der grausigen Tat an die Öffentlichkeit gelangen, desto mehr drängt sich die Frage nach den eigentlichen Schuldigen in den Vordergrund. Hat Schulleiter Gerd S. die Lehrerin möglicherweise unzureichend –respektive überhaupt nicht – vor Gero S. geschützt? Hätte der Tod Heike Blocks verhindert werden können, wenn von Anfang an härtere Maßnahmen, wie etwa eine rechtzeitige Versetzung in einen anderen Kurs oder eine Zwangseinweisung in eine psychiatrische Klinik, gegen ihren Stalker ergriffen worden wären?

Ein halbes Jahr später, ab dem 15. Juni 2010, sollen die Antworten auf all diese Fragen in Saal 218 des Bremer Landgerichts geklärt werden. Die Staatsanwaltschaft hat Gero S. wegen Mordes angeklagt; Magdalene und Wilfried Block treten in dem Prozess als Nebenkläger auf.

Mittelpunkt der Verhandlung ist zunächst jedoch nicht Heikes Mörder, sondern ihr Vorgesetzter Gerd S., der sich viele, unangenehme Fragen gefallen lassen muss. Ihm wird vermehrt vorgeworfen, die Lehrerin nicht ausreichend geschützt zu haben. Gerd S. beteuert jedoch, dass er sich an die meisten Vorkommnisse, die Heike Block in ihrem Stalking-

Tagebuch schilderte, nicht erinnern würde. Auch streitet er ab, Heike Block die Anweisung zum Einzelunterricht „gegen ihren Willen“ gegeben zu haben. Er habe schlicht und ergreifend keine Gefahr gesehen, denn angeblich, so berichtet er, habe Gero auf seine Frage, ob er in die Lehrerin „verknallt“ sei, behauptet, dass er zu solch einer „emotionalen Bindung“ gar nicht fähig sei. Gerd S. will ihm geglaubt haben, schließlich wisse er, dass Gero ein schwer zugänglicher Junge ist. Trotzdem habe er den Schüler ausdrücklich gewarnt, der Lehrerin zu nahe zu kommen.

Gero selbst widerspricht den Aussagen des Rektors. Er will sich an keine solche Anweisung erinnern und betont immer wieder, dass er die Schilderungen seines Schulleiters nicht bestätigen könne. Zudem scheint es ihm geradezu eine Freude zu sein, penibel genau darauf hinzuweisen, dass die Aufzeichnungen seiner Lehrerin der Wahrheit entsprechen.

Dies wird auch von Heikes Kollegin Cornelia N. bestätigt, die vor Gericht schildert, wie verzweifelt die 35-Jährige war. So habe sie zunächst befürchtet, Gero würde sich das Leben nehmen, während sie später Angst vor ihm selbst gehabt haben soll. Schulleiter Gerd S. behauptete ihr gegenüber, den Schüler „im Griff zu haben“, doch der Auffassung der aussagenden Kollegin zufolge habe „keiner Gero im Griff“, sein Verhalten sei „obsessiv“.

Sie selbst empfand die Situation als so bedrohlich und besorgniserregend, dass sie am 11. Februar 2008 eine eidesstattliche Erklärung verfasste, für den Fall, dass sie

„nicht in der Lage sein sollte, eine Aussage zu machen". Laut Cornelia N. hätten ihr jedoch weder der Schulleiter noch die Landesschulbehörde darauf geantwortet.

Die Erklärung des Schulleiters dazu lautet: Er habe die Einschätzung dieser Lehrerin für „nicht stichhaltig" befunden.

Auch die Eltern des Opfers sind davon überzeugt, dass Gerd S. in großem Maße zum Tod ihrer Tochter beigetragen hat, und reichen eine Dienstaufsichtsbeschwerde gegen den Schulleiter bei der zuständigen Landesaufsichtsbehörde Lüneburg ein, die jedoch abgelehnt wird. Man habe, nach Prüfung der Sachlage, keinerlei Fehlverhalten des Rektors feststellen können. Somit muss Gerd S. weder mit juristischen noch mit beruflichen Konsequenzen rechnen – er bleibt, bis zu seiner Pensionierung im Jahr 2014, Schulleiter des Gymnasiums Osterholz-Scharmbeck.

Damit wendet sich der Prozess nun wieder dem eigentlichen Angeklagten, Gero S., und dessen Schuldfrage zu. Er hat die Tat begangen, das ist unbestreitbar – schließlich hat er es selbst zugegeben. Doch war er währenddessen auch Herr seiner Sinne? Zwei psychiatrischen Gutachtern zufolge lautet die Antwort: Nein. Sie attestieren Gero eine schizotypische Persönlichkeitsstörung, eine eingeschränkte Steuerungsfähigkeit sowie eine verzerrte Wahrnehmung. Demnach weist der Angeklagte eine verminderte Schuldfähigkeit auf und sollte, laut dem verlesenen Gutachten, in einer forensischen Psychiatrie untergebracht werden. Allerdings, so gibt der Psychiater vor Gericht zu bedenken, sei Gero zum jetzigen Zeitpunkt so schwer krank, dass eine Therapie in jener forensischen Psychiatrie im Augenblick nicht möglich sei. Dennoch solle er dort bleiben, um seine Mitmenschen, und vor allem Frauen, vor ihm zu schützen.

Am letzten Verhandlungstag vor der Urteilsverkündung wird Gero S., nach Verlesung der Plädoyers, das Schlusswort erteilt – ein Recht, das jedem Angeklagten zusteht.

Mit erhobener Stimme und herausgestreckter Brust liest der Mörder Heike Blocks eine vorbereitete Erklärung vor, die alle Beteiligten bis ins Mark erschüttert.

„Was Heike säte, erntete sie. Für mich ist es eine persönliche Genugtuung, dass ich dem Schrecken ein Ende gemacht habe. Ich fühle mich innerlich befreit."

Fassungslos unterbricht der Staatsanwalt den 21-Jährigen: „Was machen Sie hier!?"

Noch nie hat er erlebt, dass ein Angeklagter das Schlusswort nicht für eine Entschuldigung nutzt, sondern um sein Opfer zu verhöhnen.

Auch Heike Blocks Eltern reagieren entsetzt. Mutter Magdalene schlägt sich die Hände vor den Mund, Vater Wilfried hält sich die Ohren zu. Er kann und will die erschreckende Ruhe und Gelassenheit in Geros Stimme nicht mehr hören.

Nichtsdestotrotz lässt der vorsitzende Richter den Angeklagten im Sinne dessen Rechtes fortfahren, auch wenn er nicht verhehlen kann, dass es „starker Tobak" sei.

„Es erfüllt mich mit tiefer Scham, dass ich sie nicht früher umgebracht habe. Ich bin stolz, meine Freiheit für diese Tat zu opfern“, schließt Gero seine Rede.

Am 23. August 2010 fällt das Landgericht Bremen das Urteil gegen den 21-jährigen Mörder Heike Blocks: Gero S. wird zu einer fünfzehnjährigen Haftstrafe sowie zu einer zeitlich unbegrenzten Unterbringung in einer Psychiatrie verurteilt.

Die Motive seien klar aus Geros gewaltigem Fragenkatalog hervorgegangen, erläutert der Richter. Demnach gründe die Tat in „niederen Beweggründen“, wie „Liebe, Neid und Rache“, sowie in Geros psychischer Störung.

Gero verfolgt die Urteilsverkündung weitestgehend regungslos, als schiene ihm das alles nichts auszumachen. Wie bei jedem Verhandlungstag zuvor sitzt er, ganz in Schwarz gekleidet, auf der Anklagebank und lauscht mit interessiert wirkender Miene und mit einem entspannten Lächeln auf den Lippen den Worten des schlanken, grauhaarigen Richters, der für Gero, nach Beendigung seiner fast neunzigminütigen Urteilsbegründung, noch ein paar harte Worte übrig hat.

„Sie sind gefährlich und das werden Sie auch bleiben!“

Danach wendet er sich noch einmal an die Familie von Heike Block.

„Auch wir sind nur Menschen, und wir sprechen den Eltern und dem Bruder unser aufrichtigstes Mitgefühl aus, mit der Bewunderung, dass sie so tapfer das gesamte Verfahren durchgestanden haben."

Magdalene und Wilfried Block sind mit dem Urteil zufrieden, auch wenn nach dem Prozess offenbleibt, ob ein härteres Durchgreifen seitens der Schulleitung die Tat hätte verhindern können. Heikes Eltern sprechen Gerd S. nun keine direkte Schuld mehr zu; dennoch sind sie enttäuscht, dass er nicht wenigstens auf sie zugekommen ist und sich für seine, in ihren Augen, offensichtlichen Fehler aufrichtig bei ihnen entschuldigt hat.

Alles, was Magdalene und Wilfried von ihrer Tochter bleibt, sind Fotos, Erinnerungen sowie Heikes Grab auf einem abgelegenen Hamburger Waldfriedhof, das die beiden jeden Freitag besuchen. Der schlichte, graue Stein trägt bloß die Aufschrift „Heike Block", davor liegt Tannengrün.

Auch am Gymnasium Osterholz-Scharmbeck bringen sowohl Lehrer als auch Schüler ihre Trauer um Heike Block zum Ausdruck. Am verschneiten Eingang werden Blumen abgelegt und Grabkerzen angezündet. Eine Fotografie von Heike Block steht ausgedruckt auf einer kleinen Staffelei, auf die mit Filzstift ein einziges Wort gekritzelt wurde, das vor allem Magdalene und Wilfried Block bis an ihr Lebensende begleiten wird:

„Warum???"

Der Tugend gleich, hat auch Verbrechen seine Stufen.

- Jean Racine (1639-1699)
französischer Schriftsteller -

KAPITEL 3

Ein Bunker im Wald

Es ist der 18. Juni 1966. Ein heißer, gewittriger Sommertag. Die Wuppertaler Innenstadt ist geschwängert mit schwüler, feuchter Luft. Peter bummelt ein wenig durch die Gegend, bleibt hier und da an einem der Schaufenster stehen. Der vierzehnjährige Hilfsarbeiter hat es nicht eilig. Er hat seine Arbeit für heute getan. Acht Jahre lang ist er zur Volksschule gegangen. Jetzt verrichtet er Hilfstätigkeiten, um ein bisschen Geld zu verdienen, bevor er in die Lehre geht. Welches Handwerk der Jugendliche erlernen möchte, da ist er sich noch nicht sicher. Und das muss nun auch wirklich nicht sofort entschieden werden. Jetzt möchte er erst einmal, bevor das Hitzegewitter über die Stadt hereinbricht, noch ein wenig seine freie Zeit draußen verbringen.

„Ziemlich heiß heute, nicht wahr?“

Peter dreht sich um. Hinter ihm steht ein Mann, ein paar Jahre älter als er.

„Oh ja, die Hitze ist heute wirklich furchtbar, aber es soll bald ein Gewitter kommen. Das wird sicher für Abkühlung sorgen“, entgegnet der freundliche Jugendliche.

Die beiden jungen Männer kommen ins Gespräch, sie verstehen sich auf Anhieb. Der ältere Junge stellt sich als Jürgen vor.

„Peter, ich könnte deine Hilfe gebrauchen. Ich habe einen Schatz gefunden. Ja, da schaust du! Einen echten Schatz! Aber ohne deine Hilfe werde ich es nicht schaffen, den Schatz aus der Höhle herauszuholen. Du sollst es ja auch gar nicht umsonst machen. Ich gebe dir 50 Mark für deine Hilfe!“

Der Vierzehnjährige blickt Jürgen mit großen, ungläubigen Augen an. Ihn packt die Abenteuerlust. Und so machen sich die beiden neuen Freunde in Jürgens VW-Bus von der Wuppertaler Innenstadt auf nach Langenberg.

Ihr Weg führt sie in den Ortsteil Oberbonsfeld, in die Heeger Straße. Jürgen parkt sein Auto am Straßenrand. „Wir müssen noch ein paar Meter laufen“, weist er Peter an. Gemeinsam schleppen sie sich in der sengenden Hitze die Straße hoch. Linker Hand stehen einige Häuser, rechter Hand wachsen dicht an dicht Büsche und Bäume.

„Hier ist es“, sagt Jürgen und wischt sich mit dem Handrücken den Schweiß von der Stirn. Peter ist aufgeregt. Gemeinsam schlagen sie sich den Weg durch das Gestrüpp, bis sie vor dem Eingang eines ehemaligen Luftschutzbunkers stehen. Peter geht vor. Es dauert einen Moment, bis sich seine Augen an das schummrige Licht im Bunker gewöhnen. Er geht einige Schritte hinein, da schlägt ihm auch schon ein merkwürdiger Geruch entgegen. Der Vierzehnjährige kann nicht wissen, dass es der Geruch von verwesendem Menschenfleisch ist. Bevor er sich überhaupt über den Gestank beklagen kann, spürt er hinterrücks einen heftigen Stoß. Der verdutzte Junge verliert das Gleichgewicht und stürzt auf das Geröll, das den Boden unter sich verdeckt. Bevor er versteht, was hier passiert, malträtieren ihn Fußtritte am ganzen Körper, gefolgt von heftigen Schlägen ins Gesicht. Der Jugendliche schreit, wimmert und windet sich. Er hat keine Chance gegen den neunzehnjährigen Jürgen, der ihm körperlich deutlich überlegen ist.

„Zieh dich aus! Los, mach schon!“, schreit dieser ihn an und verleiht seiner Forderung mit weiteren schmerzenden Schlägen Nachdruck. Peter erkennt seine ausweglose Situation und tut, wie ihm sein Peiniger geheißt. Dieser wickelt nun ein Seil um die Fußgelenke seines Opfers und verschnürt die Handgelenke des geschundenen, nackten Jungen hinter dessen Rücken. Als er sich sicher ist, dass Peter ihm nicht mehr entkommen kann, geht er in eine Ecke und zündet eine Kerze an. Im Schein des Kerzenlichtes wirkt Jürgen jetzt auf den schwer verletzten Vierzehnjährigen noch bedrohlicher.

„Ich werde nachher wiederkommen. Und dann… werde ich dich töten!“ Jürgen lächelt, doch auf Peter wirkt es, als würde sich das Gesicht des Mannes zu einer Fratze verziehen. Sein Peiniger macht sich geschäftigen Schrittes auf den Weg aus dem Luftschutzbunker.

Peter lauscht den leiser werdenden Fußschritten. Als er das Aufheulen eines Automotors hört, nimmt er alle verbleibende Kraft zusammen. Der Überlebenswillen des Jungen ist schier grenzenlos. Auf seinem entblößten Hintern robbt er, mit den Füßen voran, auf die Kerze zu.

„Ich will hier raus. Ich will hier weg. Ich will nicht sterben", geht ihm immerzu durch seinen schmerzenden Kopf. Vorsichtig hebt er seine Füße über die Kerze und versucht, die Schnur zwischen seinen Fußknöcheln mit Hilfe der Flamme zu durchsengen. Es fühlt sich an, als würde die Prozedur ewig dauern. Hin und wieder entweicht ihm ein gequälter Schmerzenslaut, wenn die Flamme versehentlich nicht die Schnur, sondern seine Haut versengt. Doch er schafft es. Mit einem letzten Knistern der Schnur spürt er, wie er seine Füße wieder frei bewegen kann. Er rappelt sich so schnell er kann auf und macht sich vorsichtig auf den Weg zum Ausgang. Immer wieder lauscht der Jugendliche, ob sein Peiniger vielleicht schon auf dem Weg zurück zu ihm ist. Doch Peter hört keine auffälligen Geräusche, die die Ankunft von Jürgen bedeuten könnten. Der nackte Junge, die Hände immer noch auf dem Rücken gefesselt, kämpft sich durch das dichte Gestrüpp zurück auf die Straße. Nachdem er nach rechts und links geblickt hat – die Straße frei ist –, rennt er auf die andere Seite. Die Fenster der Häuser sind hell erleuchtet.

Er klingelt an dem nächstbesten Haus Sturm und schreit aus tiefster Verzweiflung, bis ihm endlich jemand die Tür öffnet. Er blickt in die vor Schreck und Ungläubigkeit geweiteten Augen einer älteren Dame. Es dauert einen Augenblick, bis sie sich, ob des Anblickes des geschundenen Jugendlichen, wieder fasst und ihn endlich in ihr Haus bittet. Peter schleppt sich mit letzter Kraft in das Wohnzimmer der Frau. Erleichtert, dass sein Martyrium nun ein Ende hat, lässt er sich erschöpft auf einen Stuhl fallen. Während der Junge die Augen schließt und tief durchatmet, hört er, wie die Hausherrin die Polizei anruft. Im Fernsehen läuft die Spielsendung „Einer wird gewinnen". Peter weiß es noch nicht, aber mit seinen vierzehn Jahren ist er nur um Haaresbreite einem eiskalten Serienmörder entkommen.

Am 6. November 1946 erblickt ein kleiner Junge im Universitätsklinikum Essen das Licht der Welt. Seine arme Mutter Anna Sadrozinski war schwer an der Lungenkrankheit Tuberkulose erkrankt und stirbt nur kurze Zeit nach der Geburt ihres Sohnes Karl-Heinz. Der kleine Waisenjunge bleibt in der Klinik zurück. Die Schwestern kümmern sich, so gut es ihnen möglich ist, um den winzigen Sonnenschein mit den großen braunen Augen und den dicken Pausbäckchen.

Karl-Heinz ist bald ein Jahr alt, als Gertrud in die Klinik kommt. Sie ist die Frau des wohlhabenden Fleischers Gerhard Bartsch aus Essen. Das Ehepaar ist kinderlos und zudem muss sich Frau Bartsch auch noch einer Totaloperation der Gebärmutter unterziehen. Das Thema Nachwuchs und der Traum von einer Familie ist damit für das Ehepaar nun endgültig vom Tisch. Als die Krankenschwestern das Dilemma der Frau des Fleischers mitbekommen, stellen sie ihr den kleinen Karl-Heinz vor. Ob sie und ihr Mann ihm nicht ein liebevolles Zuhause schenken wollen? Gertrud ist zunächst ein wenig zurückhaltend, hatte sie sich doch eigentlich immer ein kleines Mädchen gewünscht. Doch irgendwer muss ja später ihren Fleischereibetrieb weiterführen, wenn sie und ihr Ehemann sich zur Ruhe setzen möchten. Und so kommt es, dass der kleine Karl-Heinz schon bald in das Haus der Eheleute nach Langenberg bei Velbert einzieht und dort unter seinem neuen Namen Jürgen Bartsch aufwächst.

Gertrud ist mit der plötzlichen Mutterschaft heillos überfordert. Vor allem die Pflege des Kleinkindes ist für sie eine schier unüberwindbare Hürde. Im Krankenhaus haben die Krankenschwestern es geschafft, den kleinen Jungen, notgedrungen, schon „sauber" zu bekommen. Doch nach seinem Einzug in die neue Familie erleidet er einen Rückfall. Seine neue Mutter reagiert mit unerbittlichen Schlägen darauf. Sie ekelt sich vor dessen Exkrementen. Und so stellt Frau Bartsch Kindermädchen ein, die unter anderem dafür zuständig sind, die Windeln des kleinen Jürgen zu wechseln. Erst als der Junge keine Windeln mehr nötig hat, bessert sich ihr Verhältnis zu ihm etwas.

Jürgens Adoptiveltern isolieren ihn bis zu seinem fünften Lebensjahr von anderen Kindern. Sie fürchten, ihr Adoptivsohn könne von den anderen Knirpsen aus der

Nachbarschaft erfahren, dass er nicht ihr leiblicher Junge ist. Und die größte Sorge der Mutter: wenn Jürgen auf der Straße spielt, könnte er sich schmutzig machen. Seine Eltern überhäufen ihn mit Spielsachen, nur Zeit, Liebe, Zuspruch und Anerkennung schenken sie ihm nicht. Die Stimmung der Mutter ist für Jürgen unberechenbar. Mal herzt und küsst sie ihn, im nächsten Moment prügelt sie mit einem Kleiderbügel aus Holz auf ihn ein.

Jürgen ist fünf Jahre alt, als er in den Kindergarten kommt. Es ist das erste Mal in seinem Leben, dass er andere Jungen und Mädchen trifft. Doch er weiß mit seinen Altersgenossen nichts anzufangen. Gehemmt und verschlossen steht er stundenlang einfach nur in einer Ecke des Zimmers und beobachtet die anderen Kindergartenkinder, wie sie gemeinsam toben und spielen. Zu dieser Zeit erreicht der Sauberkeitswahn seiner Adoptivmutter Gertrud seinen Höhepunkt. Sie steckt Jürgen in die Badewanne, schrubbt ihn mit einem Waschlappen und Seife von oben bis unten und trocknet ihn danach gründlich ab. Dann legt sie ihm die Kleidung hin, die er am nächsten Tag anzuziehen hat. Das tut sie so jeden Abend, bis zu seiner späteren Verhaftung. Der junge Mann wird da bereits neunzehn Jahre alt sein.

Die Schulzeit hinterlässt tiefe Wunden in Jürgens Seele. In der Volksschule hänseln, verspotten und verprügeln ihn seine Mitschüler. Auf dem Weg von der Schule nach Hause fantasiert Bartsch: wenn er doch groß und stark wäre und er seine Widersacher quälte, so wie sie ihn auch immerzu malträtieren … Der kleine Junge wird durch seine Situation von Wut und Verzweiflung nahezu aufgefressen. Hilfe von einem Erwachsenen hat er nicht zu erwarten.

Im Alter von zwölf Jahren beschließen seine Adoptiveltern, ihn nach Marienhausen in ein katholisches Internat für Knaben zu schicken. Familie Bartsch hat eine zweite Metzgerei eröffnet, die nun alle Aufmerksamkeit der Mutter fordert. Sie hat keine Zeit, sich um ihren Jungen zu kümmern. Das Knabeninternat gilt als eines der strengsten weit und breit. Das kommt den Eltern Bartsch gelegen: Zucht und Ordnung soll ihr Kind lernen, und vor allem soll ihn die Pubertät nicht auf dumme Gedanken bringen und ihn vom rechten Weg abführen. Doch einer der Priester, der zu Gewaltorgien neigt und seine Schüler quält, vergeht sich an den kleinen Knaben. Auch an Jürgen. Dieser hat schon viel in seinem jungen Leben ertragen müssen, doch die Hölle in dem Knabeninternat bricht ihn endgültig. Der Priester legt mit seinen Demütigungen, Misshandlungen und dem sexuellen Missbrauch an Bartsch den Grundstein für das, was später noch folgen soll.

Es ist das Jahr 1961 als der vierzehnjährige Jürgen zu seinen Eltern nach Langenberg zurückkehrt. Zu diesem Zeitpunkt plagen ihn sadistische Gewaltfantasien, die in ihrer Intensität immer stärker werden. Er kann sich nicht mehr dagegen wehren und erliegt ihnen. Im Sommer 1961 lockt er den Sohn des ortsansässigen Malermeisters Bunte in den stillgelegten Luftschutzbunker. Das Versteck hatte Bartsch durch Zufall entdeckt. Es gefiel ihm auf Anhieb, sodass er den Schutzbau zu seinem Reich auserkor, in dem er tun und lassen konnte, was er wollte. Im Bunker quält Jürgen den Nachbarsjungen und nimmt sexuelle Handlungen an ihm vor. Der Vorfall schlägt hohe Wellen. Bartsch wird angezeigt, es folgt eine Anklage wegen Körperverletzung. Das Verfahren wird jedoch eingestellt, da der Beschuldigte den Zuständigen glaubhaft versichert, mit dem Sohn des Malers nur herumgebalgt zu haben.

Bald darauf beginnt Jürgen, seinen Eltern zuliebe, eine Lehre als Metzger. Das Töten und anschließende Zerteilen des Fleisches wird schnell Bestandteil seiner sadistischen Fantasien. Die Schneidetechniken, die er dort erlernt, wird er später bei seinen Opfern anwenden. Das Metzgerhandwerk selbst gefällt Jürgen überhaupt nicht. Er erträgt es nicht, wie ihn die kleinen Lämmchen anschauen oder gar noch an seiner Hand lecken, bevor er sie schlachten soll.

Wenn Bartsch auf der Straße kleine Jungen sieht, die ihm gefallen, bekommt er weiche Knie. Kalter Schweiß bricht auf seinem ganzen Körper aus. Seine Kehle wird trocken und er hat manchmal gar das Gefühl, nicht mehr richtig Luft holen zu können. Die Vorstellung, eines dieser Kinder zu töten, übermannt ihn förmlich.

Am 31. März 1962 lockt Bartsch den achtjährigen Klaus von einer Kirmes in Essen weg, setzt sich mit ihm in einen Bus und bringt das Kind in seinen Luftschutzbunker. Dort erschlägt der fünfzehnjährige Teenager den wehrlosen Jungen mit dem Kolben einer Gaspistole, bevor er sich an ihm vergeht und seine sadistischen Fantasien an dem Opfer auslässt. Mit einem mitgebrachten Messer zerteilt er den Leichnam des Jungen und verscharrt die Leichenteile notdürftig unter dem Geröll im Bunker.

Nach dem Mord fühlt Bartsch sich alles andere als erleichtert. Er ist geschockt; hätte sich niemals zugetraut, einem Kind so etwas antun zu können. Verzweifelt irrt er durch Langenberg. Alles würde er nun dafür geben, das Geschehene rückgängig zu machen. Könnte er doch nur seinen Trieb zügeln. Als sein schlechtes Gewissen ihn zu übermannen droht, sucht er einen Priester auf. Ihm beichtet er seine Todsünde. Während Klaus' Eltern sich, der Verzweiflung nahe, auf die Suche nach ihrem geliebten Sohn machen, hört sich der Kirchenmann geduldig die Beichte des Mörders an. Vielleicht betet er mit ihm, vielleicht spricht er ihm Gottes Vergebung zu; doch die besorgten Eltern von ihrer Ungewissheit erlösen – das tut er nicht. So kommt es, dass sich im Laufe der Zeit noch drei weitere Familien, mit Unterstützung der Polizei und der Presse, auf die verzweifelte Suche nach ihren vermissten Kindern begeben.

Jürgen arbeitet in den nächsten Jahren in der Metzgerei seiner Eltern. Nach Feierabend streift er durch die Straßen. Nicht weniger als hundert junge Knaben spricht er in dieser Zeit an, schafft es aber nicht, sie in seinen geheimen Bunker zu locken. Dann steht endlich Jürgens achtzehnter Geburtstag vor der Tür. Er macht seinen Führerschein und darf den Firmenwagen der Metzgerei benutzen. Damit vergrößert sich automatisch sein Jagdgebiet. Er fährt durch Essen, Velbert, Castrop-Rauxel und Bochum auf der Suche nach seinem nächsten Opfer. Immer dabei hat er reißfeste Schnüre, Rasierklingen, Messer sowie eine Kerze und Streichhölzer, um den dunklen Bunker ausleuchten zu können.

Im August 1965 ermordet Bartsch den dreizehnjährigen Peter Fuchs und nur einige Tage später den zwölfjährigen Ulrich. Anfang Mai 1966 fällt ihm der elfjährige Manfred zum Opfer. Der Serienmörder geht immer gleich vor: er schlägt und tritt seine Opfer, fesselt, quält und missbraucht sie, bevor er sie stundenlang allein und verängstigt in dem Luftschutzbunker zurück lässt. Er selbst macht sich in dieser Zeit auf den Heimweg, nimmt gemeinsam mit seinen Eltern das Abendessen ein und sieht sich mit ihnen in aller Ruhe Fernsehsendungen an. In der Nacht schleicht er sich dann aus seinem Elternhaus und kehrt zu seinen Opfern zurück, um ihnen auf bestialische Art und Weise das Leben zu nehmen. Dann beginnt er, seine kleinen Opfer zu verstümmeln und zu zerteilen. Für die ganze Prozedur nimmt er sich immer besonders viel Zeit; die langen Nachtstunden sind ideal dafür. Wenn das Messer oder die Rasierklinge durch die Hautschichten, das Fettgewebe und das Fleisch gleitet, durchströmt ihn ein Gefühl der sexuellen Befriedigung. „Wie ein Dauer-Orgasmus fühlte sich das an“, gibt er später zu Protokoll. Nachdem er sich an den Leichnamen ausgetobt und sie zerstückelt hat, verscharrt er die Leichenteile notdürftig in dem Bunker.

Bartschs Hemmschwelle, sich ein weiteres Opfer zu suchen, wird nach jedem Mord niedriger. Nur die geglückte Flucht und die detailreiche Aussage seines beinahe fünften Opfers Peter stoppt die Mordserie. Die Polizei durchsucht den Luftschutzbunker unter den neugierigen Blicken der Anwohner. Sie finden die Überreste der vier gequälten und ermordeten Knaben. Umgehend startet eine umfangreiche Suchaktion, um der Bestie von Langenberg habhaft zu werden.

Auch Malermeister Bunte bekommt mit, welch Trubel und Aufregung in Langenberg wegen der gefundenen Kinderleichen herrscht. Und so fasst er sich ein Herz und meldet seinen grauenvollen Verdacht: Jürgen Bartsch könnte der gesuchte Serienmörder sein. Denn Bunte ist sich damals wie heute sicher: die beiden Jungen hatten nicht herumgebalgt, wie Bartsch damals aussagte. Sein Sohn ist von dem Älteren missbraucht worden. Die Täterbeschreibung, die Peter von seinem Peiniger abgegeben hat, passt eins zu eins auf Jürgen. Nach der Aussage von Herrn Bunte sind sich die Polizisten sicher: das ist ihr gesuchter Mann.

In den frühen Morgenstunden des 21. Juni 1966 wird der neunzehnjährige Jürgen Bartsch im Kinderzimmer seines Elternhauses verhaftet und zur Polizeiwache nach Wuppertal gebracht. Der junge, unscheinbare Mann räumt sofort all seine Taten ein. Er gibt bereitwillig und umfassend Einblick in seine kranke Seele und den gestörten Geist.

Ende des Jahres 1967 beginnt der Prozess gegen den pädosexuellen Serienmörder vor dem Landgericht Wuppertal. Da Bartsch voll geständig ist, sind nur sieben Verhandlungstage angesetzt. Während des Prozesses kommen die Psychiater in ihren Gutachten zu dem Schluss, dass Jürgen ein voll zurechnungsfähiger Erwachsener sei, der seinen Trieb sehr wohl kontrollieren könne, hätte er es denn nur gewollt. Der Staatsanwalt plädiert auf die Anwendung des Erwachsenenstrafrechts, obwohl Jürgen bei seinem ersten Mord erst fünfzehn Jahre alt war. Bartschs Verteidiger hält kein Plädoyer. Der Richter folgt bei seiner Urteilsverkündung Mitte Dezember 1967 dem Antrag der Staatsanwaltschaft und verurteilt den Serienmörder zu fünfmal lebenslanger Zuchthausstrafe, die er im Gefängnis Wuppertal zu verbüßen hat.

Der Gefängnisalltag in den Sechzigerjahren ist hart. Die Delinquenten werden weggesperrt und verwahrt; Hauptsache sie sind aus der Gesellschaft entfernt. Der Gedanke an eine mögliche Resozialisierung der Täter scheint unvorstellbar. Das Leben des verurteilten Mörders gleicht dem Leben, das er seit seiner Kindheit in Freiheit führte. Isoliert von den anderen Gefangenen muss er seine Haftzeit in einer Einzelzelle fristen, da die Mithäftlinge drohen, den Kindermörder zu lynchen. In der Knasthierarchie stehen Kinderschänder und Kindermörder ganz weit unten und werden als vogelfrei angesehen. Doch damit nicht genug: Unverändert wird Bartsch Tag und Nacht von seinen mörderischen Fantasien geplagt. Er leidet. Therapeutische Hilfe bekommt er nicht. Eines grauen, dunklen Tages verlässt den Kindermörder der Lebensmut. Er fummelt eine Schraube aus der Vergitterung an seinem Fenster und ritzt mit ihr eine Entschuldigung an die Eltern seiner Opfer an die Wand der Gefängniszelle. Dann schneidet er sich mit dem zerbrochenen Porzellan des kleinen Waschbeckens, das sich in seinem Haftraum befindet, die Pulsadern auf. Doch so sehr er sich auch wünscht, diese Welt zu verlassen und seinen quälenden Mordfantasien zu entfliehen; der Selbstmordversuch scheitert.

Entgegen seiner Erwartungen lassen ihn die Adoptiveltern nicht im Stich. Regelmäßig besuchen sie ihn in der Haftanstalt. Jürgen Bartsch gibt in einer seiner zahlreichen, auf Tonband festgehaltenen Aussagen zu Protokoll, dass das Verhältnis zwischen ihm und seinen Eltern nach der Verurteilung so gut ist wie seit fast einem Jahrzehnt nicht mehr. Er freut sich, wenn sie ihn für eine Viertelstunde besuchen dürfen. Diese Viertelstunde würde ihm auch vollkommen ausreichen, länger müsse er sie nicht unbedingt um sich herum haben.

Bartsch nimmt sich den renommierten Rechtsanwalt Rolf Bossi aus München an seine Seite. 1969 legt der Anwalt vor dem Bundesverfassungsgericht für seinen Mandanten Revision gegen das Urteil ein. Mit Erfolg. Die Richter des Bundesgerichtshofes rügen vor allem, dass das Landgericht Wuppertal einen Sexualwissenschaftler als Gutachter abgelehnt hatte. Damit hätten sie nicht alles getan, um die ganze Wahrheit herauszufinden. Das erstinstanzliche Urteil gegen den Serienmörder wird aufgehoben; ein neuer Prozess soll vor der Jugendkammer des Landgerichtes Düsseldorf stattfinden.

Das Revisionsverfahren wird 1971 in Düsseldorf eröffnet. Obwohl zwischen dem ersten und dem zweiten Prozess nur wenige Jahre liegen, ist die Grundstimmung eine ganz andere. Weitgehend junge und liberale Sachverständige geben ihre Einschätzung ab. Zwölf Gutachter und nicht weniger als vierundzwanzig Nebengutachter nehmen Stellung zu dem Fall des Serienmörders Jürgen Bartsch. Sie beleuchten seine Motive, die Vorgehensweise, den scheinbar zügellosen Trieb und schätzen ein, wie hoch die Wahrscheinlichkeit ist, dass der Sexualstraftäter erneut einen Knaben foltert, missbraucht und tötet. Minutiös rekonstruieren die Wissenschaftler den Lebenslauf des Angeklagten; analysieren und bewerten den Einfluss seines langen Krankenhausaufenthalts als Säugling sowie die Kaltherzigkeit und Unberechenbarkeit der Adoptivmutter. Sie stellen sich erneut die Frage, ob Bartsch in der Lage gewesen wäre, seinen sadistischen Trieb zu unterdrücken. Einstimmig kommen die Gutachter zu dem Entschluss, dass die Neigung stärker sei als der Wille des Angeklagten. Somit ist er nur vermindert schuldfähig. Bei diesem Prozess kommt, anders als bei der ersten Verhandlung, auch zur Sprache, dass der Pater in Marienhausen den kleinen Bartsch sexuell missbrauchte und damit möglicherweise den Grundstein für die späteren grausamen Taten seines Zöglings legte. Auch die Ungerechtigkeit, dass der Kirchenmann ungestraft mit seinen verwerflichen Taten davongekommen war, dürfte die Seele des kleinen Jürgen zerbrochen haben. Die Experten raten dem Gericht, das Jugendstrafrecht anzuwenden. Und die Richter folgen der Einschätzung der zahlreichen Gutachter: sie verurteilen Jürgen Bartsch am 6. April 1971 zu einer Jugendstrafe von zehn Jahren und ordnen die baldige Unterbringung in der Heil- und Pflegeanstalt Eickelborn bei Lippstadt an.

Während seiner Unterbringung in Eickelborn heiratet Jürgen 1974 Gisela, eine Schwesternhelferin aus Hannover, die seit seiner Verhaftung im Jahre 1966 für ihn schwärmt. Begonnen hat alles mit einer Brieffreundschaft. Es folgen Besuche von Gisela. Schon beim dritten Treffen fragt Jürgen sie, ob sie seine Frau werden will. Sie erbittet sich Bedenkzeit, gibt ihm aber dann nach vier Wochen ihr „Ja". Die Ärzte und Therapeuten befürworten die Eheschließung. Sie erhoffen sich, dass die Ehe zur sexuellen Normalisierung und der Heilung von Jürgen Bartsch beiträgt. Giselas Familie ist gegen die Verbindung ihrer Tochter mit dem Serienmörder. Weder ihre Eltern noch ihre Geschwister kommen zu der improvisierten Trauzeremonie.

Den frischgebackenen Ehemann plagen aber weiterhin sadistische, brutale Mordfantasien, die ihn zeitweise sogar um den Schlaf bringen. Es muss etwas geschehen. Eine Kastration kommt für Bartsch zunächst nicht in Frage. Als ihm die Ärzte des Universitätsklinikums Saarland jedoch mitteilen, dass eine alternative, spezielle Gehirnoperation bei ihm keinen Erfolg bringen wird, beantragt der Serienmörder seine Entmannung. Er möchte damit einer lebenslangen Unterbringung in psychiatrischen Anstalten entgehen.

Im Landeskrankenhaus Eickelborn wird die Operation vorgenommen. Wie 1976 gemeinhin üblich, wird die Narkose ohne einen Anästhesisten durchgeführt. Die Verantwortung für das Wohlergehen des Patienten obliegt allein dem operierenden Arzt. Der verurteilte Serienmörder erhält das Inhalationsanästhetikum Halathon. Schon nach wenigen Atemzügen dämmert der Sexualstraftäter weg. Jürgen Bartsch kommt nie wieder zu Bewusstsein. Der Arzt hatte für die Inhalationsnarkose einen ungeeigneten Verdampfer verwendet und damit seinem Patienten eine zehnfache Überdosis verabreicht. Während der Operation erleidet die „Bestie von Langenberg“ einen tödlichen Kreislaufzusammenbruch.

Jürgen Bartsch wird auf einem Friedhof in seiner Heimatstadt Essen beerdigt. Auf dem schwarzen Grabstein aus Marmor steht nur der Name „Bartsch“ in goldenen Buchstaben, keine weiteren Lebensdaten sind eingraviert. Links neben dem Familiennamen befindet sich ein güldenes Kreuz. Auf die Frage eines SPIEGEL-Reporters, ob der Tod eine Erlösung für Bartsch sei, antwortet Ehefrau Gisela: „Ja. Ich bin heute so weit, dass ich sage: also etwas Besseres hätte ihm nicht passieren können. Für mich ist es schwer, denn ich habe ja wirklich meinen Lebensinhalt verloren, [ich] muss mir jetzt wieder etwas Neues aufbauen“.

Der Arzt, unter dessen Händen der Serienmörder verstarb, wurde wegen fahrlässiger Tötung zu einer Bewährungsstrafe verurteilt. Es war bereits das zweite Mal, dass ihm ein solcher Fehler bei einer Inhalationsnarkose unterlief.

»Ein Dieb heißt den andern Spitzbub.«

- Deutsches Sprichwort -

KAPITEL 4

Zerfressen

Die Landwirtin Hermine Rupp eilt am Morgen des 14. Oktober 2001 aufgebracht durch die schmalen Gassen von Neuburg, der ehemaligen Residenzstadt der Pfälzer Kurfürsten, gelegen in malerischer Lage auf einem Hügel über der Donau. Für die zahlreichen Schlösser und Kirchen mit Zwiebelturm hat die korpulente Bäuerin mit den kurz geschorenen Haaren jedoch keinen Blick. Sie ist auf dem Weg zur Polizeidirektion Neuburg, um ihren Mann als vermisst zu melden. Das Paar lebt gemeinsam mit zwei Töchtern – der sechzehnjährigen Manuela und der fünfzehnjährigen Andrea – auf einem heruntergekommenen Bauernhof in der Gemeinde Heinrichsheim. Neben ein paar Schweinen treiben sich auch sieben Hunde auf dem Grundstück herum: ein Schäferhund, ein Bullterrier sowie mehrere Dobermänner.

Nachdem „Rudi", wie Rudolf Rupp in seiner Heimatgemeinde genannt wird, am Freitagabend, den 12. Oktober 2001, sein Feld bestellt hatte, war er in sein Auto gestiegen, um im eineinhalb Kilometer entfernten Neuburg seine Stammkneipe „BSV-Sportgaststätte" zu besuchen. Dort habe er dann, laut der Aussage des Wirts Werner Steger, allein am Stammtisch gesessen und acht halbe Weißbier getrunken, die er sich wie immer anschreiben ließ. Dazu habe er eine Schachtel Zigaretten geraucht.

Gegen ein Uhr morgens sei Rupp dann zu seinem Wagen gewankt. Das Angebot des Wirts, ihn nach Hause zu fahren, lehnt er ab; schließlich sind es nur wenige Kilometer bis Heinrichsheim. Mit fast 2,5 Promille ist er allerdings nicht mehr ganz zielsicher und kollidiert beim Ausparken fast mit einem Blumenkübel, der vor dem Lokal steht. Daraufhin biegt er rechts ab und verschwindet in der Dunkelheit. Seither fehlt von dem Landwirt jedwede Spur.

Nachdem Hermine Rupp die Vermisstenanzeige bei der Polizei aufgegeben hat, starten die Beamten mit den üblichen Suchmaßnahmen: Sie durchkämmen unter anderem nahe gelegene Waldgebiete unter dem Einsatz von Spürhunden und vollziehen sogar mehrere Tauchgänge in der Donau, doch Rudi Rupp und sein Auto bleiben wie vom Erdboden verschluckt.

Auch ein Verbrechen wird angedacht. Hatte Rudi es sich vielleicht mit jemandem verscherzt? Doch in der Vergangenheit des Landwirts findet die Polizei kein Motiv für eine mögliche Entführung. Zwar konnte Rudi unangenehm werden, wenn er einen über den Durst getrunken hatte, doch seine Ausschreitungen beschränkten sich meist auf verbale Kneipendiskussionen. Nichtsdestotrotz führte die andauernde Regelmäßigkeit der Streitereien dazu, dass immer mehr Stammgäste den Kontakt zu ihm vermieden. Hinzu kam, dass das Erscheinungsbild des kräftigen Landwirts nicht bei allen Besuchern Anklang fand; oft sei er in Latzhose und Karohemd aufgekreuzt und habe nach Stall gemieft. Zu allem Überfluss kämpft der stark übergewichtige Rudi seit Jahren mit Diabetes und fürchtet, dass ihm wegen dieser Krankheit Körperteile amputiert werden müssen.

Vieles deutet zu diesem Zeitpunkt auf einen Suizid hin. Grund dafür könnten unter anderem Rudis Geldprobleme sein, wegen derer er bereits einige seiner Felder verkaufen musste. Darüber hinaus sitzt ihm die Behörde im Nacken und droht mit einem Offenbarungseid, bei welchem er alle seine Vermögensverhältnisse offenlegen muss und sich bei neuerlichen Schulden sofort strafbar machen würde.

Zudem beschwerte er sich in der Kneipe des Öfteren über seine „faulen Weiber“, von denen keine einen festen Beruf ausübt. Auch Matthias, der achtzehnjährige Freund seiner Tochter Manuela, der mit im Haus wohnt, geht nicht arbeiten. Mit ihm steht Rudi ohnehin auf Kriegsfuß. Immer wieder soll es auf dem Hof der Rupps zu Polizeieinsätzen aufgrund lautstarker Auseinandersetzungen zwischen den beiden gekommen sein. Rudi fordert, dass der „Nichtsnutz“ auszieht.

Matthias, schon im jungen Alter schwerer Alkoholiker, leistet dem zwar Folge, zieht jedoch immer und immer wieder, meist verbunden mit einem weiteren Polizeieinsatz, zurück.

Das Familienoberhaupt gilt bei den fast 2600 Bewohnern der Gemeinde Heinrichsheim gemeinhin als Choleriker; die Nachbarn möchten mit der Familie nichts zu tun haben und schauen schon lange nicht mehr hin, wenn es bei Rupps mal wieder etwas lauter wird. All diese Konflikte könnten Rudi im Alkoholrausch letztlich dazu veranlasst haben, den Freitod zu wählen.

Zwei Jahre lang bleiben die Ermittlungen der Polizei ohne Erfolg und Familie Rupp wird zunehmend verzweifelter. Hermine erlebt immer wieder kleinere Hoffnungsschimmer; so etwa, als sie glaubt, den geliebten Mercedes ihres Mannes gefunden zu haben. Als sie daraufhin die Polizei verständigt, stellt man jedoch fest, dass es sich bei dem Wagen zwar um das gleiche Modell, allerdings nicht um Rudis Wagen handelt.

Allmählich kommt der Kriminalpolizei, auf deren Schreibtisch der Fall inzwischen routinemäßig gelandet ist, die Sache spanisch vor. Ist Rudi, obgleich seiner prekären finanziellen, gesundheitlichen sowie familiären Situation, wirklich dazu in der Lage, sich etwas anzutun? Der Wirt der BSV-Sportgaststätte meint: Nein. Schließlich würde niemand, der vorhat sich umzubringen, kurz vorher noch sein Feld bestellen.

Doch statt Fakten kursieren heiße Gerüchte durch Heinrichsheim. Die Dorfbewohner sind überzeugt davon, dass Rudi Rupp in jener Oktobernacht im Jahr 2001 besoffen nach Hause kam und nach einem Streit mit seiner Familie von dieser getötet wurde. Anschließend sollen seine Verwandten die Leiche an die Hunde und Schweine auf dem Hof verfüttert haben.

So banal dieses Gerücht auch klingen mag, für die Polizei ist es zu diesem Zeitpunkt der einzige verwertbare Hinweis auf den Verbleib von Rudi Rupp. Und wer weiß: vielleicht ist an der Rederei der Dorfbewohner doch etwas Wahres dran. Es kann sicherlich nicht schaden, der Sache einmal genauer auf den Grund zu gehen.

Daraufhin wird im November 2003 bei der Staatsanwaltschaft eine Genehmigung für die Überwachung der Telefone von Familie Rupp beantragt. Eigentlich ein Schuss ins Blaue, denn in Deutschland dürfen Telefone nur dann abgehört werden, wenn ein begründeter Verdacht einer Straftat vorliegt. Familie Rupp allerdings ist einzig und allein durch den Dorftratsch in den Fokus der Ermittlungen gerückt. Reichen die Gerüchte dennoch aus, um die Staatsanwaltschaft zu überzeugen? Ja – der Ermittlungsrichter erteilt die Erlaubnis zur Überwachung von Familie Rupp, einschließlich Manuelas Freund Matthias.

Als die Abhöraktion erfolglos bleibt, wird ein weiterer Antrag bei der Staatsanwaltschaft gestellt, diesmal handelt es sich um einen Durchsuchungsbeschluss für den Hof von Familie Rupp. Auch dieser wird vom Ermittlungsrichter bewilligt, obwohl in Artikel 13 des Grundgesetzes festgelegt ist, dass die räumliche Privatsphäre nur dann verletzt werden darf, wenn nach Beweisen für eine Straftat gesucht wird oder wenn Gefahr im Verzug ist. Im Falle von Familie Rupp allerdings hat die Polizei keinen einzigen Hinweis auf eine tatsächlich begangene Straftat; Grundlage der gesamten Ermittlungen sind einzig und allein die Gerüchte der Dorfbewohner.

Nichtsdestotrotz rücken Polizei sowie der zuständige Staatsanwalt am 13. Januar 2004 gegen sechs Uhr morgens mit einem Großaufgebot und einem Durchsuchungsbefehl in der Tasche bei Familie Rupp an.

Die Suche scheint auch hier zunächst im Sand zu verlaufen. Das Haus ist verwahrlost, überall liegt Müll. Im unerträglich stinkenden Keller liegt ein fast verhungerter Schäferhund mit verfilztem Fell und vereiterten Ohren auf dem Boden, umgeben von seinen eigenen Fäkalien. Obwohl den Ermittlern dieses schreckliche Bild sehr nahe geht, ist es noch lange kein Beweis dafür, dass hier einst ein Mord stattgefunden hat. Zudem gibt es weder Blutspuren noch eine Tatwaffe.

Trotzdem nimmt die Polizei Ehefrau Hermine, die Töchter Andrea und Manuela sowie den Schwiegersohn Matthias zum Verhör mit. Laut eines Gutachtens sind alle vier minderbegabt, ihre Intelligenzquotienten liegen zwischen fünfzig und siebzig.

Es folgt ein stundenlanges Verhör auf dem Polizeirevier, bei dem erneut sämtliche Vorschriften außer Acht gelassen werden. Zunächst einmal gewährt man der Familie keinen

Anwalt, so wie es einem Tatbeschuldigten laut §137 der Strafprozessordnung eigentlich zusteht. Die Ermittler umgehen dieses Recht, indem sie behaupten, Familie Rupp lediglich als Zeugen zu vernehmen.

Offenbar will man die vier zu einem schnellen Geständnis bewegen, denn immer wieder stellen die Experten durch geschickte Suggestivfragen die Behauptung auf, dass Rudi Rupp in der Nacht des 13. Oktober 2001 nach Hause gekommen sei. So sollen sie beispielsweise gefragt haben: Kam es zum Streit? Ist er dabei nicht vielleicht gestürzt? Haben Sie dann etwa Angst bekommen und nicht mehr gewusst, was Sie tun sollten? Das Verhör geht so lange so weiter, bis Familie Rupp schließlich nachgibt und gesteht, Rudi getötet zu haben.

Zwar sind stundenlange Verhöre, bei welchen immer mal wieder der Druck auf die Beschuldigten erhöht wird, keine Seltenheit, doch bei Familie Rupp ist der Fall insofern umstritten, als dass die Ermittler ihnen einen kompletten Tathergang präsentierten, von denen sie nicht einmal wissen, ob er sich wirklich so zugetragen hat. Demnach sei Rudi Rupp in der Nacht nach seinem Kneipenbesuch stockbesoffen nach Hause gekommen und nach einem Streit mit seiner Familie die Treppe hinuntergefallen und so zu Tode gekommen.

Zwei Wochen nachdem die Rupps den Mord an Rudi gestanden haben, führen die Ermittler eine Tatortbegehung mit Ehefrau Hermine, den Töchtern Andrea und Manuela sowie Schwiegersohn Matthias durch. Auch dieser Vorgang ist eigentlich nichts Ungewöhnliches, doch die Polizei kann nach wie vor – bis auf die vier durch Suggestivfragen herbeigeführten Geständnisse – keinerlei Beweise für ihre Behauptungen vorlegen. Wird die Rekonstruktion des Tathergangs diese doch noch ans Licht bringen?

Im Zuge der Beweissicherung wird die Tatortbegehung filmisch dokumentiert. Die Aufnahmen geben Aufschluss über die überraschend gelassene Atmosphäre zwischen Familie Rupp und den Ermittlern. Man duzt sich, es wird gelacht und die Polizisten reden beruhigend auf die Verdächtigen ein. Möglicherweise ist eben diese fehlende Distanz der Grund dafür, dass die Ermittler nicht merken, dass sich die Aussagen von Hermine, Andrea, Manuela und Matthias in so ziemlich allen Punkten unterscheiden.

So behauptet Tochter Andrea beispielsweise, ihre Mutter habe Rudi die Treppe hinuntergestoßen und anschließend mit einem dicken Holzpfosten auf dessen Schädel eingeschlagen. Laut Manuela war es jedoch ihr Freund Matthias, der mit dem Pfosten auf ihren Vater eingeschlagen habe, bis dieser zu Boden ging, Mutter Hermine sei erst danach zu ihnen gestoßen.

Auffällig ist, dass die Ermittler den Rupps, insbesondere Schwiegersohn Matthias, immer dann mit gezielten Nachfragen auf die Sprünge helfen, wenn diese anfangen zu stottern oder Gefahr laufen, sich zu widersprechen. Auf diese Weise entsteht langsam, aber sicher, ein plausibel zusammengeschusterter Tatverlauf:

Am 13. Oktober 2001, um ein Uhr nachts, stolpert Rudolf Rupp stockbesoffen über die Türschwelle seines Hauses. Als der 52-Jährige gerade im Treppenhaus ist, wird er von einem schweren Holzpfosten am Hinterkopf getroffen. Rudi geht zu Boden; der Täter, Schwiegersohn Matthias, hämmert weiterhin unaufhörlich auf ihn ein. Durch den Lärm werden auch die anderen Familienmitglieder geweckt, die kurz darauf im Treppenhaus erscheinen und Matthias dabei beobachten, wie er den Schädel des Familienoberhaupts zertrümmert. Irgendwann übernimmt Mutter Hermine das Schlagholz und vollendet, was ihr Schwiegersohn bereits begonnen hat; Andrea und Manuela treten unterdessen auf den Körper von Rudi ein. Das alles geschieht, ohne dass auch nur ein einziger Tropfen Blut aus dem Kopf des Landwirts sickert.

Danach schleppt Matthias seinen massigen Schwiegervater allein in den Keller, um ihn am nächsten Morgen wie ein Tier auf der Schlachtbank zu zerteilen. Zusammen mit Hermine schneidet er Arme und Beine ab, öffnet den Bauch und entnimmt die Organe; das Blut füllen sie mithilfe von Margarine-Bechern in einen Eimer ab. Den Kopf trägt Matthias zur Maschinenhalle auf dem Hof und kocht ihn in einem großen Schlachtkessel aus. Die Leichenteile werden anschließend an die Hunde verfüttert und die übrig gebliebenen Knochen auf den Misthaufen geworfen.

Die Geständnisse von Hermine, Andrea, Manuela und Matthias ziehen eine Anklageschrift nach sich und führen schlussendlich zum Prozess gegen Familie Rupp, der im

Dezember 2004 vor dem Landgericht Ingolstadt, begleitet von einem gewaltigen Medienecho, den Auftakt feiert.

Die Verhandlung ist geprägt von fragwürdigen Erklärungen, mit welchen sämtliche Ungereimtheiten der Ermittlungsergebnisse abgetan werden. So behauptet ein Gerichtsmediziner bezüglich der fehlenden Blutspuren beispielsweise, dass es wahrscheinlich nicht zu einer spritzenden Blutung gekommen war. Des Weiteren wird auch eine Erklärung auf den Verbleib des noch immer verschollenen Mercedes präsentiert: die Staatsanwaltschaft beschuldigt den Schrotthändler Ludwig H., aus der Nähe von Neuburg, den Rupps bei der Beseitigung des Autos geholfen zu haben. Bei einer Durchsuchung seiner Privat- und Geschäftsräume findet die Polizei zwar nicht die Überreste von Rudi Rupps Wagen, dafür aber Hinweise auf Umweltdelikte, wie etwa unsachgemäße Lagerung verschiedenster Schadstoffe. Das Kuriose: Diese Durchsuchung wird nicht von der Landespolizei durchgeführt, sondern von der Wasserschutzpolizei, zu deren Zuständigkeitsgebiet zufällig auch Umweltbelastungen gehören.

Der Staatsanwalt bietet dem Schrotthändler daraufhin einen Deal an: Man sieht über die Umweltdelikte hinweg, wenn Ludwig H. gesteht, an der Entsorgung von Rudis Mercedes beteiligt gewesen zu sein. Anders als erhofft lässt H. sich auf solche Spielchen jedoch nicht ein und muss eine Geldstrafe in Höhe von 8000 Euro zahlen. Darüber hinaus kommt er für fünf Monate in Untersuchungshaft.

Die Staatsanwaltschaft ist sich sicher: Rudi Rupp war ein rücksichtsloser Haustyrann und hat seiner Familie das Leben zur Hölle gemacht, die ihn, getrieben von Hass und Verachtung, schließlich umbrachte. Unterstützt wird diese Behauptung durch ein Gutachten eines Gerichtsarztes, der den beiden Töchtern Andrea und Manuela bei einer Befragung entlocken konnte, dass ihr Vater sie sexuell missbraucht habe.

Im Namen des Volkes wird Familie Rupp am 13. Mai 2005 wegen Totschlags, respektive Beihilfe zum Totschlag, verurteilt. Hermine und Matthias müssen für jeweils achteinhalb Jahre ins Gefängnis, Andrea bekommt zweieinhalb, Manuela dreieinhalb Jahre. Bei ihnen wird das Jugendstrafrecht angewandt, da die beiden zum Zeitpunkt der Tat noch minderjährig waren.

Somit wird der Fall zu den Akten gelegt und gerät allmählich in Vergessenheit.

Vier Jahre später, an einem bewölkten Dienstagmorgen im März 2009, will die Polizei bloß zwei Schrottautos aus dem grauen Gewässer der Donau holen. Entdeckt wurden die Wracks von der E.ON Wasserkraft GmbH im September 2008 bei Routinemessungen mit Echoloten unmittelbar vor dem Wasserkraftwerk Bergheim, das den Fluss schon seit fast vierzig Jahren überspannt; mit dem gestauten Wasser des Flusses wird Strom für die Oberleitungen der Bahn erzeugt. Fünf Monate später ging die Nachricht an die Behörde, die der Bergung jedoch keine Eile zutrug. Als das kleine Spektakel an jenem Märzmorgen nun endlich stattfindet, stehen sogar einige Medienvertreter am Ufer der Donau bereit, um das Geschehen mit gezückten Kameras und Notizblöcken zu verfolgen.

Als erstes zieht der Kran eines privaten Abschleppunternehmens einen ramponierten Opel Kadett an die Wasseroberfläche, der fast vollständig mit Schlamm und Moos bedeckt ist. Als der Kran auch das zweite Auto aus dem Fluss bergen will, macht sich bei den Versammelten plötzlich Unruhe breit. Ein Taucher der Bereitschaftspolizei Dachau hatte unter Wasser das Nummernschild des Wagens abgelesen und seine Kollegen am Ufer damit in helle Aufregung versetzt, denn das Kennzeichen, ND-AE-265, gehört zu Rudi Rupps Mercedes 230 E.

Stück für Stück zieht der Kran die schwere Last fast senkrecht nach oben. Der früher dunkelfarbene Mercedes hat eine bräunliche Farbe angenommen und ist fast komplett mit Schlamm gefüllt. Als der Wagen beinahe vollständig aus dem Wasser ragt, kann die Windschutzscheibe dem Druck des schlammigen Wassers im Inneren des Fahrzeugs nicht mehr standhalten und zerspringt in tausend Einzelteile; der Inhalt, bestehend aus Schlamm, Krebsen und Muscheln, wird zurück in die Donau gespült. Doch damit nicht genug: Als sich der Fluss das meiste des Drecks zurückgeholt hat, fällt auch die, durch Fischfraß teils skelettierte, Leiche eines Menschen mit ins Wasser.

In der Hosentasche des Leichnams findet die Kriminalpolizei eine Versichertenkarte, mehrere D-Mark-

Münzen sowie den Autoschlüssel und stellt bei der ersten, äußerlichen Begutachtung fest, dass der Schädel des Toten keinerlei sichtbare Verletzungen aufweist. Darüber hinaus fällt den Ermittlern auf, dass der Leichnam in fast kniender Position im Fußraum vor dem Lenkrad hockt, das Kinn auf dem Fahrersitz abgestützt. Handelt es sich tatsächlich um die verschollene Leiche des Landwirts Rudolf Rupp? Ist es möglich, dass Rudi seinem Leben im Alkoholrausch doch eigenhändig ein Ende setzte? Oder handelt es sich um einen Unfall? Hatte er die Kontrolle über seinen Mercedes verloren und war dann, samt dem Auto, in die Donau gestürzt und ertrunken? Doch wie gelangte der Autoschlüssel dann in seine Hosentasche und Rudi in den Fußraum?

Licht ins Dunkel wird schon bald von den Ergebnissen der gerichtsmedizinischen Untersuchung gebracht. Zunächst einmal: Bei dem Leichnam handelt es sich tatsächlich um Rudolf Rupp; das beweist eine DNA-Analyse. Darüber hinaus finden die Gerichtsmediziner heraus, dass Rudi unmöglich durch Gewalteinwirkung auf seinen Kopf zu Tode gekommen ist. Schädel sowie Wirbelsäule des 52-Jährigen sind vollständig intakt und auch am Rumpf werden keine äußeren oder inneren Verletzungen gefunden, was den Tod durch mögliche Stich- oder Schussverletzungen ebenfalls ausschließt. Auch eine Intoxikation kommt als Todesursache nicht in Frage, da keinerlei Rückstände giftiger Substanzen nachgewiesen werden, die auch noch lange Zeit nach dem Ableben im Körper verbleiben könnten.

Am Ende der Obduktion kommen die Rechtsmediziner zu dem Schluss, dass bei Rudolf Rupps Leichnam keine anatomisch nachweisbare Todesursache gefunden werden kann – somit wird das Geständnis der Beschuldigten klar widerlegt. Das jedoch sieht der zuständige Oberstaatsanwalt aus Ingolstadt anders: Er behauptet, dass zwar die Auffindesituation eine andere ist, Rudi aber dennoch von seiner Familie getötet worden sein könnte. Der Antrag zur Wiederaufnahme des Verfahrens wird dementsprechend abgelehnt. Es heißt, dass die neuen Tatsachen, in Zusammenschau aller Umstände, nicht geeignet seien, die Feststellung des Urteils so zu erschüttern, dass die Schuldsprüche widerrufen werden müssen. Tot sei schließlich tot.

Die Strafverteidiger von Familie Rupp kämpfen weiter – mit Erfolg. Am 9. März 2010 empfindet es das Oberlandesgericht München als eben nicht egal, wie jemand angeblich ermordet wurde und ordnet ein Wiederaufnahmeverfahren an. Zu diesem Zeitpunkt haben Hermine und ihr Schwiegersohn Matthias bereits über die Hälfte ihrer Strafe abgesessen.

Die Anwälte finden entlastende Indizien, wie etwa die Tagebucheinträge der beiden Töchter, in denen diese ihren Vater anflehen, er möge doch endlich wieder zurückkommen. So schreibt Andrea am 31. Oktober 2001 beispielsweise: „Liebes Tagebuch, Heute war alles blöd weil mein Papa nicht da ist ich will in wieder haben ich vermiesse ihn so warum lieber Gott hast du mein Papa nicht beschützt magst mich woll nicht.“ (Originalzitat)

Am 25. Februar 2011 ist es dann so weit, das Urteil über Familie Rupp fällt. Der Urteilsbegründung ist zu entnehmen, dass die Staatsanwaltschaft zwar glaubt, dass einer oder mehrere der Beschuldigten für den Tod von Rudolf Rupp verantwortlich seien, das Gericht jedoch schlichtweg „nicht weiß, was eigentlich passiert ist". Obwohl ein Unfall als Todesursache ausgeschlossen wird, wird Familie Rupp damit freigesprochen.

Damit scheint sich für Hermine, Andrea, Manuela und Matthias letztlich doch noch alles zum Guten gewendet zu haben. Eine Entschädigung für die Jahre in Freiheit, um die die Familie fälschlicherweise gebracht wurde, gibt es bis heute nicht. Die Rupps wurden Opfer einer Verurteilung, herbeigeführt durch ein Geständnis, das aus fragwürdigen Verhörmethoden resultierte. Hätten Hermine, Andrea, Manuela und Matthias von Anfang an schweigen und sich nicht auf die Spielchen der Ermittler einlassen sollen? Nutzte die Polizei die geistige Einschränkung der Familie möglicherweise bewusst aus, um zu einem raschen Ermittlungsergebnis zu kommen? Beweisen lässt sich diese Vermutung nicht. Und auch die Staatsanwaltschaft weist sämtliche Vorwürfe dieser Art zurück.

Wie Rudi Rupp letztlich zu Tode gekommen ist, wird wohl nie ganz geklärt werden können. Einiges spricht dafür, dass der Landwirt seinem Leben selbst ein Ende setzte – ein Tötungsdelikt ist jedoch weiterhin nicht ausgeschlossen.

»Das Leben ist grausam, die Wirklichkeit ist hart…«

- Paul Wilhelm von Keppler (1852-1926),
deutscher katholischer Theologe -

KAPITEL 5

Endstation

Der 22. Juni 2005 ist ein leicht bewölkter Sommertag. Auf der Intensivstation des Klinikum Delmenhorst hat gerade die Spätschicht begonnen. Kurz nach 14:00 Uhr betritt die Krankenpflegerin Renate T. das Patientenzimmer Nummer 6, in welchem der 63-jährige Dieter M. im künstlichen Koma liegt. Der ehemalige Justizvollzugsbeamte leidet an Lungenkrebs und hat bereits zwei Operationen hinter sich gebracht; sein Zustand ist stabil. Neben dem Krankenbett steht eine Infusionspumpe, die den Patient mit Arterenol versorgt; pro Stunde erhält M. über die Maschine sieben Milliliter dieses Blutdruckmedikaments.

Eigentlich will T. routinemäßig nach dem Rechten schauen, doch zu ihrer Überraschung befindet sich bereits einer ihrer Kollegen in dem Zimmer. Der Mann ist mittelgroß, kräftig und hat ein rundliches Gesicht sowie eine kleine Nase. Er trägt einen Bart und hat einen hohen Haaransatz; an seinem linken Ohr baumelt ein Ohrring, das rechte Ohr ist kleiner, sieht verkümmert aus.

„Dein Patient hat keinen Druck mehr", sagt der Mann.

Renate T. wirft einen Blick auf den Perfusor. Die Pumpe steht auf null. Dies führt dazu, dass bei Dieter M. ein lebensbedrohliches Herzkammerflimmern einsetzt und sein Blutdruck absackt. Auch der automatische Alarm, der ausgelöst wird, wenn sich der Zustand des Patienten verschlechtert, ist abgeschaltet.

T. ruft einen weiteren Kollegen zur Hilfe. Zusammen beginnen sie umgehend mit Wiederbelebungsmaßnahmen und schaffen es, Kreislauf und Blutdruck des 63-Jährigen zu stabilisieren. Das Drama ist gerade nochmal gut gegangen.

Trotz der geglückten Reanimation ist die Krankenschwester skeptisch. Schließlich stellt sich eine Infusionspumpe nicht einfach so von alleine ab. Hatte der mysteriöse Ersthelfer möglicherweise seine Hand im Spiel? Oder handelt es sich doch um einen technischen Fehler und der Krankenpfleger war rein zufällig zur richtigen Zeit am richtigen Ort gewesen?

Renate T. nimmt vorsichtshalber eine Blutprobe ihres Patienten und begibt sich anschließend in die Stationsapotheke. Dort fällt ihr auf, dass fünf Ampullen zu je zehn Milliliter des Herzmittels Gilurytmal fehlen. Während sie den Vorfall dem leitenden Stationspfleger, Dirk F., meldet, findet der Kollege, der bei der Reanimation von Dieter M. dabei war, vier leere Gilurytmal-Ampullen im Mülleimer der

Intensivstation. Renate T.s Verdacht, dass jemand vorsätzlich Dieter M.s vorzeitiges Ableben herbeiführen wollte, verhärtet sich. Doch wer käme dafür infrage?

Am 23. Juni 2005, bloß 29 Stunden nach seiner erfolgreichen Reanimation, stirbt Dieter M. auf der Intensivstation des Klinikums Delmenhorst. Am Folgetag finden sich zwei Oberärzte, die Chefärztin sowie die stellvertretende Pflegedienstleiterin zu einer Dienstbesprechung vor einem Operationssaal zusammen. Die mittlerweile eingetroffenen Ergebnisse des Bluttests offenbaren, dass Dieter M. eine nicht medizinisch verordnete Dosis Gilurytmal verabreicht bekam. Da M. nicht der erste Patient ist, der durch eine Überdosis des Herzmittels zu Tode kommt, glauben die Ärzte nicht mehr an einen Zufall.

Das Verdachtspendel schlägt in Richtung des Krankenpflegers aus, der sich bereits vor seiner Kollegin Renate in Dieter M.s Zimmer befand, obwohl er dort eigentlich nichts zu suchen hatte. Die Oberärzte wollen jedoch keine voreiligen Schlüsse ziehen und halten den Kreis der Informierten zunächst klein. Da der Verdächtige nach Schichtende ohnehin in den Urlaub geht, einigt man sich darauf, erst einmal abzuwarten.

Eine folgenschwere Entscheidung. Noch am selben Abend stirbt die Patientin Renate R. gegen 19 Uhr. Die 67-Jährige hatte sich bei einem Sturz über eine Blumenvase den Oberschenkelhals gebrochen und musste infolgedessen operiert werden. Nach der OP berichtete sie ihrem Sohn

Jürgen R. noch am Telefon, dass alles gut verlaufen sei und man sie in Kürze in die Reha verlegen würde. Sie bittet ihn, einige Anziehsachen vorbeizubringen.

Am nächsten Tag jedoch klagt die 67-Jährige über Kreislaufprobleme. Um sie besser im Auge behalten zu können, wird R. auf die Intensivstation verlegt. Dort endet das Leben der älteren Dame. Jürgen R. erfährt, dass seine Mutter offenbar eine Lungenembolie erlitt; jegliche Reanimationsversuche schlugen fehl.

Während der Krankenpfleger seinen Urlaub genießt und nicht zu ahnen scheint, dass er längst als Verdächtiger in einer mutmaßlichen Mordserie gilt, stellt das Klinikum Delmenhorst eine Strafanzeige gegen ihn. Mit der Durchsuchung seines Spindes am 1. Juli 2005 leitet die Polizei nun erste Schritte ein. Auf dem Namenschild an der Tür formen dick schwarze Buchstaben den Namen des Eigentümers: „NIELS HÖGEL".

Nachdem das Sicherheitsschloss geknackt und der Spind geöffnet ist, kommen in dessen Inneren diverse Herzmedikamente sowie der Kreislaufstabilisator Atropinsulfat und Abführtropfen zum Vorschein. Darüber hinaus finden die Beamten mehrere mit Wodka gefüllte Flachmänner. Hat Högel möglicherweise ein Alkoholproblem?

Um diese und viele weitere Fragen klären zu können, wird am 5. Juli 2005 offiziell ein Ermittlungsverfahren gegen Niels Högel eröffnet. Dieses beinhaltet auch die Anordnung einer Obduktion von Dieter M. sowie die Beantragung eines Durchsuchungsbefehls von Högels Wohnung. Die Polizisten interessiert vor allem eines: Wer ist der Mann, der im Klinikum Delmenhorst mutmaßlich mordete?

Am 15. Dezember 2002, knapp drei Jahre zuvor, tritt Niels Högel seinen Dienst als Krankenpfleger auf der Intensivstation der chirurgischen Abteilung im Klinikum Delmenhorst an. Im Gepäck hat er ein Arbeitszeugnis, das ihm sein voriger Arbeitgeber, das Klinikum Oldenburg, ausgestellt hat. In diesem wird Högel als umsichtig, gewissenhaft und selbstständig beschrieben. In kritischen Situationen habe er stets überlegt und sachlich richtig gehandelt; sein Umgang mit Patienten und Angehörigen sei einfühlsam und fürsorglich gewesen. Aufgrund seiner Einsatzbereitschaft und seines kooperativen Verhaltens war er im Kollegium beliebt und wurde von seinen Vorgesetzten geschätzt.

Bereits während der Schulzeit gilt Högel bei Mitschülern und Lehrern als nett, fröhlich und hilfsbereit. Diese Veranlagung scheint in den Genen der Familie zu stecken, bereits Högels Vater ist am Sankt-Willehad-Hospital in Wilhelmshaven als Krankenpfleger tätig. Seine ältere Schwester ist Zahnarzthelferin, die Mutter Anwaltsgehilfin.

Auch der junge Niels Högel, geboren am 30. Dezember 1976, interessiert sich für den Arztberuf, hat jedoch kein Abitur. Alternativ kann er sich vorstellen, Feuerwehrmann zu werden, verwirft den Plan jedoch wieder, da der Beruf nicht vereinbar mit seiner Höhenangst ist. Schließlich tritt er in die Fußstapfen seines Vaters und beginnt im Alter von siebzehn Jahren eine Pflegerausbildung am Sankt-Willehad-Hospital in seiner Heimatstadt Wilhelmshaven. Diese schließt er im August 1997 mit einem mittelmäßigen Examen ab. Trotz dessen wird Högel übernommen und arbeitet auf der chirurgischen Station des Sankt-Willehad-Hospital.

Als er 1999 ans Klinikum Oldenburg wechselt, fühlt sich der damals 22-Jährige geschmeichelt. Das Klinikum ist hoch angesehen, vor allem die herzchirurgische Intensivstation, auf welcher Högel arbeitet. Doch schon bald zeigt sich, dass auch jedes noch so sorgenlos und durchschnittlich erscheinende Leben die ein oder andere Schattenseite birgt: Högel scheint den neuerlichen Herausforderungen offenbar nicht gewachsen zu sein, bereits die erste Herzoperation beschreibt er als traumatisierendes Erlebnis. Die daraus resultierenden Depressionen und Angstzustände versucht er im Alkohol zu ertränken.

Zweieinhalb Jahre lang hangelt sich Högel auf diese Weise von Tag zu Tag, ehe er seinen Dienst in Oldenburg quittiert und Ende 2002 ins rund vierzig Kilometer entfernte Delmenhorst geht. Hier erhofft er sich einen Neubeginn, der ihm zunächst tatsächlich glückt: Im Frühjahr 2003 geht er mit einer seiner Kolleginnen eine Beziehung ein; das Paar zieht bald darauf zusammen nach Ganderkesee.

Das junge Liebesglück wird jedoch schon nach kurzer Zeit auf eine harte Probe gestellt, als Högel im März 2003 in einen heftigen Autounfall verwickelt wird, bei dem sich sein

Auto überschlägt. Der Krankenpfleger entwickelt daraufhin Panikattacken, flüchtet sich in Alkohol und Tabletten und vermeidet es fortan, über Autobahnen zu fahren.

Aussicht auf bessere Zeiten gibt es im Frühsommer 2004: Im April heiratet das Paar, kurz darauf werden die beiden zum ersten Mal Eltern. Die Geburt der kleinen Tochter verläuft jedoch alles andere als glatt: Das Kind bleibt im Geburtskanal stecken, der Herzschlag verlangsamt sich. Auch bei Högels Frau treten Komplikationen auf, sie muss aufgrund massiven Blutverlusts stabilisiert werden. Obgleich sein Kind gesund zur Welt kommt und auch seine Frau nach kurzer Zeit wieder genesen ist, zehrt dieses traumatische Ereignis weiterhin an der angeschlagenen Psyche des Krankenpflegers und auch seine Frau entwickelt postnatale Depressionen. An professionelle Hilfe denkt Högel jedoch nicht und versinkt im Alkoholrausch, den er nun auch im Dienst auszuleben beginnt.

Am 7. Juli 2005 erlässt die Staatsanwaltschaft den Durchsuchungsbeschluss für Högels Wohnung, die noch am gleichen Tag von der Polizei betreten wird. Dabei fällt den Ermittlern unter anderem ein Rettungskoffer in die Hände, der mit diversen Medikamenten bestückt ist. Der Verdacht, der Fund könne mit den mysteriösen Todesfällen im Klinikum Delmenhorst in Verbindung stehen, liegt nahe, kann jedoch nicht zweifelsfrei bewiesen werden, schließlich ist das alleinige Besitzen von Medikamenten keine Straftat.

Dennoch veranlasst die bisherige Beweislage das Amtsgericht Delmenhorst dazu, am 8. Juli 2005 einen Haftbefehl gegen den gelernten Krankenpfleger wegen des Verdachts auf versuchten Mord an Dieter M. zu erlassen. Das Klinikum Delmenhorst beendet indes das Beschäftigungsverhältnis mit Högel.

Zweieinhalb Monate lang sitzt Högel in der Justizvollzugsanstalt Oldenburg in Untersuchungshaft; bei den Vernehmungen durch die Ermittler beteuert er seine Unschuld. Am 21. September 2005 wird er unter der Auflage, sich einmal wöchentlich bei der Polizei zu melden, aus der Untersuchungshaft entlassen.

Im Zuge der Ermittlungen wenden sich mehrere Mitarbeiter des Klinikums Delmenhorst, unabhängig voneinander, an die Polizei und äußern den Verdacht, dass Högel für zahlreiche Komplikationen, notwendig gewordene Reanimationen und weitere ungeklärte Todesfälle verantwortlich sein könnte. Sie erklären, dass es bereits in den Wochen und Monaten vor dem 22. Juni 2005 im Klinikum Delmenhorst vermehrt zu ungewöhnlichen Todesfällen gekommen war. Auffällig ist, dass bei fast allen Ereignissen Niels Högel zufällig als erster zur Stelle war. Darüber hinaus hatte die Patientin Marga G. im Dezember 2004 einem der Oberärzte gemeldet, dass jemand an ihr herummanipuliert habe, während sie schlief. Als sie die Augen für einen kurzen Moment aufschlagen konnte, habe sie dunkle Haare sowie ein „Blumenkohlohr“ erkennen können.

Ein paar Monate später fanden zwei Pflegekräfte in der Nacht zum 10. Mai 2005 im Mülleimer eines Patientenzimmers einige leere Gilurytmal-Ampullen. Zwar meldete man den Vorfall dem Stationspflegeleiter Dirk F., weiter nachgeforscht wurde jedoch nicht.

Diese – erschreckend einheitlichen – Zeugenaussagen veranlassen die Staatsanwaltschaft Oldenburg dazu, am 3. Februar 2006 Anklage gegen Niels Högel wegen versuchten Mordes an Dieter M. in Tateinheit mit gefährlicher Körperverletzung zu erheben. Bis zum Prozessauftakt vor dem Landgericht Oldenburg, am 6. Oktober 2006, bleibt der Angeklagte auf freiem Fuß.

Obgleich unter den Beteiligten und Kollegen des Krankenhauses der Verdacht besteht, Högel sei auch für diverse weitere Sterbefälle im Klinikum Delmenhorst verantwortlich, geht es in diesem Prozess einzig und allein um den mutmaßlichen Mord an Dieter M. Die Staatsanwaltschaft erklärt dies damit, dass sich vorerst keinerlei Zusammenhänge mit anderen Todesfällen im Klinikum finden ließen.

Am 22. Dezember 2006 scheint das Schicksal Högels besiegelt: Das Landgericht Oldenburg verurteilt ihn wegen versuchten Totschlags in Tateinheit mit gefährlicher Körperverletzung zu fünf Jahren Haft und verhängt darüber hinaus ein fünfjähriges Berufsverbot – eine Vergleichsweise milde Strafe für solch einen massiven Vorwurf. Derselben Meinung sind auch die Verwandten von Dieter M. und legen, zeitgleich mit Högel, Revision gegen das Urteil ein.

Die Familie erhofft sich eine Verschärfung der Strafe, der Verurteilte hingegen eine Strafminderung. Da das Urteil somit nicht rechtskräftig wird, gewährt man Högel bis auf Weiteres die Freiheit.

Zehn Monate später, am 18. Oktober 2007, hebt der Bundesgerichtshof, kurz BGH, das Urteil gegen Niels Högel auf und weist den Fall ans Landgericht Oldenburg zurück. Die Bundesrichter sind der Ansicht, dass das Motiv des Angeklagten im ersten Verfahren nicht genügend erforscht worden sei und dies nun nachgeholt werden müsse. Laut BGH sei der Tötungsvorsatz, das heißt, das Wissen um den Eintritt des Todes als Folge einer entsprechenden Handlung, nicht rechtsfehlerfrei festgestellt worden. Auch das Mordmerkmal Heimtücke soll nicht ausreichend ausgeschlossen worden sein. Je nach Ergebnis der neuerlichen Untersuchungen kann das Resultat eine Verurteilung wegen gefährlicher Körperverletzung oder versuchten Mordes sein.

Der nun arbeits- und wohnungslose Högel kommt nach der Urteilsverkündung vorübergehend bei seinem Freund Matthias Corssen unter. Corssen, der als Fluggerätebauer bei Airbus arbeitet, merkt schnell, dass der Prozess Spuren bei seinem Freund hinterlassen hat. Högel bleibt nächtelang wach, trinkt viel und hört traurige Musik; die Ballade ›You're Beautiful‹ von James Blunt schallt in Dauerschleife durch das Wohnzimmer, dabei raucht der gelernte Krankenpfleger eine Zigarette nach der anderen. Seine Frau hat ihn längst verlassen; ihm fehlt seine kleine Tochter.

Mehrfach versucht Corssen, mit Högel über das Erlebte zu sprechen, doch über das, was auf der Intensivstation mit Dieter M. geschehen sein soll, will Högel nicht reden. Er beteuert bloß, an den Anschuldigungen sei nichts dran.

Dass Corssen Högel bei sich aufnahm, gründet nicht bloß in der Handlung eines barmherzigen Samariters. Es ist für Corssen auch eine Möglichkeit, sich bei seinem Freund zu revanchieren, denn Högel hatte ihm einst das Leben gerettet.

In den Abendstunden des 21. Juni 2004 kam es auf der Bergedorfer Straße in Ganderkesee zu einem Verkehrsunfall zwischen dem Ford Ka eines Pizzalieferdienstes und dem Smart von Matthias Corssen. Der Fahrer des Fords blieb unversehrt, doch Corssen wurde beim Aufprall schwer verletzt.

Als Högel kurze Zeit später im Rettungswagen des Deutschen Roten Kreuzes am Unfallort eintraf, war der damals 28-Jährige Corssen noch bei Bewusstsein. Urplötzlich bekam er jedoch panische Atemnot und wurde innerhalb weniger Sekunden ohnmächtig. Högel reagierte und intubierte Corssen, ehe ihn weitere Helfer aus dem Fahrzeugwrack zogen und er mit einem Rettungshubschrauber in die Klinik in Oldenburg gebracht wurde. Während sich der Fluggerätebauer im Krankenhaus allmählich erholte, besuchte Högel ihn regelmäßig und brachte Schokolade mit.

„Du kannst von Glück sagen, dass wir vor Ort waren“, soll er gesagt haben. „Und nicht irgendwelche Amateure.“

Dieses Ereignis schweißte die beiden zusammen. Für Corssen war es demnach klar, dass er Högel in dieser schweren Zeit nicht im Stich lassen würde. Er hatte sich während des Prozesses sogar ab und an freigenommen, um den Verhandlungen beizuwohnen. Corssen war einer der wenigen, die in dieser Zeit an Högels Unschuld glaubten.

Um dessen Kummer zu lindern, leiht Corssen dem arbeitslosen Högel 160 Euro und organisiert ihm ein Vorstellungsgespräch als Nachtportier in einem Delmenhorster Hotel. Högel nimmt das Gespräch jedoch nicht wahr. Stattdessen fährt er zur Tankstelle, kauft sich eine Flasche Vodka und betrinkt sich auf einem Feldweg. Als Corssen davon erfährt, ist er außer sich; es kommt zum Streit zwischen den beiden, der darin endet, dass Högel aus der Wohnung ausziehen muss.

Von Januar bis Mai 2008 kommt Högel bei seinen Eltern in Wilhelmshaven unter und kann über eine Zeitarbeitsfirma eine Stelle in einem Altenheim ergattern, wird jedoch im Juli 2008 aus organisatorischen Gründen entlassen. Parallel wird am 7. Mai 2008 der Prozess aus dem Jahr 2006 vor dem Landgericht Oldenburg neu aufgerollt.

Wenige Tage später klingelt bei der Polizei Delmenhorst das Telefon. Am Apparat meldet sich eine Frau namens Kathrin Lohmann. Durch die Medien hatte sie vom Fall Högel erfahren und möchte nun ebenfalls Anzeige gegen den Krankenpfleger erstatten. Grund dafür ist ein seltsames

Gefühl, das sie beschlich, als sie einen Zeitungsartikel über den Prozess und dessen Hintergründe las.

Lohmann berichtet der Polizei, dass ihre Mutter, Brigitte A., im Jahr 2003 ebenfalls auf der Intensivstation des Klinikum Delmenhorst gelegen hatte, ehe sie auf mysteriöse Weise über Nacht verstarb. Die 61-jährige Krankenschwester war schwer lungenkrank gewesen, hatte das Koma allerdings gut überstanden und freute sich auf Zuhause, wo ihr neues Traumauto, das sie sich gerade erst gekauft hatte, auf sie wartete.

Am Abend des 27. März 2003 ruft Kathrin Lohmann routinemäßig auf der Station an, um sich nach dem Befinden ihrer Mutter zu erkundigen.

„Im Moment gut", beantwortet ein Pfleger ihre Frage.

Dieser lapidare Satz weckt in Kathrin Lohmann ein unangenehmes Gefühl. Was meint der Mann mit „im Moment"? Als Lohmann ihre Mutter bloß wenige Stunden zuvor besucht hatte, erfreute diese sich, den Umständen entsprechend, bester Gesundheit. Lohmann redet sich ein, dass ihre Mutter in guten Händen sei und legt sich schlafen.

Gegen halb drei in der Nacht wird sie vom Klingeln des Telefons aus dem Schlaf gerissen. Am anderen Ende der Leitung ist der Mann, mit dem sie bereits am Abend zuvor gesprochen hatte.

„Kommen Sie bitte her", sagt er. „Der Kreislauf Ihrer Mutter ist instabil."

Voller Panik macht sich Kathrin Lohmann sofort auf den Weg nach Delmenhorst. Als sie die Intensivstation betritt, reden zwei Ärzte auf sie ein.

„Wir konnten nichts mehr für Ihre Mutter tun“, sagen sie; Lohmann bricht auf dem Gang zusammen.

In den folgenden Tagen findet Lohmann keine Ruhe. Neben der Trauerarbeit quält sie andauernd die Frage, weshalb ihre Mutter sterben musste. Haben die Ärzte und Pfleger einen Fehler gemacht, womöglich ein Medikament vergessen? Und wer war der seltsame Mann am Telefon? Hätte sie ihre Mutter doch bloß nicht dazu überredet, ins Krankenhaus zu gehen. Wäre sie, wie geplant, ins Pius-Hospital in Oldenburg gegangen, könnte sie vielleicht noch leben.

Lohmann durchlebt eine schwere Zeit. Sie wird depressiv, fühlt sich nicht mehr in der Lage, zu arbeiten. Als ihr das Geld ausgeht, muss sie eine Einzimmerwohnung in einer schwierigen Wohngegend beziehen, etwas Besseres kann sie sich nicht leisten. Zu allem Überfluss wenden sich auch noch Familie und Freunde allmählich von ihr ab. Sie solle den Tod ihrer Mutter akzeptieren und endlich loslassen. Doch das kann Kathrin Lohmann nicht. Sie glaubt weiterhin fest daran, dass in jener Nacht, als ihre Mutter starb, etwas nicht mit rechten Dingen zugegangen war.

Es vergehen fünf Jahre, bis die Tochter der Verstorbenen glaubt, endlich eine Antwort auf all ihre Fragen gefunden zu haben. In der Nordwest-Zeitung liest sie von einem

Krankenpfleger aus Delmenhorst, der wegen versuchten Mordes an einem 63-jährigen Patienten vor Gericht steht. Sie wählt daraufhin die Nummer der Polizeiinspektion Delmenhorst und unterrichtet die hilfsbereiten Beamten von ihrem Verdacht.

Die Polizisten finden heraus, dass Högel an besagtem 27. März 2003 tatsächlich Dienst hatte. Dabei stoßen sie auf eine beunruhigende Statistik: In einer Tabelle stellen die Beamten die Sterbefälle im Klinikum Delmenhorst im Zeitraum zwischen 2003 und 2005 den Dienstzeiten Högels sowie dem Verbrauch des Herzmittels Gilurytmal gegenüber. Dabei fällt ihnen auf, dass die Sterberate seit Högels Anstellung auf das Doppelte angestiegen war. 73% der Sterbefälle passierten während seiner Dienstzeit oder unmittelbar danach. Der Verbrauch von Gilurytmal stieg von 2002 bis 2004 auf das Siebenfache an.

Kathrin Lohmann ist zuversichtlich, dass nun alles seinen Weg gehen und sie endlich Ruhe finden würde. Doch bei der Staatsanwaltschaft rührt sich niemand; man will sich zunächst um Högels anstehendes Revisionsverfahren kümmern.

Am 23. Juni 2008 sieht es das Landgericht Oldenburg als erwiesen an, dass Niels Högel dem Patienten Dieter M. vorsätzlich eine Überdosis Gilurytmal gespritzt hatte, um eine lebensbedrohliche Krise herbeizuführen und sich anschließend mit seiner Heldentat der Reanimation zu brüsten. Er wird wegen versuchten Mordes sowie gefährlicher Körperverletzung zu einer Haftstrafe von siebeneinhalb Jahren verurteilt und bekommt obendrein ein lebenslanges Berufsverbot, das ihm untersagt, den Beruf des Krankenpflegers oder eine Tätigkeit in der Pflege kranker oder alter Menschen im Rettungswesen auszuüben.

Högels Anwalt will das Urteil erneut beim Bundesgerichtshof anfechten. Dieser verwirft den Revisionsantrag jedoch am 9. Dezember 2008, somit wird das Urteil am 10. Dezember 2008 rechtskräftig.

Während dieser gesamten Zeit ließ Kathrin Lohmann nicht locker. Immer wieder ruft sie bei der Staatsanwaltschaft an und macht Druck. Sie fordert, dass der Leichnam ihrer Mutter exhumiert, also ausgegraben, und auf Rückstände von bestimmten Medikamenten untersucht wird.

Am 19. März 2009 ist es dann soweit: Auf dem Friedhof von Warfleth, einem Ortsteil von Berne im niedersächsischen Landkreis Wesermarsch, schaufelt ein Bagger das Grab von Brigitte A. frei; Kathrin Lohmann beobachtet die Szene aus einiger Entfernung. Dabei ist sie völlig auf sich allein gestellt. Niemand, nicht einmal ein Seelsorger, kümmert sich um sie.

Da der Friedhof in der Nähe eines Deiches liegt, schwimmt der Sarg im Grundwasser. Die Flüssigkeit hat dem Leichnam stark zugesetzt, weshalb sich Kathrin Lohmann fragt, ob man überhaupt etwas Aufschlussreiches würde finden können.

Während die Gerichtsmediziner mit den toxikologischen Untersuchungen an Brigitte A.s Leichnam beginnen, tritt Högel am 6. Mai 2009 seine Haftstrafe in der Justizvollzugsanstalt Lingen an.

Drei Monate später, am 24. August 2009, liegt das toxikologische Gutachten von Brigitte A. vor: man konnte im Gewebe der Toten Ajmalin, ein Wirkstoff von Gilurytmal, sicherstellen.

Bei Ajmalin handelt es sich um ein sogenanntes Antiarrhythmikum, das aus der indischen Schlangenwurzel gewonnen und als Arzneistoff zur Behandlung von Herzrhythmusstörungen eingesetzt wird. Aufgrund seiner geringen therapeutischen Breite kann es jedoch bei zu hoher oder auch zu rascher Injektion zu lebensgefährlichen Nebenwirkungen kommen, weshalb Ajmalin selten eingesetzt wird und auch nur von Ärzten gespritzt werden darf.

Da die Ermittler wissen, dass das Medikament auch lange nach dem Tod im Körper nachweisbar ist, weiten sie die Ermittlungen aus und kommen dabei noch einmal auf ihre Statistik aus dem Jahr 2008 zurück:

Während Högels Beschäftigungszeit im Klinikum Delmenhorst hatte es insgesamt 411 Sterbefälle gegeben, 321 davon während oder unmittelbar nach Högels Dienstzeit. Von diesen 321 Menschen wurden 191 erdbestattet.

Die Staatsanwaltschaft beschließt im September 2009, sieben weitere Leichen exhumieren und untersuchen zu lassen. Man hofft, Högel auf diese Weise mögliche weitere Taten exemplarisch nachweisen zu können.

In der JVA Lingen ahnt Högel nicht, dass die Polizei bereits weitere Ermittlungen gegen ihn eingeleitet hat. Als Anfang 2011 die Psychiaterin Susanne Brandler in einem Gespräch von ihm wissen will, ob es neben dem versuchten Mord an Dieter M. noch weitere Taten dieser Art gegeben habe, bestreitet Högel dies. Doch entspricht das wirklich der Wahrheit? Oder hat Niels Högel noch weitere Patienten auf dem Gewissen? Den versuchten Mord an Dieter M. hatte der Krankenpfleger zunächst ebenfalls vehement bestritten, ehe er die Tat schließlich doch einräumte.

Den Auftakt zur Lösung dieses Rätsels liefern am 2. Mai 2011 die Gutachten der toxikologischen Untersuchungen: In insgesamt vier der sieben exhumierten Leichnamen konnten die Gerichtsmediziner Rückstände von Ajmalin nachweisen. Högel wird daraufhin am 10. Januar 2014 von Oberstaatsanwältin Daniela Schiereck-Bohlmann, die den Fall im November 2013 übernommen hatte, wegen drei Morden sowie zweifachen versuchten Mordes angeklagt.

Ende 2014 liest Kathrin Lohmann in der Zeitung, dass es einen weiteren Prozess gegen den Krankenpfleger aus Delmenhorst geben soll. Sie fragt bei der Polizei nach, ob es um den Tod ihrer Mutter geht, ein Beamter bejaht. Lohmann setzt sich daraufhin mit der Anwältin Gaby Lübben aus Delmenhorst in Verbindung und zusammen reichen die beiden eine Nebenklage ein.

Da der Staatsanwaltschaft Oldenburg nun allmählich zu dämmern scheint, dass das Ausmaß von Högels Verbrechen weitaus größer ist als zunächst angenommen, nimmt am 10. November 2014 die Sonderkommission „Kardio" unter der Leitung von Kriminaloberrat Arne Schmidt ihren Dienst auf. 15 Beamte aus verschiedenen Dienststellen suchen nun in allen Einrichtungen, in denen Högel gearbeitet hat, nach weiteren möglicherweise durch ihn herbeigeführten Todesfällen.

Dabei stoßen die Ermittler auf Hinweise, nach denen der Krankenpfleger bereits im Jahr 2000 seinen ersten Mordversuch bei einer Patientin auf der herzchirurgischen Intensivstation im Klinikum Oldenburg vollzogen hatte. Damals soll er jedoch nicht Gilurytmal, sondern das Betäubungsmittel Xylocain verwendet haben.

Im August 2001 war den Ärzten in Oldenburg aufgefallen, dass ungewöhnlich viele Patienten starben. Das Rätselhafte: bei fast allen waren erhöhte Kaliumwerte festgestellt worden. Chefarzt Otto Dapunt lässt daraufhin eine Tabelle darüber erstellen, wer von seinen Mitarbeitern im Dienst war, als die Patienten zu Tode kamen. Darüber hinaus will er wissen, welche Pfleger bei den Reanimationen dabei waren. Die Statistik zeigt, dass Högel in 58% der Todesfälle Dienst hatte und auch bei so gut wie allen Reanimationen mitwirkte.

Während Dapunt die Auffälligkeiten an die Geschäftsführung des Krankenhauses weiterleitet, meldet sich Högel für drei Wochen krank. Innerhalb dieser Zeit sterben lediglich zwei Personen auf der Intensivstation.

Am 13. September 2001 kehrt Högel, für drei Nachtschichten am Stück, in den Dienst zurück. Seine Kollegin Silvia O. berichtet bei einer Befragung durch die SOKO Kardio von diesem denkwürdigen Wochenende, an welchem insgesamt sechs Patienten wiederbelebt werden mussten. Sie selbst will den Krankenpfleger am Bett eines Patienten auf frischer Tat ertappt haben, eine Spritze bereits am Zentralkatheter. Auf ihre Frage, was er dem Patienten spritze, soll Högel gesagt haben: „Xylocain." Da dieses Medikament normalerweise nur von Ärzten verabreicht werden darf, herrscht Silvia O. ihn an, das sein zu lassen. Da ihr Kollege dieser Anweisung folgte, habe sie den Vorfall für sich behalten.

Im Herbst 2001 wendet sich Otto Dapunt an die Pflegedienstleitung mit der Absicht, Högel loszuwerden. Es geht dabei allerdings nicht um eine Kündigung, sondern um eine Versetzung in eine andere Abteilung. Dapunt befürchtet eine Rufschädigung des Hauses, das bereits im Sommer 2001 bundesweit in die Schlagzeilen geriet. Damals waren zwei Patienten im Abstand weniger Tage zueinander verstorben, nachdem ihnen in der Radiologie ein mit Bakterien verunreinigtes Kontrastmittel gespritzt wurde.

Die Pflegedienstleiterin pflichtet dem Chefarzt bei und versetzt Högel in die Anästhesie.

Doch schon bald beschleicht die Ärzte und Pfleger dort ebenfalls ein ungutes Gefühl; immer wieder fällt Högel unangenehm auf, als er sich bei Reanimationen in den Vordergrund drängt. Das Ganze geht so weit, dass Högel am

2. September 2002 der Kontakt zu den Patienten untersagt und er bei einem Gespräch mit Chefarzt Andreas Weyland vor die Wahl gestellt wird: ohne Gehaltsänderung in den Hol- und Bringdienst wechseln oder das Klinikum Oldenburg unverzüglich, und bei vollen Bezügen für ein viertel Jahr freigestellt, zu verlassen. Darüber hinaus soll ihm ein gutes Arbeitszeugnis ausgestellt werden.

Högel fackelt nicht lange und entscheidet sich für die zweite Variante, woraufhin er am 23. September 2002 für drei Monate bei vollen Bezügen freigestellt wird. Eineinhalb Wochen später reicht er seine Kündigung mit Frist zum 31. Dezember desselben Jahres ein.

Als er Mitte Dezember 2002 seinen Dienst in Delmenhorst beginnt, ahnt dort niemand, weshalb Högel wirklich aus Oldenburg wegging. Das Personal nimmt ihn, seinem Arbeitszeugnis entsprechend, als freundlichen und sehr hilfsbereiten Kollegen wahr.

Nach dem Tod von Brigitte A. kommt es im September 2003 auf der Intensivstation des Klinikum Delmenhorst erneut zu einem ungewöhnlichen Todesfall. Gegen halb drei Uhr morgens treten bei dem Patienten Hans S. Komplikationen auf. Der Mann kann zwar zunächst wiederbelebt werden, verstirbt jedoch kurze Zeit später. Eine Untersuchung des Leichnams ergibt, dass auch ihm eine ungewöhnlich hohe Dosis Gilurytmal verabreicht worden war. Unklar bleibt jedoch, ob S. infolge der Intoxikation oder aufgrund seiner Erkrankung verstorben ist.

Während der frischvermählte Högel im April 2004 das Eheleben genießt, kommt es im Klinikum Delmenhorst zu einer Arzneimittelkonferenz, da der Bedarf von Gilurytmal offenbar angestiegen ist. Man beschließt, das Medikament, das bisher nur per Sonderanforderung bestellt werden kann, als Standardmedikament zu listen. Somit wird die Bestellung erheblich vereinfacht.

Zwischen Juni 2004 und Juni 2005 sterben auf der Intensivstation des Klinikum Delmenhorst weitere Patienten auf mysteriöse Weise; angefangen mit dem 44-jährigen Christoph K., am 11. Juni 2004, während Högels Schicht. Im April 2005 die Patientin Gesine G. und Anfang Juni 2005 schließlich Josef Z. Bei letzterem bleibt allerdings ebenfalls unklar, ob der Patient mit oder durch die Gilurytmal-Intoxikation verstorben ist.

All diesen Ereignissen wird keine größere Bedeutung zugemessen – bis zu jenem Vorfall im Patientenzimmer des Dieter M.

Fassungslos lauscht Kathrin Lohmann an den Verhandlungstagen im Landgericht Oldenburg den Pflegern und Ärzten, die von ihren bösen Vorahnungen in Bezug auf Niels Högel berichten. Die Zahl seiner Opfer steigt wöchentlich, nicht zuletzt aufgrund der aufwendigen Spurensuche der SOKO Kardio.

Högel, der all die Jahre sämtliche Schuld von sich gewiesen hat, knickt am 12. Februar 2015 vor Gericht unter dem massiven Druck zusammen und bricht sein Schweigen. Er gesteht, insgesamt 90 Patienten Gilurytmal verabreicht zu haben, 30 davon hätten dies nicht überlebt.

Seine Opfer habe er sich gezielt ausgesucht, berichtet Högel. Benebelt von immer mehr Alkohol und Schmerztabletten spritzte er den tödlichen Wirkstoff.

Was ihn letztlich zum Morden getrieben hat, kann er jedoch nicht mit Gewissheit sagen. Vermutlich brauchte er die Anerkennung seiner Kollegen, die er bekam, nachdem er bei seinen Opfern lebensbedrohliche Krisen herbeiführte, um sie anschließend zu reanimieren. Darüber hinaus berichtet Högel von einer inneren Leere, die ihn überkam, als er nachts auf der Intensivstation stand, „so als ob man tagelang nichts gegessen hat".

Am 26. Februar 2015 fällt das Landgericht Oldenburg das Urteil gegen den ehemaligen Krankenpfleger aus Wilhelmshaven. Wegen zweifachen Mordes und zweifachen versuchten Mordes in Tateinheit mit gefährlicher Körperverletzung sowie gefährlicher Körperverletzung in einem weiteren Fall wird Högel zu einer lebenslangen Freiheitsstrafe verurteilt. Dabei wird die besondere Schwere der Schuld festgestellt. Das Urteil wird am 9. März 2015 rechtskräftig.

Wenige Wochen nach der Urteilsverkündung wird Kathrin Lohmann für ihre Hartnäckigkeit von der Stadt Delmenhorst sowie dem Kriminalpräventivem Rat der Stadt mit dem Preis für Zivilcourage ausgezeichnet.

Die Entschlossenheit der gebrochenen Frau hat sich letztlich bezahlt gemacht. Trotz der lebenslangen Freiheitsstrafe Högels fällt es ihr jedoch schwer, an Gerechtigkeit zu glauben. Sie ist sich sicher, dass man nichts erreicht, wenn man sich einzig und allein auf die Behörden verlässt. Die Justiz hat sich mittlerweile bei ihr entschuldigt, das Klinikum Delmenhorst nicht.

Der Fall Högel ist bis heute nicht endgültig abgeschlossen. Im Jahr 2018 erhebt die Staatsanwaltschaft Oldenburg noch einmal Anklage gegen Högel und stellte den Verdacht des Mordes an 97 Patienten zur Verhandlung. Ein Jahr später wird Niels Högel in 85 Fällen schuldig gesprochen und bekommt ein zweites Mal lebenslänglich; das Urteil wird im Jahr 2020 rechtskräftig. Inzwischen geht die Staatsanwaltschaft davon aus, dass der Krankenpfleger über einhundert Patienten auf dem Gewissen hat und ermittelt inzwischen auch gegen ehemalige Kollegen Högels wegen Totschlags durch Unterlassen. Bis es jedoch zu einem eindeutigen Ergebnis kommt und die Angehörigen aller Opfer Klarheit über den mysteriösen Tod ihrer Lieben erlangen, werden wohl noch viele Jahre vergehen.

Arne Schmidt, Leiter der SOKO Kardio, ist sich sicher, dass Niels Högel viel früher hätte entlarvt werden können, wenn die Verantwortlichen des Klinikum Oldenburg Ende 2001 die Behörden eingeschaltet hätten. Stattdessen sahen sie, trotz hinreichenden Verdachts, tatenlos zu, wie einer ihrer Mitarbeiter über Jahre hinweg ungehindert Patient für Patient systematisch umbrachte, um sich selbst im Glanz seiner anschließenden „Heldentaten“ zu sonnen.

Wer als Junge ein Vogelnest zerstört, der brennt im Alter Dörfer nieder.

- Schwedisches Sprichwort -

KAPITEL 6

Die herrenlose Hand

München, 26. September 1980. Ein lauer Freitagabend. Die Luft ist geschwängert vom Duft von Zuckerwatte und kandierten Früchten. Laute Volksmusik, amüsiertes, bierseliges Lachen und vergnügte Schreie der Kirmesbesucher, die sich von den wilden Fahrgeschäften in der Luft herumwirbeln lassen, durchdringen die Nacht. Bunte, grelle Lichter erhellen den Himmel. Das Oktoberfest in München ist gut besucht. Dicht an dicht drängen kleinere und größere Gruppen von Gästen aus ganz Deutschland über den Festplatz. Sie essen, trinken und singen.

Es ist 22:19 Uhr, als ein scharfes, fauchendes Zischen gefolgt von einem ohrenbetäubenden Knall ganz München aufschreckt. Nach der Explosion ist von der ausgelassenen Stimmung auf dem Volksfest nichts mehr geblieben. Angst- und schmerzerfüllte Schreie hallen nun durch eine

Nacht, in der das Leben vieler Menschen durch einen Metallsplitterregen zerstört wird. Der Bereich rund um den Haupteingang zu den Wiesn hat sich im Bruchteil einer Sekunde in einen Kriegsschauplatz verwandelt. Verwundete Frauen, Kinder und Männer liegen auf dem Boden, der sich langsam mit dem Blut der Opfer tränkt. Zahlreiche von ihnen stöhnen vor Schmerz, einige wimmern, manche von ihnen sind verstummt. Für immer. Ein Vater schreit verzweifelt nach seinen beiden Kindern, ein kleiner Junge und ein kleines Mädchen, erst sechs und acht Jahre alt, die er in dem Tumult aus den Augen verloren hat. Seine Tochter findet er. Sie sitzt angelehnt an einem Stand, der Bratwürstchen an die Besucher verkaufte. Die Kleine hat eine schwere, offene Bauchverletzung. Kurz darauf stirbt das Mädchen in seinen Armen. Auch für ihren Bruder kommt jede Hilfe zu spät. Er erliegt noch in dieser verhängnisvollen Nacht im Krankenhaus seinen schweren Verletzungen. Der Vater wird am Schicksal seiner geliebten Kinder zerbrechen. Es sind zwei der dreizehn Menschen, die ihr Leben auf dem Oktoberfest verlieren. Zweihunderteinundzwanzig Menschen sind verwundet; Achtundsechzig von ihnen so schwer, dass sie sich zeitlebens nicht mehr davon erholen.

Das Ehepaar Werner und Martha Köhler betreibt einen Landwirtschaftsbetrieb in Gallen, einem Ortsteil der Gemeinde Jesewitz, in Sachsen, bis sie Anfang der 1950er-Jahre die DDR verlassen. Politische und wirtschaftliche Gründe zwingen die Familie, nach Donaueschingen umzusiedeln. Gemeinsam mit ihren vier Söhnen bauen sie sich im Westen ein neues Leben auf.

Es ist das Jahr 1957, als der jüngste Sohn der Köhlers im Alter von nur fünf Jahren bei einem Unfall ertrinkt. Ein bitterer Schicksalsschlag, der die Familie in ihren Grundfesten erschüttert. Schwere Monate der Trauerbewältigung liegen hinter den Eltern, als ihr Wunsch reift, noch ein Kind zu bekommen. Am 27. August 1959 kommt daraufhin Gundolf Wilfried Köhler in Schwenningen am Neckar zur Welt. Nun ist er das Nesthäkchen der Familie. Vor allem nachdem seine älteren Brüder nicht mehr zu Hause wohnen, ist sich der Nachzügler der ganzen Aufmerksamkeit seiner Eltern gewiss.

Wie sein Bruder Klaus interessiert sich das jüngste Familienmitglied für Chemie, Geologie und Geografie. Doch anders als seine älteren Geschwister und der Vater Werner, die den Parteien CDU, SPD und FDP zugeneigt sind, zieht es den Jüngsten schon früh auf die rechte Seite der Politik. Den Grundstein für seine politische Entwicklung legt ein älterer Nationalsozialist, mit dem der jugendliche Gundolf in Kontakt kommt. Dieser Mann prägt von nun an sein Weltbild. Das jüngste Familienmitglied der Köhlers ist erst vierzehn Jahre alt, als er schon an den Landesparteitagen und Wahlveranstaltungen der rechtsextremen Kleinpartei NPD, der Nationaldemokratischen Partei Deutschlands, teilnimmt. Der Junge ist fasziniert vom vergangenen Regime des dritten Reichs. Mahnende Ansprachen seiner Eltern dringen nicht mehr bis in den braungefärbten Geist ihres Kindes durch.

Auch seine Mitgliedschaft in einem Schießsportverein, und damit das Üben mit scharfen Waffen, weiß das überforderte Ehepaar nicht zu verhindern. Und ihr Zögling wird immer verrückter. Er kauft sich einen Stahlhelm und Stiefel, die deutsche Soldaten während des zweiten Weltkrieges an der Front getragen hatten. Nun kleidet sich ein Jugendlicher aus Donaueschingen voller falschem Stolz mit diesen Utensilien. Über sein Bett hängt er ein Konterfei Adolf Hitlers. Jeden lässt er wissen, dass er den brutalen, menschenverachtenden Holocaust an Juden und Kommunisten für richtig empfindet. In den Kommunisten sah Gundolf ein besonderes Feindbild. Er wünscht sich, einer Art Schutzstaffel, einer SS, oder einer Reichswehr anzugehören, um die Kommunisten vernichten zu können. Und er bedauert, dass es so etwas in der Bundesrepublik Deutschland nach dem Ende des Hitler-Regimes nicht mehr gibt. Seine Verachtung orthodoxer Juden gibt er unverhohlen preis. Das Nesthäkchen entwickelt sich innerhalb weniger Monate unter dem Einfluss des Nationalsozialisten zu einem unangenehmen Zeitgenossen.

Umso erleichterter ist Mutter Köhler, als sie irgendwann im Jahr 1975 einen Anruf von Karl-Heinz Hoffmann bekommt. Dieser ist der Gründer der Wehrsportgruppe, kurz WSG, zu dem der nun sechzehnjährige Gundolf Kontakt aufgenommen und um Aufnahme gebeten hat. In dem Telefonat überzeugt Hoffmann die besorgte Mutter, dass es sich bei der WSG um eine harmlose Sportlergruppe handle, die dafür Sorge trage, dass sich die Jugendlichen bei sportlichen Aktivitäten verausgaben können. So würden sie vor schlechten Einflüssen, Drogen und einem chaotischen Lebensstil bewahrt. Die leidgeprüfte Frau stimmt der Teilnahme an der WSG zu, denn der Gründer scheint genau die Ziele für ihren Sohn zu verfolgen, die auch sie als besorgte Eltern für ihren Zögling haben. Zudem tut ihm der Umgang mit anderen Altersgenossen sicherlich gut, denn Gundolf ist ein verschlossener Eigenbrötler. Dass die Mutter mit einem Rechtsextremisten telefoniert hat, weiß sie nicht. Und so verwundert es auch nicht, dass Martha Köhler keine Vorstellung davon hat, was es wirklich bedeutet, aktives Mitglied einer Wehrsporteinheit zu sein. Die WSG ist von einer harmlosen Sportlergruppe so weit entfernt wie die Sonne vom Erdball.

Wehrsport ist ein Synonym für Militärsport. Genau das betreiben die Mitglieder um Gründer Karl-Heinz Hoffmann. Neben harmlosen Gelände- und Orientierungsmärschen von bis zu 120 Kilometern oder Hindernisläufen werden auch Schießübungen und Nahkampftrainings absolviert. Alles im Zeichen des Rechtsextremismus. Der Jugendliche ist begeistert von den Sporteinheiten und dem Zusammenhalt innerhalb der Gruppe. Vor allem aber genießt es Gundolf, von Menschen umgeben zu sein, die seine politischen Ansichten teilen.

Die Kameraden nennen den jungen Wehrsportler schon bald scherzhaft „Daniel Düsentrieb“, in Anlehnung an den verrückten Erfinder in Gestalt eines anthropomorphen

Huhns der Walt Disney Company. Köhler stellt selbstgebaute Handgranaten und Rauchbomben her. Den anderen Teilnehmer der WSG berichtet er stolz, dass es sein Hobby sei, im elterlichen Keller Sprengmittel zu fabrizieren. Der Junge mausert sich zu einem Hobby-Experten für Chemie und Sprengstoff.

Gundolf Köhler ist zwanzig Jahre alt, als er erfolgreich seine Abiturprüfung am Fürstenberg-Gymnasium in Donaueschingen ablegt. Aber wie soll es beruflich für ihn nun weitergehen? Studium? Ausbildung? Die Entscheidung fällt der begeisterte Militärsportler schnell. Er lässt sich für zwei Jahre bei der Bundeswehr verpflichten. Dort will er als Feuerwerker, vielleicht auch als Waffentechniker eingesetzt werden. Doch die Ranghöheren haben anderes für ihn im Sinn. Er kommt zum Panzergrenadierbataillon 292 nach Immendingen. Dort verrichtet er seinen Dienst als Kraftfahrer und wird für Bürodienste eingesetzt. Köhler ist enttäuscht. So hat er sich seine Zeit bei der Bundeswehr nicht vorgestellt. Er wollte etwas erleben, tüfteln und mit Waffen hantieren. Dies alles blieb ihm verwehrt. Gundolf simuliert vor seinen Vorgesetzten eine Taubheit und erzwingt so im November 1978 seine Entlassung als Zeitsoldat bei der Bundeswehr. Das ist der einzige Weg, um seine Freiwilligenabfindung zu retten, auf die er unter keinen Umständen verzichten will.

Gegen Ende seiner Laufbahn beim Militär nimmt Gundolf Kontakt zu einer ehemaligen Mitschülerin seines Gymnasiums auf. Mit Schmuckgeschenken umgarnt er sie und probiert seine Angebetete für sich zu gewinnen. Ihr gegenüber kann er sich öffnen, ihr alles erzählen, was ihn bewegt. Die beiden werden schon bald ein Liebespaar. An den Wochenenden suchen sie gemeinsam Bergkristalle. Er erzählt ihr von seiner Bundeswehrzeit und schwärmt von der WSG. Ihr gegenüber behauptet er, es sei eine Art Bundeswehrfanclub. Der jungen Frau gesteht er auch, dass seine Taubheit simuliert war. Und er vertraut ihr noch etwas an: er sei ein begeisterter Waffensammler. Ihr zeigt er das Versteck in seinem Zimmer im elterlichen Haus, wo er eine Maschinenpistole hortet. Bekommt sie Angst vor ihrem Geliebten? Zumindest entscheidet sie, zwischen den Weihnachtsfeiertagen und Silvester des Jahres 1978, sich von Gundolf zu trennen. Ihr gegenüber scheint er die Trennung ohne große Widerworte zu akzeptieren. Doch zwei Bekannten Köhlers bleibt nicht verborgen, dass er mehrere Wochen an dem Ende der Beziehung zu knabbern hat. Oder gar länger? Denn fast ein Jahr nach der Trennung schreibt er seiner ehemaligen Freundin einen Brief und beschwert sich, dass er wegen ihr durch die Führerscheinprüfung gefallen sei. Und noch ein halbes Jahr später, es ist der Sommer 1980, setzt sich der Verlassene erneut an seinen Schreibtisch und verfasst wieder einen Brief an seine Ex-Freundin. Uncharmant teilt er ihr mit, sie solle ihm den geschenkten Schmuck zukommen lassen. Er müsse diesen in Geld umsetzen.

Köhler zieht es nach Tübingen. Im Ortsteil Weilheim bezieht er eine kleine Wohnung. Es ist der April des Jahres

1979, als der junge Ex-Soldat das Studium der Geologie an der Eberhard-Karls-Universität in Tübingen beginnt. Und obwohl er sich sehr für sein Studienfach interessiert, erleidet er schon nach dem zweiten Semester einen herben Rückschlag. Die schriftliche Diplomvorprüfung stand an und obwohl sich Köhler seiner Sache sehr sicher war, fiel er mit Pauken und Trompeten durch. Zwar war das Ergebnis nicht entscheidend für sein Studium, er hätte die Prüfung einfach nachholen können, doch den Studenten wurmt diese Niederlage. Köhler legt Widerspruch ein. Er findet, dass seine Klausur unfair bewertet wurde. Der Fachbereich für Geologie prüft das Ansinnen ihres Studenten, entscheidet dann aber Ende September 1980, den Widerspruch abzulehnen. Den Bescheid über die Ablehnung sendet die Eberhard-Karls-Universität dem Frustrierten per Post zu. Ob Köhler den Entscheid der Studienräte überhaupt gelesen hat, bleibt bis heute ungewiss.

In seiner Heimatstadt Donaueschingen wurde ein neuer Ortsverband der Grünen gegründet, deren Versammlungen der Student, wenn er zu Besuch in seiner Heimatstadt ist, einige Male beiwohnt. Er interessiert sich für die ökologischen Probleme seiner Region. Im Frühsommer 1980 hilft Gundolf seinem älteren Bruder Christian fünf Tage lang bei aufwendigen Bau- und Malerarbeiten in dessen Haus. Wenige Tage danach schließt das Nesthäkchen der Familie Köhler einen Bausparvertrag ab; eine zukunftsweisende Investition.

Es ist Mitte Juli des Sommers 1980, als Gundolf die Reise- und vor allem die Abenteuerlust packt. Am 12. Juli bezahlt er seiner Tübinger Vermieterin zwei Monatsmieten im Voraus und verabschiedet sich von ihr. Er habe vor, bis zum 15. Oktober Ferien zu machen. Mit einem Interrailticket reist er zunächst drei Wochen lang durch Europa. Seine ersten Ziele sind Nordgriechenland und Jugoslawien. Dann zieht ihn die Reiselust nach Skandinavien, bevor er wieder zurück nach Deutschland kommt. Da seine Ersparnisse sich langsam aber sicher dem Ende zu neigen, bewirbt er sich für einen Ferienjob bei der Firma Uranerzbau Bonn. Allerdings ist er nur zehn Tage für das Unternehmen in Freiburg tätig.

Gundolf gibt eine Zeitungsannonce auf und startet durch diese Suche nach Gleichgesinnten ein neues Hobby. Ab Mitte September 1980 probt er als Schlagzeuger jeden Mittwoch zusammen mit einem Gitarristen und einem Bassisten. Die letzte Probe der Musiker findet am 24. September statt; das nächste Treffen ist außerplanmäßig schon für den kommenden Samstag verabredet. Doch einen Tag zuvor fährt Köhler mit dem Auto seines Vaters nach München zum Oktoberfest und wird nie wieder zurück kommen.

Über das, was an dem Abend des Anschlags wirklich geschieht, gibt es bis heute keine endgültige Gewissheit. Mehrere Zeugen beobachten Köhler mit mindestens zwei anderen Begleitern nahe dem späteren Tatort. Die Männer gestikulieren wild und scheinen nicht einer Meinung zu sein. Einer der Beobachteten, es ist womöglich Gundolf, trägt eine Tüte mit einem zylinderförmigen Gegenstand darin. Der Inhalt scheint schwer zu sein. Abrupt dreht

Gundolf mit dem Beutel seinen Begleitern den Rücken zu und begibt sich zielstrebig zu einem Mülleimer, der nahe des Willkommensbogens zum Oktoberfest steht. Ein Begleiter eilt dem jungen Mann mit der Plastiktüte hinterher. Sie ringen am Mülleimer um die Tüte, bis der Begleiter anscheinend begreift, dass er das Kommende nicht mehr verhindern kann. Er lässt den Beutel los und rennt weg.

Nur wenige Sekunden später detoniert die selbstgebaute Granate, die wahrscheinlich mit 1,4 Kilogramm des Sprengstoffes TNT gefüllt ist. Im Umkreis von dreißig Metern rund um den Papierkorb bricht ein Chaos aus. Überall auf dem Boden liegen in riesigen Blutlachen Verwundete und Tote; abgerissene Arme und Beine. Angst- und schmerzerfüllte Schreie zerreißen die Nacht. Schnell kommen couragierte Wiesn-Besucher den Verletzten zur Hilfe, bis Polizei, Krankenwagen und Notärzte am Ort des Geschehens eintreffen. Die Ersthelfer versorgen notdürftig die Wunden, binden blutende Stümpfe ab, reden gut zu, versuchen die Traumatisierten zu trösten. Es gilt nun, die verwundeten Opfer schnellstmöglich zur professionellen medizinischen Versorgung ihrer Verletzungen in eine der umliegenden Kliniken zu bringen.

Eine Zeugin beobachtet, wie zwei junge Männer vor der verstümmelten und verbrannten Leiche eines Menschen stehen.

„I wollt´s nicht! I kann nichts dafür! Helft´s ma!“, brüllt einer der beiden, während er verzweifelt auf den Leichnam vor ihm starrt.

Bei der späteren Obduktion stellt der Gerichtsmediziner fest, dass es sich bei der verstümmelten Leiche, vor der die beiden jungen Männer standen, um Gundolf Köhler handelt. Anhand des festgestellten Verletzungsbildes ist sich der Experte sicher: Köhler hat die Bombe in dem Moment, als sie detonierte, mit beiden Armen und nach vorne gebeugtem Oberkörper gehalten. So wurden ihm durch die Sprengkraft beide Arme und ein Bein abgerissen; an Gesicht und der vorderen Körperpartie erlitt er schwerste Verbrennungen.

In all dem Durcheinander, das nun vor dem Eingang des Oktoberfestes herrscht, finden die bald eintreffenden Ermittler den Personalausweis von Gundolf Köhler samt seiner Heimatadresse in Donaueschingen. Im NADIS taucht der Name „Köhler“, wegen seiner Zugehörigkeit zur WSG, auch auf. NADIS ist die Abkürzung für das Nachrichtendienstliche Informationssystem, das vor allem vom Verfassungsschutz genutzt wird. Zügig machen sich die Ermittler auf den Weg nach Donaueschingen, um das Elternhaus des Attentäters zu durchsuchen.

Nachdem die verletzten Opfer in die umliegenden Krankenhäuser gebracht und die Leichname geborgen sind, gilt es, all die abgerissenen Gliedmaßen in das gerichtsmedizinische Institut zu bringen. Hier soll mit Hilfe der Blutgruppen und Blutseren versucht werden, die

Körperteile dem jeweiligen Verwundeten zuzuordnen. Zum größten Teil gelingt das den Gerichtsmedizinern auch. Doch ein Stück einer teilweise zerfetzten Hand, die 20 Meter vom Ort der Explosion gefunden wurde, können die Experten keinem der Verletzten oder Getöteten zuordnen. Fleischig und blass ist das Amputat mit den vier Fingern. Brand- oder Schmauchspuren kann man nicht entdecken.

Währenddessen sind die Ermittler in Donaueschingen eingetroffen. Das Zimmer, das sie betreten, wirkt nicht wie die Unterkunft eines jungen Mannes, sondern eher wie die eines Kindes. Adolf Hitlers Konterfei hängt nicht mehr über dem Bett des toten Attentäters. Seine Familie hatte ihn gedrängt, es endlich abzunehmen. Die Wände sind übersät mit Postern von Dinosauriern und Planeten des Sonnensystems. Einige zeigen die beliebten Comicfiguren Asterix und Obelix. Auf einem Schrank liegt eine Granate aus der französischen Stadt Verdun nebst einem Stahlhelm.

Die Ermittler beginnen, den Schreibtisch zu durchsuchen. In einer Schublade finden sie ein Waffenreinigungsgerät und eine Anwürgzange. Diese braucht man, um Sprengkapseln scharf zu machen. Sie finden detaillierte Aufzeichnungen zu Waffen und Sprengstoffen. Das Bundesamt für Verfassungsschutz schlussfolgert aus den gefundenen, lehrhaft aufgebauten Anleitungen, dass diese nicht für Köhler allein, sondern für einen größeren Personenkreis bestimmt sind. Nebst dem Roman „Der Wehrwolf", eine beliebte Lektüre aus der Nazizeit, finden die Polizisten die Abschrift eines bekannten faschistischen Liedes:

„Durch Groß-Berlin marschieren wir, für Adolf Hitler kämpfen wir. Die rote Front, brecht sie entzwei, SA marschiert die Straßen frei."

Es wird schnell klar, dass der tote Köhler ein Rechtsextremist ist. Unabhängig von seiner Zugehörigkeit zur WSG zeugen die gefundenen Dinge und Schriften unverblümt davon, welches Geistes Kind der Massenmörder ist.

Im Schlussbericht des Landeskriminalamtes aus dem Jahre 1982 ist zu lesen, dass es sich bei dem Verursacher des Oktoberfest-Anschlags um einen sozial isolierten Einzeltäter handelt. Er allein habe die Bombe gebaut, sie nach München transportiert und gezündet. Der Massenmörder sei, ob seiner verschmähten Liebe und seines gescheiterten Studiums, so frustriert gewesen, dass er einen erweiterten Suizid beging. Dem rechtsextremistischen Hintergrund des Attentäters wird, vielleicht auch auf politischen Druck der bayrischen Staatsregierung, kaum Beachtung geschenkt.

Obgleich die Ermittlungsbehörden beharrlich auf ihrer Theorie eines Einzeltäters bestehen, werden seit vier Jahrzehnten immer wieder gewisse Indizien oder Stimmen von Zeugen laut, die gegen diese Annahme sprechen. Zum Beispiel waren in dem Auto, das Köhler am Tattag fuhr, Zigarettenkippen unterschiedlicher Marken zu finden. Wer hat mit ihm gemeinsam rauchend in dem PKW gesessen? Nur eine von vielen Fragen, die die Ermittlungsbehörden nicht beantworten können.

Für die teils schwerverletzten Überlebenden des Anschlags und die Angehörigen der Ermordeten kann so kein Abschluss stattfinden; müssen sie doch davon ausgehen, dass es Mittäter oder Mitwisser gibt, die nie zur Rechenschaft gezogen wurden. Der Anwalt Werner Dietrich, welcher mehrere Opfer des Attentats vertritt, strebt in den Jahren 1984 und 2008 eine Wiederaufnahme der Ermittlungsverfahren an; scheitert jedoch beide Male.

Erst im Jahre 2014 kann sich das Bayrische Landeskriminalamt durchringen, die 28 Aktenordner mit 10000 geschriebenen Seiten und 887 Spuren nicht mehr unter Verschluss zu halten. Fünf Jahre lang werden die alten Akten erneut gesichtet, Spuren bewertet und 1008 Zeugen befragt. Mitte 2020 dann der Rückschlag für die Betroffenen und die Hinterbliebenen der Getöteten: die Bundesanwaltschaft schließt die Akten. Köhler habe keine Mittäter gehabt. Einzig das Motiv könnte einen rechtsextremistischen Hintergrund haben und nicht zwingend auf Liebeskummer und eine gescheiterte Diplomvorprüfung Köhlers zurückzuführen sein.

Auch nach etlichen Jahren bleiben viele Fragen unbeantwortet. Warum legen sich die Ermittlungsbehörden so schnell auf den Täter fest? Was oder wer veranlasst die Zuständigen dazu, wichtige Beweismittel und Asservate, wie die gefunden Zigarettenstummel mit Speichelanhaftungen und das Handfragment, zu vernichten? Welche Rolle spielt der Geheimdienst bei dem Anschlag?

Fest steht, dass der Bundesnachrichtendienst V-Männer als Mitglieder in die WSG eingeschleust hat. Ihre Identität hat der BND bis heute nicht bekannt gegeben. Was wissen diese Informanten? Wie kam Köhler an die großen Mengen TNT, um die Oktoberfest-Bombe zu bauen? Und die elementarste Frage: Wem gehört das Fragment der Hand, das am Ort der Detonation gefunden wird? Es kann keinem der Opfer und auch nicht Gundolf Köhler zugeordnet werden. Das Landeskriminalamt nimmt von den verbliebenden Fingern der amputierten Hand Abdrücke. In Köhlers Zimmer lag ein Ordner mit Studienunterlagen für das Wintersemester 1980/1981, von dem Fingerspuren gesichert werden konnten – sie stimmen mit denen der herrenlosen Hand überein. Doch wem nur wurde am 26. September 1980 bei der Explosion am Eingang zum Oktoberfest eine Hand abgerissen? Wie wurde die schwere Verletzung versorgt? Überlebte die Person die Detonation? Und falls nicht, wo ist die Leiche? DNA-Tests könnten heute möglicherweise Aufschluss geben, wäre das Stück Hand nicht vernichtet worden.

Nur wenige Tage nach dem Anschlag betritt ein junger Mann das Klinikum Oststadt-Heidehaus in Hannover. Eine Krankenschwester berichtet erstmalig 2015 über den anonym gebliebenen Patienten, der sich wegen eines zerfetzten Unterarmes in der Klinik stationär aufnehmen lässt. Zunächst habe der junge Mann nicht sagen wollen, wie es zu dieser schweren Verletzung gekommen war. Doch scheinbar ist er irgendwann so genervt von dem ständigen Nachhaken der Ärzte, dass er einräumt, er habe „ein bisschen mit Sprengstoff gespielt“. Besuch von Angehörigen bekommt der Patient nicht. Nur manchmal statten ihm mehrere Männer, die scheinbar der rechten Szene zugehörig sind, eine Stippvisite ab. Die Behandlung ist noch nicht abgeschlossen, als der mysteriöse Patient nach fünf Tagen spurlos aus der Klinik verschwindet. Ist das vielleicht einer der vermuteten Mittäter? Doch wie konnte der Mann dann, ohne sofortige Hilfe, solch eine schwere Verletzung überleben?

2015 strahlt 3sat im Fernsehen eine Dokumentation mit dem Titel „Anschlag auf die Republik - Oktoberfestattentat 1980“ aus. Hier spricht auch kurz der Vater der kleinen getöteten Geschwister über sein Leid: „Für mich ist meine Welt zusammengebrochen. Sie waren meine Liebsten, die ich hatte“.

Auch heute noch, 40 Jahre nach dem Attentat auf das Oktoberfest, ist das Leid der Überlebenden und Hinterbliebenen unermesslich. Grund dafür ist nicht zuletzt die damals fehlende Bereitschaft und die heute fehlenden Möglichkeiten, alle Umstände dieser fürchterlichen Nacht restlos aufzuklären.

»Was kümmert die Presse das Wohl des Publikums! Sie ist ja nicht für das Publikum da, sondern das Publikum für die Presse.«

- Unbekannt / Quelle: Aachener Kritische Revue, 1891-94 -

KAPITEL 7

Linie 53 - Teil 1

Es ist kurz vor 11 Uhr, als der silberne Wagen der Marke BMW die Autobahn A3 verlässt und die Kölner Innenstadt ansteuert. Der Fahrer, ein 31-jähriger Mann mit braunem Zottelbart und wilden Haaren, ist in einen blauen Overall gehüllt. Die Beifahrerin, vermutlich seine Geliebte, trägt eine weiße, kurzärmlige Bluse mit buntem Muster. An ihrem Oberschenkel klafft eine Wunde, die sie notdürftig mit einem Gürtel abgebunden hat.

Auf der Rückbank sitzt ein 32-jähriger Mann mit fettigen Haaren und Bart in Lederjacke und Karohemd zwischen zwei jungen Damen im Alter von achtzehn und neunzehn Jahren. Für einen Außenstehenden mögen die Insassen vielleicht Freunde sein, die, dem gelben Nummernschild nach zu urteilen, aus den Niederlanden angereist sind, um die pulsierenden Adern der Rheinmetropole mit ihrem berühmten Dom zu erkunden.

Zahlreiche Hinweisschilder lotsen die Truppe in ein tiefes Labyrinth aus immer enger werdenden Gassen und Straßen. Ab und an blitzen die Kreuzblumen des Kölner Doms zwischen den Häuserfassaden am strahlend blauen Horizont auf.

In einer Fußgängerzone an der Breite Straße, Ecke Tunisstraße wird die Fahrt abrupt unterbrochen; dem Mann am Steuer ist eine Eisdiele ins Auge gesprungen. Er stellt den Wagen mitten in der Fußgängerzone vor dem Gebäude des WDR ab und steigt aus.

Einen Steinwurf entfernt hat zur selben Zeit ein anderer Mann gerade seinen roten VW Golf im Hinterhof des Verlags- und Redaktionsgebäudes abgestellt und ist nun auf dem Weg in sein Büro. Es handelt sich um Udo Röbel, stellvertretender Chefredakteur vom Kölner Express. Seine Laune ist an diesem 18. August 1988 auf dem Höhepunkt: nach drei Wochen Dauerarbeit hatte er endlich für zwei Tage frei gehabt. Um dem Nachrichten- und Alltagsstress zu entsagen, lebte Röbel während dieser Zeit in völliger Isolation; tagsüber schlief er für mehrere Stunden, schaute kein Fernsehen, hörte keine Nachrichten und las auch keine Zeitung.

Erst am frühen Donnerstagmorgen tritt er, für eine Trainingsstunde im Tennis, das erste Mal wieder auf die Straßen. Als er aus der Dusche kommt, sieht er im Frühstücksfernsehen, was in den vergangenen 51 Stunden passiert ist:

Zwei Männer überfielen in den frühen Morgenstunden des 16. August 1988 in Rentfort, einem Stadtteil von Gladbeck, eine Bankfiliale und waren anschließend mit zwei Geiseln in einem, von der Polizei bereitgestellten, Auto entkommen. Auf ihrer Flucht durchquerten sie die halbe Republik und kaperten in Bremen einen vollbesetzten Linienbus, mit dem sie in Richtung Niederlande aufbrachen. Während einer Pause an einer Raststätte gaben die Gangster den anwesenden Journalisten Interviews und schossen einem 15-jährigen Jungen in den Kopf. Er verstarb noch an Ort und Stelle. In den Niederlanden tauschten sie den Linienbus gegen einen silbernen BMW und setzten die Flucht mit zwei Geiseln auf der A1 in Richtung Köln fort.

„Um die Schlagzeile müssen wir uns keine Sorgen machen", denkt Röbel und betritt, noch immer völlig fasziniert von den Fernsehbildern, die Redaktionsräume. Dort sucht er als erstes die Fernschreiber auf, um sich über die neusten Meldungen zu informieren.

„Das ist ja ein wildes Ding, dieses Gladbeck!", sagt er zu einem Redaktionsboten.

„Ja", erwidert dieser. „Und die stehen gerade da unten und trinken Kaffee!"

Ein strahlend blauer Himmel erstreckt sich am Morgen des 16. August 1988 über Gladbeck; die Meteorologen haben einen heißen Tag voller schwüler Temperaturen angekündigt. Trotzdem tragen die beiden Männer, die gegen halb acht aus einem Hochhaus in der Berliner Straße treten, langärmlige, blaue Overalls. Die Passanten nehmen nur wenig Notiz von ihnen, sind sie doch bloß zwei stinknormale Handwerker auf dem Weg zur Arbeit. Zu diesem Zeitpunkt kann niemand auch nur im Entferntesten ahnen, dass die Männer nur wenige Stunden später die gesamte Republik mit einem der spektakulärsten Verbrechen der deutschen Kriminalgeschichte in Atem halten werden.

Sieben Stunden zuvor hatten die beiden vergeblich versucht, in eine Sparkassenfiliale einzudringen. Dabei verursachten sie so viel Lärm, dass Anwohner die Polizei verständigten.

Statt Werkzeugen und Arbeitsutensilien verbergen sich unter den Blaumännern nun Waffen. In einer grauen Plastiktasche führen sie 350 Schuss Munition mit sich.

Mit schwarzen Masken über den Köpfen bricht das Duo auf einer, zwei Tage zuvor gestohlenen, roten Honda 250 zur Filiale der Deutschen Bank in der Schwechater Straße auf.

Ihr Plan – rein in das Gebäude, Tresor ausräumen und auf dem Motorrad einem neuen, sorgenlosen Leben entgegenfahren – wurde im Rausch eines Cocktails aus Dosenbier und Vesparax-Schlaftabletten geboren. Diese Mischung nutzen die beiden schon seit Monaten als Aufputschmittel.

Eine halbe Stunde später klingelt in der Notrufzentrale der Polizei das Telefon. Am Apparat ist der 53-jährige

Ali Kemmuna. Durch Zufall verschläft der aus dem Irak stammende Arzt an diesem Morgen.

Als er sich mit zwanzig Minuten Verspätung auf den Weg zu seiner Praxis begibt, die sich in der Nähe der Deutschen Bank befindet, passiert er den Eingang der Filiale und beobachtet, wie vermummte Gangster den 35-jährigen Kassierer Reinhold A. mit einer großen Pistole im Nacken auf die Knie zwingen, um die Innentür der Schalterhalle zu verriegeln. Der Kassierer leidet unter Herzrhythmusstörungen und ist ein Patient von Dr. Kemmuna, der sofort begreift, dass er Augenzeuge eines Banküberfalls ist und zu seiner Praxis eilt, um dort den Notruf über die 110 zu alarmieren. Die unerfahrene Besatzung des Streifenwagens Hertha 13/21 wird daraufhin zum Ort des Geschehens geschickt und begeht prompt den ersten von unzähligen, fatalen Fehlern:

Zwar schalten die Polizisten auf dem Weg zur Bank das Martinshorn sowie das Blaulicht aus, rollen aber an den großen Glasfenstern der Bank vorbei – und somit direkt in das Sichtfeld der Täter.

Weitere Beamten werden zum Eingang der Bank geschickt. An Bord befindet sich ein Polizeihauptmeister, der sich, mit einem Maschinengewehr bewaffnet, hinter einem Blumenkübel in Stellung bringt. Seine Kollegen sondieren das Gelände und finden hinter der Bank die rote Honda 250 mit geknacktem Lenkerschloss.

Als den Bankräubern bewusst wird, dass ihr Fluchtweg blockiert ist, nehmen sie kurzerhand den Kassierer Reinhold

A. und seine Kollegin, Andrea B., als Geiseln. Sie bringen sie in der schusssicheren Kassenbox unter, um den Polizisten eine gewaltsame Befreiung zu erschweren. Anschließend versperren die Gangster den Blick in das Innere der Bank und feuern einige Male in die Decke.

Die Drohung wirkt: Immer mehr Polizeikräfte aus ganz Nordrhein-Westfalen rücken an. Mit ihnen auch der leitende Kriminaldirektor Friedhelm M., der die Einsatzleitung übernimmt. Er erkennt schnell, dass eine Stürmung der Bank kaum möglich wäre, ohne dass die Geiseln dabei ihr Leben ließen. Er beauftragt Kriminalhauptkommissar Manfred D. damit, das Vertrauen der Täter am Telefon zu gewinnen, er soll sie gleichzeitig jedoch hinhalten und zunehmend verunsichern. Darüber hinaus trägt er dem Kommissar auf, herauszufinden um wen es sich bei den Tätern handelt und wie sie psychologisch einzuschätzen sind.

Der Verhandlungsführer erhöht daher nicht den Druck auf die Geiselnehmer, sondern spricht mit ihnen wie zu alten Freunden. Er vereinbart Codenamen und leitet ein Angebot des Staatsanwaltes weiter: Die Bankräuber kämen mit einem Strafantrag von sechs Monaten davon, wenn sie die Geiseln innerhalb einer Stunde freilassen. Die Kriminellen sind allerdings alles andere als begeistert von dem Vorschlag und halten an ihren Forderungen fest: 300.000 Mark Lösegeld in kleinen Scheinen, den Zweitschlüssel für den Tresor, Handschellen sowie einen Fluchtwagen der Marke BMW und freien Abzug.

Am Telefon gibt einer der beiden Geiselnehmer bekannt:

„Passen Se mal auf. Wie Sie so labern, ne, glauben Sie das nicht, dass wir Ernst machen, ne. Aber eins kann ich Ihnen sagen, passiert das nicht bald, dass wir die Forderung kriegen, dann lösen wir unsere Masken, und dann können Sie sich ja vorstellen, dass die Geiseln tot sind. Weil sie uns hier erkennen. Und wir sind auch kein unbescholtenes Blatt mehr."

Die Täter hören in den 14 Uhr-Nachrichten, dass sie noch immer nicht identifiziert wurden. Kriminalkommissar Manfred D. kommt am Telefon unterdessen auf das unterbreitete Angebot des Staatsanwalts zurück. Dies wird jedoch prompt mit dem Kommentar „Meinst du, ich glaub die Tricks von dem Staatsanwalt? Der kann mich am Arsch lecken!" abgelehnt. Der Verhandlungsführer lässt sich dadurch nicht aus der Ruhe bringen und führt seine Zermürbungstaktik, unter anderem mit Gesprächen über die Kindheit der Geiselnehmer, fort.

In der Zwischenzeit meldet sich eine Zeugin bei der Polizei und liefert den Beamten einen entscheidenden Hinweis zur Identität der Täter: Die Frau hat sich eines der, von der Polizei veröffentlichten, Tonbänder angehört und glaubt, die Stimme ihres 31-jährigen Ex-Mannes zu erkennen. Als der Telefonist die Geiselnehmer nach dem Namen der angeblichen Ex-Frau fragt, antworten diese: „Nie gehört."

*I*n der Hoffnung auf eine schnellere Freilassung durch öffentlichen Druck auf die Polizei haben die Gangster den Bankkassierer Reinhold A. damit beauftragt, die Nachrichtenredaktion des WDR in Köln sowie die „Westdeutsche Allgemeine Zeitung" in Essen über die Geiselnahme zu informieren. Dadurch bringen sie jedoch unbewusst eine Medienlawine ins Rollen, die sich in den folgenden Stunden nicht mehr aufhalten lässt.

Radiostationen, Fernsehsender sowie Zeitungsredaktionen aus ganz Deutschland rufen nun in der Bank an und wollen die Gangster und ihre Geiseln sprechen, um Informationen aus erster Hand zu erlangen. Die Nummer, unter der die Täter zu erreichen sind, hat die Polizei nicht gekappt. Man hofft, dass sich unter den Anrufern mögliche Komplizen befinden könnten. Und so kommt es, dass Hans Meiser von RTL am Nachmittag als einer der ersten Journalisten ein Telefoninterview mit den Geiselnehmern führen kann:

„Hier ist Hans Meiser vom Deutschen Fernsehen, wer sind Sie denn bitte?"

„Wer wohl, der Bankräuber."

„Bitte, was?", erwidert der verblüffte Fernsehmoderator.

„Der Bankräuber!", ertönt es genervt aus dem anderen Ende der Leitung.

„Sie sind der Bankräuber?"

„Ja."

„Können Sie mir sagen, welche Forderungen Sie über die 300.000 Mark hinaus stellen? Was für'n Fluchtwagen woll'n Sie denn haben?"

Daraufhin antwortet der Kriminelle: „Sie können's veröffentlichen ne, dass wir die 300.000 Mark fordern ... Handschellen fordern ..."

„Wozu brauchen Sie denn Handschellen?", fragt Meiser verwundert.

„Das ist uninteressant."

„Das heißt, Sie wollen Ihre Geiseln nicht freilassen, wenn die die Forderungen zunächst erfüllt haben?"

„Zunächst nicht. Wir woll'n se mitnehmen", sagt der Bankräuber mit kratziger Stimme.

„Wo wollen Sie denn hinfahren?", fragt Meiser.

„Das werde ich Ihnen auch sagen", erwidert der Geiselnehmer in ironischem Tonfall.

„Naja, nun gut, man kann Sie ja mit Hubschraubern verfolgen", stellt Meiser fest und hört noch die Worte „Gespräch ist beendet".

Ein Klicken; dann ist die Leitung tot.

Die Grenze zwischen reiner Berichterstattung und aktivem Eingreifen der Medien verschwimmt immer rascher. Einige der Reporter bieten sich dabei als Handlanger an und fragen, wie sie den Gangstern helfen können. Die Geiselnahme wird zum Medienspektakel – und die Polizei gerät dadurch immer mehr unter Druck.

Nach neuneinhalb zermürbenden Stunden geben die Beamten schlussendlich den Forderungen der Geiselnehmer nach und deponieren die 300.000 Mark in drei Klarsichttüten vor dem Eingang der Bank. Ein, in Badehose gekleideter, Polizist überbringt das Lösegeld. Millionen Fernsehzuschauer werden daraufhin Zeuge, wie Kassierer Reinhold A., auf allen vieren kriechend und mit einem Elektrokabel um den Hals, die Tüten durch den schmalen Türspalt ziehen muss.

Die Täter sind nun zwar in Besitz des Lösegelds, den geforderten Zweitschlüssel für den Tresor hat die Polizei bei der Übergabe jedoch unterschlagen, in der Hoffnung, die Täter würden sich mit den 300.000 Mark zufriedengeben. Diese sind allerdings wie besessen von der Vorstellung, einmal in ihrem Leben einen echten Tresor von innen zu sehen. Abermals gibt die Polizei nach und muss hilflos mitansehen, wie Reinhold A. erneut zur Tür kriecht, um den Schlüssel entgegenzunehmen.

Der Banktresor beschert den Tätern zusätzliche 120.000 Mark, sowie drei Geldbomben aus dem Nachttresor. Von den 870 Mark aus der dritten Geldbombe lassen die beiden die Finger, als sie erfahren, dass diese einem Pommesbuden-Besitzer gehören. Man wolle sich schließlich nicht an diesem „armen Schwein“ bereichern.

Um halb acht Uhr abends, elfeinhalb Stunden nach Beginn des Überfalls, teilt Manfred D. den Geiselnehmern über das Telefon mit, dass er den Namen einer der Täter im Radio gehört hat. Dieser gibt sich daraufhin zu erkennen: Hans-Jürgen Rösner.

Der Telefonist atmet tief durch.

„Mann, du bist doch ein blöder Kerl, du", sagt er.

„Nö, bin nicht blöd", schallt es aus dem Telefonhörer.

„Wärste nur auf das andere eingegangen, was wir dir geboten haben", sagt der Hauptkommissar.

„Nein, nein", sagt Rösner. „Ich hab elf Jahre hinter mir und diese dreckige Justiz, ne, die haben mich kaputtgemacht da drin! Und ich gehe keinen Tag mehr da rein. Ich hab mir das geschworen: Inne Kiste – einmal irgendwann geh ich drauf, egal, ne."

Hans-Jürgen Rösner wächst als Sohn einer Hausfrau und eines Kriegsinvaliden mit vier Schwestern in Gladbeck auf. Seine Kindheit ist von Misshandlungen des Vaters gekennzeichnet, der ihn wiederholt im Keller des Familienhauses mit einem Gummischlauch verprügelt. In dieser Zeit baut Rösner eine sehr enge Bindung zu seiner Schwester Renate auf.

Im Alter von acht Jahren wird er schließlich das erste Mal straffällig: er klaut Uhren in Einkaufszentren und entwendet dem Hausmeister seiner Grundschule wiederholt Tiere. Mit

14 wird er vom Amtsgericht Gladbeck wegen Diebstahls zu einer Jugendstrafe verurteilt.

Nach Beendigung der Sonderschule bricht er eine Lehre als Bergmann nach einem Monat ab und widmet sich seiner kriminellen Karriere – es folgen mehrere Knastaufenthalte. 1986 kehrt er aus einem Hafturlaub nicht zurück. Seither wird nach ihm gefahndet.

Die Ausrede, dass die Mietwagenfirma aufgrund der Urlaubszeit keinen BMW 735i zur Verfügung hatte, schluckt Rösner. Doch er ahnt, dass der stattdessen bereitgestellte Audi mit Mikrofonen und Peilsendern präpariert ist. Als sich die Täter und Geiseln dann um 21:47 Uhr auf die Flucht begeben, spricht keiner von ihnen ein Wort. Rösner sitzt am Steuer, sein Komplize zwischen den beiden Geiseln auf dem Rücksitz. Das Auto rollt im Schneckentempo an den Kameras der Journalisten vorbei und verschwindet mit unbekanntem Ziel in der Dunkelheit.

Die Polizei hat den Plan, die Täter mit ausreichend Abstand zu verfolgen und hofft, dass die Geiseln irgendwann freigelassen werden. Müdigkeit, Hunger und Durst haben Rösner allerdings unberechenbar werden lassen. Um sich auch weiterhin wach halten zu können, stocken die Geiselnehmer ihren Vesparax-Tablettenvorrat in der Gladbecker Barbara-Apotheke um 30 weitere Packungen auf. Anschließend macht das Fluchtauto Halt vor einem Imbiss in der Holster Straße, in welchem Rösner Bier, Pommes, Frikadellen und Brathähnchen besorgt.

Dann ruft er aus einer Telefonzelle seine Freundin Marion Löblich an, informiert sie über die bisherigen Ereignisse und legt rasch wieder auf. Er hegt den Plan, sich an einer Gaststätte am Gladbecker Stadtrand einen neuen Fluchtwagen zu besorgen. Ihm ist bekannt, dass dort ein bestimmter Gast oft seinen Mercedes abstellt. Als das Fluchtauto jedoch vor dem Restaurant zum Stehen kommt, ist der Mercedes nicht da. Stattdessen fällt Rösner ein 7er-BMW ins Auge. Er stürmt mit Pistole in der Hand das Lokal und versucht mit den Worten „Der Nikolaus ist da!" den Besitzer des Wagens ausfindig zu machen. Als ihm jedoch niemand eine Auskunft gibt, schießt er in das Flaschenregal hinter dem Tresen und verlässt die Gaststätte.

Draußen im Wagen hört sein Komplize den abgefeuerten Schuss und lässt die Geisel Andrea B. die Seitenscheibe herunterkurbeln. Er zielt mit seinem Revolver durch die Fensterscheibe des Lokals und beginnt zu feuern. Verletzt wird dabei niemand, doch spätestens jetzt wird Rösner klar, dass sein Handlanger bei jeder noch so kleinen, vermeintlichen Gefahr unvermittelt, und ohne Rücksicht auf Verluste, schießt.

Ungestört wird die Suche nach einem neuen Fluchtwagen auf der B224 Richtung Essen fortgesetzt, bis die Täter plötzlich einen Dreier-BMW entdecken, der vor einer Spielhalle parkt. Rösner reißt das Lenkrad herum und versperrt dem neu auserkorenen Fluchtwagen den Weg. Er steigt aus, hält den Insassen die Pistole vor die Nase und erpresst sich den Autoschlüssel.

Der Wagen entpuppt sich jedoch als absoluter Reinfall: Er ist alt, der Motor schwerfällig und auch ein Radio, um die neusten Nachrichten verfolgen zu können, fehlt. Die Geiselnehmer erfahren daher vorerst nicht, dass es der Polizei inzwischen gelungen ist, Rösners Komplizen zu identifizieren: Dieter Degowski, 32, ein Schulfreund von Rösner und Mehrfachstraftäter aus Gladbeck.

Gegen Mitternacht kehren die Täter in die Holster Straße zurück und rauben an einer Tankstelle einen Polizisten aus. Der arme Mann ist auf dem Rückweg vom Bankraubeinsatz und will seinen Dienstwagen volltanken, um damit in seine Heimatstadt Bielefeld zu fahren.

Mit vorgehaltener Pistole nimmt Rösner dem Beamten seine Dienstwaffe P6 sowie das Reservemagazin ab. Darüber hinaus erbeutet er, vom Rücksitz des Wagens aus, das Funkgerät – ein Desaster für die Polizei, der es nun nicht mehr möglich ist, über das Frequenzband miteinander zu sprechen, ohne dass die Geiselnehmer jedes Wort mithören können.

In der Zwischenzeit fährt ein präparierter Mercedes 230 auf das Tankstellengelände. In ihrer Hektik haben die Beamten allerdings versäumt, den Wagen mit Gebrauchsspuren zu versehen, weshalb Rößner erneut Verdacht schöpft, das Auto könne von der Polizei stammen. Dennoch entschließt er sich, den Mercedes als Übergangsfahrzeug zu verwenden und lädt Verpflegung, Waffen und Geiseln um.

Statt nun allerdings auf schnellstem Wege die Stadt zu verlassen, steuert Rösner gegen ein Uhr nachts die Wohnung seiner Schwester Renate an, in der seine Liebhaberin Marion Löblich auf ihn wartet. Löblich steigt mit in den Wagen, wohlwissend, dass ihr Freund seit Stunden dabei ist sein „ganz großes Ding“ zu drehen.

Wieder einmal fährt der Wagen ohne Ziel in die Nacht davon und langsam wird klar, dass Rösner keinen festen Plan verfolgt. Die Idee, sich ins Ausland abzusetzen, verwirft er sofort wieder, da ihm die nötigen Fremdsprachenkenntnisse fehlen. Dann überlegt er, Löblich bei einer früheren Schwägerin in Münster aussteigen zu lassen, doch Schlafmangel und seine, rapide zunehmende, Unachtsamkeit zwingen ihn dazu, das Steuer kurzzeitig an sie zu übergeben.

Im Auftrag ihrer Kidnapper kontaktieren Reinhold A. und Andrea B. immer wieder Beamte der Polizei und bitten sie, endlich vom Täterfahrzeug abzulassen. Die Fahnder allerdings scheren sich nicht darum und befolgen hartnäckig den Befehl, der von der Einsatzleitung in Gladbeck angeordnet wurde: Das Fluchtauto „an der langen Leine“ verfolgen.

Zwar fühlen sich Rösner und Degowski mindestens eine Stunde lang sicher, doch mit jedem Auto, das sich ihnen nähert, werden sie zunehmend nervöser und gereizter. Rösner bekommt allmählich das Gefühl, verfolgt zu werden. Bis heute herrscht Unklarheit darüber, ob es der Polizei tatsächlich gelingt, die Geiselnehmer unauffällig zu beschatten.

Die Gangster versetzen durch ihre Irrfahrt über die Autobahnen Polizisten in der gesamten Bundesrepublik in

Alarmbereitschaft und die zunehmende Verfolgungsangst der Täter lässt die Hoffnungen der Geiseln auf eine baldige Befreiung immer weiter schwinden. Postierte Nachtwächter an Tankstellen in Hannover und Bielefeld warten indes vergebens auf eine mögliche Ankunft des Täterfahrzeugs.

Stattdessen steuern die Gangster gegen 3:30 Uhr die völlig unbewachte Raststätte Grönegau an, um die erste längere Pause einzulegen und zu frühstücken. Sie wählen einen Tisch, von welchem aus man das Fluchtauto und den Eingang sehen kann und bestellen Brötchen und Kaffee. Begierig lesen Rösner und Degowski während des Essens die ersten Berichte über ihre Geiselnahme und bemerken in ihrem Rausch nicht, dass ein Pärchen, bloß wenige Minuten nach ihrer Ankunft, am Nebentisch Platz genommen hat: Spitzel der Polizei, die die Lage aufklären und Informationen für einen möglichen Zugriff liefern sollen.

Eine halbe Stunde später, um 4:01 Uhr, ergibt sich die bis dahin beste Gelegenheit, die Geiselnahme auf einen Schlag zu beenden: Während Rösner und Löblich sechs volle Minuten eine Toilette aufsuchen, lassen sie Degowski samt den Geiseln allein am Tisch zurück. Das Mobile Einsatzkommando meldet allerdings fälschlicherweise, dass sich Täter und Geiseln auf permanenter „Tuchfühlung" befinden würden. Darüber hinaus befinden sich die zuständigen Einsatzkräfte der Polizei zu diesem Zeitpunkt rund 2 Kilometer entfernt auf einem Standstreifen der Autobahn. Nach einem kurzen, aber intensiven, Wettlauf gegen die Zeit wird der mögliche

Zugriff abgeblasen, woraufhin die Geiselnehmer ihre Odyssee, abermals unbefangen, fortsetzen.

Um kurz vor acht stoppt der Fluchtwagen schließlich vor dem Café Dickhut in der Hagener Innenstadt. Über eineinhalb Stunden können Täter und Geiseln dort in aller Seelenruhe frühstücken, während die Polizei wieder einmal tatenlos zusieht; die Beamten halten weiterhin an ihrem Glauben fest, dass sich das Problem praktisch im Schlaf lösen lässt, denn müde sind die Kriminellen ja bereits.

Als die Gruppe das Dickhut verlässt und wieder ins Fluchtfahrzeug steigt, bemerkt Andrea B., dass sie ihren Mantel vergessen hat. Sie eilt daraufhin allein zum Café zurück, wo eine Angestellte ihr das Kleidungsstück übergibt. Obwohl die Geisel zu diesem Zeitpunkt von keinem der Täter begleitet wird, gibt sie sich gegenüber der Bedienung nicht zu erkennen. Stattdessen nimmt sie den Mantel schweigend an sich und kehrt sofort wieder zum Wagen zurück, der etwa gegen 10 Uhr die A1 in Richtung Bremen ansteuert.

Über das Autoradio verfolgen Rösner und Degowski den Stand der Ermittlungen und wissen, dass die Polizei ihnen ständig auf den Fersen ist. Dennoch bekommen die Beamten in Bremen zunächst nicht mit, wie die Täter gegen ein Uhr mittags in der Vegesacker Einkaufmeile Halt machen. Die ausgestorbenen Straßen werden von einer drückenden Hitze und Schwüle übermannt.

Statt nun unterzutauchen, schlendern Rösner und Löblich über eine Stunde in der Fußgängerzone herum, während der völlig übermüdete Degowski mit Reinhold A. und Andrea B. im Wagen zurückbleibt. Immer wieder steigt er aus dem Auto, lässt die Geiseln minutenlang allein zurück und uriniert gegen eine Hauswand. Als er sich erleichtert ins Auto zurücksetzt, verfällt er in einen tiefen Schlaf und lässt die Pistole im Schoß liegen. Wie in Trance lassen die Geiseln diese Chance jedoch ungenutzt und auch die Polizei macht erneut keinerlei Anstalten, dem Wahnsinn ein Ende zu setzen.

Als Rösner und seine Geliebte von ihrer Shoppingtour zurückkehren, verstauen sie rasch die Einkaufstüten im Wagen und ziehen dann noch einmal los, um an einem Imbiss Koteletts und Würstchen zu essen. Anschließend kaufen sie dort auch noch Marschverpflegung.

Frisch gestärkt verspricht Rösner den Geiseln, sie bei nächster Gelegenheit „irgendwo in den Karpaten" rauszulassen, doch als er in Vegesack mit der Fähre auf die andere Seite der Weser übersetzen will, bemerkt er am Horizont einen Polizeihubschrauber. Schlagartig kehrt die Verfolgungsangst zurück und Rösner sucht hektisch nach einer Autovermietung, um einen neuen Fluchtwagen zu besorgen. Dieses Vorhaben ist jedoch schwieriger als erhofft, denn niemand will einen Mietwagen allein gegen Bargeld und ohne Vorlage von Kreditkarte oder Eurocheque herausgeben.

Schließlich erreicht die Truppe eine Autovermietung auf einem Tankstellengelände in Delmenhorst, einer Stadt westlich von Bremen. Nachdem auch hier Probleme wegen der fehlenden Belege entstehen, verliert Rösner nach einer Viertelstunde die Beherrschung und zwingt die Mitarbeiterin Christina N. mit vorgehaltener Pistole dazu, ihm den Autoschlüssel für einen vor der Tür geparkten BMW 318i auszuhändigen.

Nun sind die Täter, erstmals seit Beginn ihrer Odyssee, in Besitz eines Wagens, der nicht von der Polizei überwacht wird. Schon kurz darauf beklagt sich Rösner allerdings über den, seines Erachtens nach, zu langsamen BMW und beschließt, ihn schnellstmöglich gegen ein anderes Fahrzeug zu tauschen.

Unterdessen haben Journalisten erneut die Fährte des Fluchtwagens aufgenommen. Rösner wird nervös. Er fühlt sich in die Enge getrieben und wird von Minute zu Minute aggressiver.

Um 18:16 Uhr halten die Täter vor einem türkischen Gemüseladen in Bremen-Huckelriede. Hier soll die Geisel Reinhold A. Kontakt mit der Polizei aufnehmen. Doch als er niemanden außer einen apathischen Notrufsprecher erreicht, reißt Rösner ihm den Telefonhörer aus der Hand und fordert den Mann am anderen Ende der Leitung auf, die Verfolgung endlich einzustellen. Dieser reagiert jedoch nicht, woraufhin Rösner wütend aus dem Laden stürmt und mit beiden Waffen je einmal in die Luft schießt. Kameras eines Bremer Fernsehteams zeichnen diese Szene auf, die bereits wenige Minuten später über Millionen von Mattscheiben flimmert.

Spätestens jetzt wird die Gladbecker Geiselnahme zu einem Live-Reality-Drama im Deutschen Fernsehen.

Während die Gladbecker Beamten weiter auf Zurückhaltung setzen, wollen Beamte des Bremer Sondereinsatzkommandos (SEK) der Sache am liebsten sofort ein Ende setzen. Doch in ihrer Hektik vergisst die Polizei, den Bereich weiträumig abzusperren. Von nun an wird die Umgebung des Gemüseladens zum Schauplatz absoluten Polizeiversagens – und die halbe Republik schaut live dabei zu.

Die immer nervöser werdenden Rösner und Degowski fühlen sich provoziert und drängen ihre Geiseln zu einem nahegelegenen Busbahnhof – Marion Löblich folgt ihnen im Schritttempo am Steuer des BMWs.

Als Rösner daran scheitert, einen vorbeifahrenden Wagen mit vorgehaltener Pistole zu kapern, erblickt er zwei vollbesetzte Busse, die an der Haltestelle stehen. Er hofft, die Polizei würde von einem Zugriff absehen, je mehr Unbeteiligte in Gefahr geraten.

Der erste Bus fährt ihm jedoch vor der Nase davon, weshalb Rösner sich demonstrativ in den Weg des zweiten Fahrzeugs stellt und mehrmals in die Luft schießt. Der Fahrer versucht Gas zu geben und wegzufahren, muss sich jedoch an einer roten Ampel geschlagen geben. Mit vorgehaltener Waffe zwingt Rösner ihn, die Tür zu öffnen.

Um 19:04 Uhr des 17. August 1988 haben Rösner und Degowski 30 Menschenleben in ihrer Gewalt – und all dies geschieht vor dutzenden laufenden Fernsehkameras.

Zügig wird das Gepäck in den Bus umgeladen. Als Rösner bemerkt, dass er seine Zigaretten vergessen hat, kehrt er zum bereits verschlossenen Wagen zurück, schießt durch die rechte Seitenscheibe, greift nach der Schachtel und steigt in den Bus.

Seine Freundin, Marion Löblich, hat sich unterdessen zu einer vollwertigen Komplizin entwickelt. Während sie die Fahrgäste mit einer Pistole bedroht, gewähren Rösner und Degowski einigen älteren Geiseln die Freiheit. Auch der Fahrer des Busses wird mit dem Kommentar „wer Feierabend hat, darf gehen“ nach draußen geschickt.

Die Gangster bewilligen einem zufällig anwesenden Kontrolleur, das Steuer des Fahrzeugs zu übernehmen; die übrigen Geiseln werden als Kugelfang in den hinteren Teil des Busses gescheucht. Rösner glaubt, nun ausreichend geschützt zu sein und das nötige Drohpotenzial für eine Verhandlung mit der Bremer Polizei zu besitzen. Da diese sich jedoch nicht traut, einen Beamten zum Bus zu schicken, übernimmt der Pressefotograf Peter Meyer kurzerhand die Rolle des Verbindungsmannes. Er verkündet die Forderungen der Täter allerdings erst einmal den neugierigen Journalisten:

„Sie fordern jetzt ein Fahrzeuch, und zwar eins, das nicht mit ... mit ... mit ... Wanzen ausgestückt ist, sondern ein Fahrzeuch ... äh ... was hier von den Pressekollegen halt so hingestellt werden kann … und dann fordern sie, dass ein Polizist … ähm … äh … ohne Waffe, mit Hände auf'm Rücken gefesselt und eine zusätzliche Handschelle für eine weitere Geisel … äh … zur Verfügung gestellt werden – im Austausch dieser ganzen Geiseln, die jetzt ja in diesem Bus halt sind, ne."

„Achso. Und dann wollen se den Bus freila … äh … die, die …", möchte einer der Reporter wissen.

„Ja, dann wollen die die freilassen und dann ist auch Ruhe", sagt Meyer. „Jetzt muss ich nur ein'n von der Kripo mal eben finden … ist gar nicht so einfach … hier so viel …"

„Ja, hier … ich!", meldet sich ein vollbärtiger Mann mit dunkelgrünem T-Shirt in der Menge.

Meyer unterbreitet dem Kripobeamten den Forderungskatalog und versäumt nicht, ihm noch seine Visitenkarte in die Hand zu drücken.

Im Geiselbus ist die Stimmung überraschend gelöst. Während Marion Löblich von ihren Kindern erzählt, sprechen Rösner und Degowski mit einigen der Fahrgästen über belanglose Themen. Ein kleiner Junge in rotem T-Shirt bleibt mit seinem Fahrrad an der offenen Bustür stehen und starrt mit großen Augen in die Mündungen der Pistolen, ehe er von Rösner davongescheucht wird. Die Polizei bleibt derweil in Deckung – zu groß ist die Angst, die Situation könne eskalieren.

Unterdessen hat sich gegenüber des Busses eine Medienmeute aufgebaut, die ungehindert Aufnahmen von den verängstigten Fahrgästen machen können. Einige der Fotografen dürfen sogar ins Innere des Busses klettern. Rösner wähnt sich in Sicherheit und sieht in der Sensationsgier der Journalisten eine Chance, seine Forderungen durchzusetzen.

Auch Meyer geht seinen journalistischen Tätigkeiten nach, bis ihn ein Reporter von Radio Bremen anspricht und um ein Interview mit den Geiselnehmern bittet. Rösner zögert nicht lange und folgt dem Pressefotograf auf die andere Straßenseite. Es ist das erste Mal, dass die Republik den Mann zu Gesicht bekommt, der seit nunmehr 36 Stunden mehrere Menschenleben in seiner Gewalt hat. Obwohl Rösner versucht, nach außen hin gelassen zu wirken, ist er sehr angespannt und sondiert mit seinen Augen nervös die umliegenden Wohnhäuser.

„Wie lange woll'n Sie denn die Geschichte noch fortsetzen?“, fragt ein Reporter.

„Jaaa ... wir werden einige Forderungen stellen ... und äh werden die nicht erfüllt, dann knallt et, ne ?!?“, erwidert Rösner.

„Und Sie meinen nicht, dass es nicht besser ist, aufzugeben?“, hakt der Reporter nach.

„Na, aufgeben auf keinen Fall! Dat ... ich kann Ihn'n dat ganz konkret sag'n wie dat dann abläuft ... dann knallt et da

… drin und vor allem mein Kumpel ist brandgefährlich, ne … und äh … der letzte ist dann …“

Rösner steckt sich den Lauf seiner Pistole in den Mund, um anzudeuten, dass er sich am Ende eines Zugriffes eher das Leben nimmt als nochmals ins Gefängnis zu gehen. Sofort klicken die Fotoapparate der Journalisten.

„… diesen hier … ja!“

Der Geiselnehmer blickt einige Sekunden in die verwunderten Gesichter der versammelten Reporter.

„Ja, ich hab‘ elf Jahre Knast weg, ich hab dreizehn gehabt …“, fährt er fort, „… ich war von Anfang an Erziehungsheim da und sone Scheiße da alles, ne … und äh … ich scheiß‘ auf mein Leben. Und dat mein‘ ich ganz im Ernst.“

Rösner nickt.

„Aber die ander’n, die Unschuldigen?“ hakt der Reporter nach.

Rösner atmet tief durch und schlägt die Hände auf die Oberschenkel.

„Kann ich nix für ey …“

Stille.

„Welche Chance rechnen Sie sich aus, davonzukommen?“ versucht der Journalist das Gespräch aufrechtzuerhalten.

„Ja, für mich ist dat absolut sicher …, dass ich davon komm‘ … entweder da …“

Rösner deutet auf den Boden.

„... oder weg.“

Er richtet die Pistole gen Himmel.

„Ne? So einfach ist dat.“

Rösner fügt hinzu, dass er „von Haus aus“ ein Verbrecher sei und es für ihn keine Moral gäbe.

Weitere Reporter nutzen die Gelegenheit und bitten den Geiselnehmer um Telefoninterviews mit ihren Agenturen; bloß fünfzig Meter dahinter steht der gekaperte Linienbus. Die Journalisten geben den Gangstern die Möglichkeit, sich vor einem Millionenpublikum mit ihren Taten zu brüsten. Das merkt auch Rösner, und lässt im Eifer der Gespräche schon mal die Pistole im Schoß liegen.

Es ist bereits dunkel, als sich Linie 53 das erste Mal seit Stunden in Bewegung setzt. Rösner vermutet hinter einer Mauer bereitgestellte Zugriffskräfte und fürchtet eine Stürmung des Busses, weshalb er dem Busfahrer anordnet, das Fahrzeug auf die andere Straßenseite zu rangieren. Marion Löblich fordert die Businsassen auf, sich als Schutzschild vor einem möglichen Kugelhagel aufrecht an die Fenster zu stellen – die Kidnapper selbst hocken sich im Mittelgang nieder.

Während der Bus den Journalisten entgegen rollt, glaubt Rösner in Fenstern des gegenüberliegenden Hauses die Läufe von Maschinengewehren zu erkennen – und er hat Recht: Die Gewehrläufe gehören zu Scharfschützen des Mobilen

Einsatzkommandos, die der Kripo-Chef rund um das Gelände postieren ließ. Klare Anweisungen gibt der 49-Jährige jedoch nicht; zahlreiche Gelegenheiten zum finalen Rettungsschuss werden vergeben.

Als das Fahrzeug zum Stillstand gekommen ist, zielt Rösner mit seiner Pistole aus der geöffneten Tür heraus in Richtung Fenster.

„Du alte Drecksau, geh' da oben weg, sonst knall' ich dir gleich eine rein, du Penner!"

Anstatt abzuwarten, feuert er einen Schuss über den Giebel des Hauses hinweg und verschwindet wieder im Bus.

Wenige Sekunden später tritt er erneut auf die Stufen des Aufgangs der Mitteltür und brüllt: „Die letzte Warnung is' dat jetzt! Der Nächste fliecht hier aus'e Bus raus!"

Pressefotograf und neu auserkorener Verbindungsmann Peter Meyer bekommt unterdessen ein Walkie-Talkie in die Hand gedrückt, mit welchem die Polizei Kontakt zu den Tätern aufnehmen will. Rösner allerdings will mit einem Polizisten persönlich sprechen und wirft das Gerät wutentbrannt zu Boden – danach unternimmt er einen letzten Versuch, seine Forderung zu erzwingen und zerrt ein achtjähriges Mädchen mit dunkelbraunen Augen und einem hellen Haarband vor die Tür; die Pistole auf ihren Kopf gerichtet.

„Wenn jetzt keiner kommt, knall' ich se weg!"

Ob dieser Drohung weigert sich die Polizei vehement dagegen, einen Beamten zum Bus zu schicken.

Rösner kniet sich hin und benutzt das Kind als Schutzschild.

„Ja, wat is‘ jetzt? Ihr dreckigen, feigen Bullen, ihr!“

Als sich auch nach erneuter Aufforderung keiner in die Nähe des Busses wagt, bringt Rösner das Mädchen wieder rein und lehnt sich noch einmal aus der Mitteltür.

„Ihr feigen Schweine!“

Nach einer Weile scheinen die Kidnapper zu verstehen, dass das Warten vergebens ist. Rösner bestellt Meyer zur Mitteltür des Busses.

„Ich will jetzt mit einem Bullen reden“, fordert der Geiselnehmer.

„Auch über Walkie-Talkie?“, möchte Meyer wissen.

„Wenn die zu viel Schiss haben, auch über Sprechfunk.“

Der Fotograf macht sich sofort auf den Weg und händigt das kaputte Walkie-Talkie einem zuständigen Polizeibeamten aus.

„Return to Sender ... Sie wollen jetzt ein anderes haben, das funktioniert“, sagt er.

„Jetzt möchten se eins?“, erwidert der Beamte.

„Ja.“

„Na wunderbar.“

Nach kurzer Zeit wird Meyer ein neues Gerät übergeben, das dieser sofort an die Geiselnehmer weiterreicht. Doch als

Rösner versucht, damit eine Verbindung herzustellen, bleibt das Walkie-Talkie stumm. Auch dem Busfahrer gelingt es nicht, das Gerät zum Laufen zu bringen.

„Du hast doch ein Telefon im Auto?“, fragt Rösner an Meyer gewandt.

„Ja“, erwidert der Fotograf.

„Lass es uns darüber versuchen. Du fährst dein Auto dicht an den Bus und gibst mir den Hörer rein.“

Meyer tut, wie ihm geheißen und wählt die Nummer der Polizei; die Leitung allerdings bleibt tot. Er bietet Rösner an, seinen Wagen als Fluchtfahrzeug zur Verfügung zu stellen, um die Businsassen nicht noch weiter zu gefährden. Doch gerade, als Rösner das Angebot annehmen will, ruft ihm ein weiterer Reporter zu, dass unter Meyers Wagen eine Wanze befestigt sein soll. Tatsächlich hatte der Pressefotograf einem Polizisten einige Stunden zuvor erlaubt, einen Ortungssender an seinem Auto zu verstecken. Rösner weist den Wagen zurück und verdächtigt Meyer, ein doppeltes Spiel zu spielen.

Nun bleibt den Gangstern nur ein Ausweg: Um 21:45 Uhr gibt Rösner dem Busfahrer den Befehl zur Abfahrt.

Wohin die Reise gehen soll, weiß niemand – nicht einmal Rösner selbst. Im Gefängnis hat er einmal aufgeschnappt, dass die Polizisten in den Niederlanden „besonders human“ seien. Auf dem Weg in Richtung Autobahn erinnert er sich daran und befiehlt dem Busfahrer, die Niederlande anzusteuern.

Ausgerechnet jetzt klagen einige der Fahrgäste über ein dringendes Bedürfnis. Degowski herrscht sie zunächst an, sie mögen doch „auf den Boden pissen“, doch als auch Marion Löblich eine Toilette aufsuchen möchte, legen sie an der Raststätte Grundbergsee eine Zwangspause ein.

Rösner und Degowski ordnen an, dass die bewaffnete Löblich bloß mit jeweils zwei oder drei Geiseln auf einmal den Bus verlassen darf, während sie sich um Verpflegung kümmern. Auf die Frage eines Fahrgastes, was es denn zu essen gäbe, antwortet Löblich: *„Irgendwas auf Staatskosten!“*

Da die Pause der Geiselnehmer für die Polizei sehr überraschend erfolgte, war für die Beamten nicht genug Zeit geblieben, das Gelände abzusperren. Die mitgereisten Kamerateams und Reporter nutzen die Gelegenheit und bauen große Strahler auf, um bessere Bilder zu bekommen.

Auch Peter Meyer ist dem Bus gefolgt. Als Rösner ihn unter den Journalisten erkennt, ruft er ihn zu sich.

„Guck dir doch mal die beiden an“, sagt er und deutet auf die Bankangestellten. „Wir wollen die austauschen; die sind völlig fertig.“

Meyer willigt ein, sich als Austauschgeisel zur Verfügung zu stellen, doch das reicht Degowski nicht.

„Es wird eins zu eins getauscht!“

Zur selben Zeit hat die Geiselnahme ihr erstes Todesopfer gefordert: Bei der Verfolgung des Geiselbusses rast ein Polizist ungebremst in eine Baustelle und stirbt noch am Unfallort.

Während dieses Ereignis minutenlang den Polizeifunk beherrscht, erklärt sich ein anderer Reporter dazu bereit, ebenfalls als Austauschgeisel zu fungieren. Daraufhin gewährt Rösner Reinhold A. und Andrea B. endlich die Freiheit.

Gegen 22:45 Uhr tritt erstmals auch Dieter Degowski vor die Kameras und Mikrofone der Journalisten. Der 32-Jährige trägt ein rotes Karohemd mit langen Ärmeln, die kurzen Haare sind fettig. In seinem Arm hält er die achtzehnjährige Silke Bischoff, eine Geisel aus dem Bus, der er seinen Revolver ans Kinn hält. Das Mädchen hat blonde Haare, große Augen und trägt einen schwarzen Rollkragenpullover. An ihren Ohren baumeln dicke, runde Ohrringe.

Der Hahn der Pistole ist gespannt; den linken Zeigefinger hält Degowski in unmittelbarer Nähe des Abzuges.

„Warum sind Sie denn jetzt mit dem Bus losgefahren, statt mit dem Auto der Journalisten?“, möchte einer der Reporter wissen.

„Weil die was aushecken, wat ausbrüten.“

Um die Aussage für die Öffentlichkeit so verständlich wie möglich zu machen, fasst der Journalist nach: „Also, Sie rechnen damit, dass in nächster Zeit die Polizei eine Aktion unternimmt?“

„Auf jeden Fall … wir aber auch … deswegen sind wa abgehauen.“

„Sind Sie wirklich bereit, Leute umzubringen?“

„Ja."

Der Reporter wendet sich an Silke Bischoff – womöglich ist es die Story seines Lebens, die er gerade an der Angel hat – und fragt die Geisel: „Wie geht es Ihnen mit der Pistole am Hals?"

„Ja, eigentlich ziemlich gut dafür, dass ... mir ist das alles gar nicht so ... bewusst, irgendwie ..."

„Zu jung!", kommentiert Degowski. Dabei zucken seine Mundwinkel für den Bruchteil einer Sekunde nach oben.

„Können Sie sich vorstellen, dass er wirklich abdrückt?"

„Nein."

Die hübsche Blondine war Degowski bereits am Busbahnhof in Bremen ins Auge gefallen. Immer wieder soll er gesagt haben, dass er sie mitnehmen werde.

Silkes Mutter weiß zu diesem Zeitpunkt noch nichts von der Entführung ihrer Tochter. Sie nimmt an, dass die 18-Jährige bei ihrem Freund ist; dort habe sie des Öfteren übernachtet. Erst am Morgen des 18. August 1988 sieht sie das Foto ihrer Tochter in der Zeitung und spürt, dass dieser schreckliche Gefahr droht.

Das Lieblingsfoto der Mutter zeigt Silke mit brünetten Haaren – erst wenige Tage vor der Geiselnahme hatte sie sich ihre Haare blond gefärbt. Die junge Frau ist als Anwaltsgehilfin tätig und hätte am Nachmittag des 17. August 1988 längst zuhause sein können. Stattdessen wartet sie nach Dienstschluss auf ihre Freundin Ines Voitle, die in einer Zoohandlung arbeitet und etwas später Feierabend hat. Die Mädchen kennen sich seit frühester Kindheit und pflegen ein geschwisterliches Verhältnis. Offenbar hat die beiden ihr ähnliches Schicksal früh zusammengeschweißt: Ines' Vater stirbt, als sie gerade einmal drei Jahre alt ist und auch Silke wächst ohne ihren leiblichen Vater auf, der durch seinen Beruf als Bremer Kapitän oft auf Reisen ist. Zum neuen Freund ihrer Mutter kann Silke kein vertrauensvolles Verhältnis aufbauen und wächst daher bei ihren Großeltern am anderen Ende der Stadt auf. Dort hat sie ein eigenes Zimmer mit Schminktisch.

Die Teenager hatten sich am 18. August 1988 auf einen gemeinsamen Horrorfilmabend gefreut. Das Schicksal schickte die beiden jedoch geradewegs in einen realen Horror – in die Fänge der Kidnapper.

Auch Degowskis Lebenslauf ähnelt dem seines Freundes: Er erfährt in seiner Kindheit Misshandlungen des Vaters, wird bereits im Kindergarten verhaltensauffällig und bricht nach der Sonderschule eine Fleischerlehre ab. Er wächst als viertes von sechs Kindern in einer Gladbecker Arbeitersiedlung auf und gilt als Außenseiter; Hans-Jürgen Rösner ist sein einziger Freund. Immer wieder wird er straffällig und verbringt insgesamt vier Jahre im Gefängnis, 1988 kommt er auf Bewährung frei.

Gegen 22:45 Uhr am 18. August 1988 beobachten die Beamten an der Raststätte, dass Marion Löblich allein mit einigen Geiseln auf der Toilette verschwindet. Die Polizisten sehen ihre Chance zum Zugriff.

„413, für 21 …"

„Ja, ich höre …"

„So, die eine Täterin ist jetzt auf'm WC – mit Waffe."

„Auf'm WC mit Waffe?"

„Joa … wer führt die Entscheidung herbei, soll ich die abfischen?"

„Wenn's dir möglich ist, hol se."

Löblich gewährt den Geiseln beim Verlassen der Toilette, mit etwas Abstand vor ihr herzulaufen; auch Ines Voitle gehört dazu. Als die 19-Jährige gerade im Begriff ist, als eine der letzten Frauen, den schmalen Gang zu betreten, vernimmt sie hinter sich einen Schrei und dreht sich um. Zwei Beamte des mobilen Einsatzkommandos haben Marion Löblich überwältigt und zu Boden gerissen. Sie bringen sie durch eine Hintertür nach draußen, entwaffnen sie und legen ihr Handschellen an. Löblich gibt sich erleichtert und ist froh, dass die Geiselnahme endlich ein Ende hat. Noch ahnt sie nicht, dass das Drama jetzt erst richtig anfängt.

Degowski, der noch immer mit Silke Bischoff vor der Tür des Busses steht und Interviews gibt, bekommt von der Festnahme Löblichs nichts mit. Rösner hat den Schrei seiner Geliebten gehört, misst ihm zunächst allerdings keine höhere

Bedeutung bei. Erst als mehrere Minuten vergehen und Löblich noch immer nicht auftaucht, dämmert es Rösner.

„Die soll rauskommen … ich werd‘ wahnsinnig, die soll rauskommen!“

Er zerrt wieder das achtjährige Mädchen vor sich her und droht, sie zu ermorden.

„Wenn der Frau einer … wat tut und die kommt hier nich hin, dann drück ich ab.“

Rösner schickt Meyer los, um sich nach dem Verbleib seiner Geliebten zu erkundigen. Als der Fotograf ihm die schlechte Nachricht überbringt, verliert Rösner die Fassung: „Dat hätten se nich machen sollen, diese Schweine, die! Diese verfluchten Schweine, diese dreckigen!“

Er ruft Degowski in den Bus zurück. In der Erwartung eines nahenden Zugriffs beginnen die beiden, Drohungen gegenüber den Geiseln auszusprechen. Silke Bischoff sitzt währenddessen auf einem Platz ganz vorne im Bus; den Lauf von Degowskis Revolver noch immer am Kinn.

Da Löblich weiterhin verschwunden bleibt, schickt Degowski Fotograf Meyer schließlich mit einem Ultimatum nach draußen: Sollte die Frau nicht innerhalb der nächsten fünf Minuten zu ihnen zurückgebracht werden, „knalle“ es im Bus. Dabei deutet er auf seine Uhr, deren Zeiger auf zwei Minuten nach elf stehen.

23:03 Uhr – noch vier Minuten

Die zuständigen Beamten haben Löblich zu einem abgelegenen Teil der Raststätte gebracht. Um zu verhindern, dass Rösners Freundin taktische Maßnahmen mithört, haben sie das Funkgerät ausgeschaltet, weshalb die Polizisten erst jetzt von dem Ultimatum der Geiselnehmer erfahren.

„Die Täterin ist sofort zurückzubringen, die Täter drohen damit, ein kleines Mädchen zu erschießen", heißt es über den Polizeifunk.

23:04 Uhr – noch drei Minuten

Ein Mitglied des SEKs teilt dem Busfahrer mit: „Die Frau kommt wieder zurück, die ist nur schon weit weg von hier."

„Ja, gut. Ich sag Bescheid."

Der Mann überbringt die Nachricht, doch die Uhr tickt gnadenlos weiter.

23:05 Uhr – noch zwei Minuten

Der weiße Wagen, in dem Löblich fortgebracht werden sollte, rollt in die Nähe des Busses. Die beiden Polizisten springen raus und wollen die Frau von ihren Fesseln befreien, doch in diesem Moment bricht der Schlüssel der Handschellen ab.

23:06 Uhr – noch eine Minute

SEK-Beamte lösen die Handschellen mit einem Ersatzschlüssel. Löblich macht sich sofort auf den Weg in Richtung Bus, der nur etwa 150 Meter entfernt steht.

23:07 Uhr

Die Zeit ist abgelaufen. Degowski zielt auf den Kopf eines fünfzehnjährigen Jungen und drückt ab.

Zwanzig Sekunden später klopft Löblich an die Bustür.

»Voyeurismus ist wahrlich nicht die langweiligste Weltanschauung.«

- Gregor Brand (*1957), deutscher Schriftsteller, Lyriker und Verleger -

KAPITEL 8

Linie 53 - Teil 2

Allein der Zufall hat den fünfzehnjährigen Emanuele de Giorgi am Vortag zur Linie 53 geführt. Seine Eltern haben ihn gebeten, seine achtjährige Schwester Tatjana nach dem Sprachunterricht am Nachmittag sicher nach Hause zu begleiten. Die Familie stammt aus Surbo, einer kleinen, italienischen Gemeinde in der Region Apulien und ist 1977 nach Deutschland gekommen. Emanuele gilt als intelligenter und aufgeweckter Junge mit vielen Freunden. Schon früh entwickelt er einen Beschützerinstinkt gegenüber seiner jüngeren Schwester.

Auch am Tag der Geiselnahme will er Tatjana beschützen; nachdem Rösner das angsterfüllte Mädchen vor den Bus gezerrt hat, legt Emanuele seinen Arm um sie und versucht, sie zu beruhigen.

Im Moment des Schusses entscheidet ein einziger Wimpernschlag über Leben und Tod des Jungen. Emanuele hat sich zu Tatjana gewendet, will ihr vielleicht etwas sagen oder sie einfach nur trösten. Eine kleine Drehung nach rechts, mit leicht nach unten geneigtem Kopf, macht Degowski auf ihn aufmerksam. Er richtet seinen Revolver auf die linke Schläfe des Jungen und drückt ab.

„Auf! Auf, verdammt noch mal!"

Löblich hämmert wie wild an die Tür. Die Lichter im Inneren des roten Busses sind ausgeschaltet, vereinzelt vernimmt man das leise Tuscheln der versammelten Journalisten.

Mit einem Zischen schwingt die Tür zur Seite. Löblich betritt den Bus.

„Der muss hier raus, los!", brüllt Rösner und meint damit den Bruder des achtjährigen Mädchens.

„Runter!", erwidert Löblich und macht mit ihren Armen hektische Bewegungen nach unten. „Alle runter, die schießen …"

„Runter!", befiehlt auch Rösner und hockt sich in den Mittelgang. Die Tür geht wieder zu.

Niemand der übrigen Fahrgäste wagt es, auch nur einen Mucks von sich zu geben, geschweige denn, einen Muskel zu rühren. Wird Degowski noch weitere Geiseln erschießen?

„Du bist doch völlig panne!", herrscht Rösner seinen Komplizen an. Er scheint entsetzt über dessen plötzliche Erbarmungslosigkeit.

„Ist doch egal!“, erwidert Degowski. „Anders geht’s nicht. Ich kann nicht verlieren!“

In diesem Moment gibt Emanuele einen röchelnden Laut von sich und kippt von seinem Platz. Blut spritzt zu allen Seiten. Einige der Insassen beginnen zu schreien, werden jedoch augenblicklich von Degowski zum Schweigen gebracht.

„Wenn da jemand schreit, lege ich den um!“, herrscht er die verängstigten Businsassen an.

Im Bus herrscht mit einem Mal wieder Mucksmäuschenstille. Manche Geiseln, darunter auch Kinder, verstecken sich im Fußraum unter ihren Sitzen, aus Angst, sie könnten die Nächsten sein.

Währenddessen macht sich auch bei den versammelten Reportern allmählich Unruhe breit. Man hat mitbekommen, dass ein Schuss gefallen ist, weiß allerdings noch nichts über das Ausmaß der Tragödie.

Die beiden Austauschgeiseln werden angeheuert, das Opfer aus dem Bus zu schaffen; Meyer nimmt Emanuele an den Füßen, sein Kollege stützt den Kopf. Zusammen tragen sie den Halbtoten durch die erneut geöffnete Vordertür.

„Rettungswagen!“, ruft Meyer. „Wir brauchen einen Rettungswagen!“

„Die haben jemanden erschossen!“, stellen die Reporter ungläubig fest.

Das Opfer wird zu den Toilettenräumen gebracht, gefolgt von den Kameras der Journalisten. Ein aufflammendes Blitzlichtgewitter erhellt Emanueles Gesicht und die Stimme eines Reporters ist zu hören: „Heb doch seinen Kopf nochmal an!"

Eine Strähne seiner dunklen, durch Blut verklebten Haartolle liegt Emanuele auf der Stirn; aus beiden Nasenlöchern sickert Blut, das auf sein weißes T-Shirt tropft und weite Teile des Kragens in eine dunkle, rote Farbe taucht.

Immer wieder gellen Meyers Rufe nach einem Rettungswagen durch den langen Gang des Tankstellengebäudes. Dieser steht jedoch nicht bereit. Auch ein Rettungshubschrauber ist nicht angefordert worden. Hat die Polizei dies in ihrer Hektik vergessen?

Während Meyer in der Herrentoilette das Blut von seinen Händen und seiner Kleidung wäscht, kümmern sich zwei als Sanitäter ausgebildete Polizisten um den verletzten Emanuele und leisten erste Hilfe. Es dauert zwanzig Minuten, bis Ärzte und Rettungssanitäter aus dem zwanzig Kilometer entfernten Rotenburg an der Raststätte eintreffen. Sie saugen den Jungen ab, narkotisieren und beatmen ihn und versorgen ihn über eine Infusion mit einem Mittel zur Kreislaufstützung.

Als Emanuele schließlich zum St.-Jürgen-Krankenhaus nach Bremen gebracht werden soll, bleiben die Rettungskräfte aufgrund der von der Polizei abgesperrten Autobahn im Stau stecken und brauchen fast eine Stunde für die Strecke, deren Fahrtzeit unter normalen Umständen zwanzig Minuten beträgt. Ein verheerender Zeitverlust. Um 1:15 Uhr stellen die Ärzte in der Klinik den Tod des Jungen fest.

Noch in derselben Nacht tritt sein Vater Aldo de Giorgi ans Bett seines aufgebahrten Sohnes. Kein Arzt, keine Krankenschwester und auch kein Psychologe stehen ihm dabei zur Seite. Er kann nur hoffen und bangen, dass seine Tochter Tatjana ein besseres Schicksal ereilt – in den Fängen der Mörder ihres eigenen Bruders.

Unmittelbar nach dem Schuss auf Emanuele befiehlt Rösner dem Busfahrer, die Fahrt in Richtung Niederlande fortzusetzen. Noch immer hat er die Hoffnung, mit der dortigen Polizei besser klarzukommen.

Im Bus herrscht gespenstische Stille, bloß Marion Löblichs fassungslose Stimme ist zu hören.

„Warum hast du den Jungen erschossen?“, möchte sie an Degowski gewandt wissen.

„Ich hab's für dich getan!“, antwortet dieser. „Reg dich nicht auf, es ist eh nur ein Kanacke.“

Dann wendet sich Degowski an Rösner und deutet auf die zitternde Tatjana, deren Augen vor Angst geweitet sind und sagt: „Willst du nicht auch das Balg umlegen?“

„Ich kann ein Kind nicht erschießen“, erwidert Rösner.

Stattdessen schießt der 31-Jährige auf der nächtlichen Fahrt auf alles, was ihm verdächtig vorkommt: ein Taxi, ein

Motorradfahrer, ein roter Mazda – überall vermutet Rösner Polizei und SEK-Beamte. Ob sein Tobsuchtsanfall auch eine Art der Angstbewältigung ist, bleibt unklar; einer Angst vor einem möglichen Zugriff sowie vor seinem Komplizen, der im Rausch von Bier und Vesparax-Tabletten nun immer mehr die Kontrolle über sich zu verlieren scheint.

Auch wenn Rösner vor den Kameras der Journalisten großmäulig betont, es würde ein Blutbad bei Nicht-Erfüllung seiner Forderungen geben, gesteht er, dass er niemals die ernsthafte Absicht hatte, einer Geisel auch nur ein Haar zu krümmen. Bevor er die achtjährige Tatjana de Giorgi als Druckmittel vor den Bus gezerrt hat, soll er ihr zugeflüstert haben, dass ihr nichts geschehe und er bloß einen großen Eindruck bei der Polizei und den Journalisten erzielen wolle. Nun allerdings hat sein Handlanger diese Drohungen wahr werden lassen.

Emanueles Schicksal hat bei den verbliebenen Geiseln einen gehörigen Eindruck hinterlassen. Ihnen wurde drastisch vor Augen geführt, dass ihr Leben einzig und allein vom Wohlwollen der Täter abhängt. Einige versuchen, mit ihren Peinigern ins Gespräch zu kommen; wollen sie friedlich stimmen, doch es nützt nichts. Im Gegenteil: Rösner und Degowski scheinen immer skrupelloser zu werden, denn als kurz vor der niederländischen Grenze einige der Fahrgäste dringend auf die Toilette müssen, werden sie barsch aufgefordert, ihr Geschäft im Bus zu erledigen. Gnadenlos sehen die Kidnapper dabei zu, wie ihre Geiseln zwischen die Sitze, auf den Gang und an die Treppenaufgänge urinieren.

Bei allen liegen die Nerven blank, mit Ausnahme von Degowski, der sich immer mehr zum Kopf der Bande entwickelt. Bestärkt von Vesparax und Bier lässt er den Busfahrer anhalten, um für einen Moment ins Freie zu treten. Selbstbewusst lässt er verlauten: „Ich habe jetzt das Kommando übernommen."

Er fühlt sich stark genug, um „jetzt mal zu regeln, wie das hier weitergehen soll". Nach der Anweisung, die Fahrt fortzusetzen, lässt er sich auf den Platz neben Silke Bischoff fallen und unterhält sich mit ihr bei einer Flasche Apfelkorn.

Unterdessen hockt Rösner fast apathisch auf seinem Sitz und fühlt sich zunehmend kaputt und fertig. Marion Löblich ertränkt ihre Bestürzung in einem Cocktail aus Bier und Vesparax-Tabletten. Wie benebelt liegt sie auf dem Boden und redet wirres Zeug. Vor dem Heizungsgebläse fällt sie schließlich in einen unruhigen Schlaf. Auch Ines Voitle, Silke Bischoffs Freundin, kann etwas Ruhe finden und liegt schlafend auf einer Sitzreihe. Im Bus ist es immer noch zappenduster; nur die Notbeleuchtung ist eingeschaltet, aus Angst vor einem Polizeiangriff.

Die Täter schrecken auf, als erneut die Lichtkegel einiger Fahrzeuge durch die Heckscheibe des Busses leuchten. Es sind die Presseautos der Journalisten, die die Polizeiabsperrung umfahren und die Fährte des Busses nun abermals aufgenommen haben.

Seit 1:48 Uhr haben die Polizeibeamten aus Gladbeck wieder die Einsatzleitung übernommen und informieren die niederländischen Behörden in Enschede über die Fluchtroute. Man ist davon überzeugt, dass die Grenze dicht gemacht wird und plant, den Geiselbus bei diesem Zwangsstopp zu stürmen. Die deutschen Fahnder sind sich im Klaren darüber, dass jenseits der Schranke die Befehlsgewalt an die niederländische Polizei übergeht und wollen die Geiselnahme möglichst auf deutschem Boden stoppen.

Die Niederländer stellen sich allerdings quer und lassen den Bus um 2:28 Uhr die Grenze passieren. Ebenfalls mit ins Land dürfen die Sonderkommandos von NRW – für den riesigen Pulk Journalisten ist die Reise hier zu Ende.

Fünf Kilometer hinter dem Schlagbaum, in der Nähe des kleinen Städtchens Oldenzaal, kommt der Bus auf einem Grünstreifen am Waldrand an einer Landstraße zum Stehen. Der Fahrer wird zum neuen Verbindungsmann ernannt; anders als der in Ungnade gefallene Meyer genießt der gebürtige Sachse das Vertrauen der Täter.

Bei der Polizei, die sich bereits in dem kleinen Wäldchen mit Maschinenpistolen in Stellung gebracht hat, soll der Mann ein neues, schnelles Fluchtauto organisieren. Da der Fahrer jedoch fürchtet, für ein mögliches Scheitern der Mission büßen zu müssen, zögert er.

„Wenn ich zurückkomm‘, knallt ihr mich ab.“

„Wir tun dir nichts“, beruhigt Rösner ihn.

Der Fahrer verschwindet daraufhin in der Dunkelheit. Obwohl sich ihm dabei mehrere Gelegenheiten zur Flucht ergeben, nutzt er keine davon.

„Ich gehöre zu dem Bus und zu den Leuten", erklärt er der Polizei, als er dieser in die Arme läuft. „Und ich will das bis zum bitteren Ende durchstehen."

Die Beamten drücken ihm ein Walkie-Talkie in die Hand, mit welchem er sich auf den Weg zurück zum Bus macht. Kaum hat er das Gerät an Rösner und Degowski übergeben, meldet sich ein Beamter aus Enschede mit sympathischem Akzent à la Rudi Carell: „Um fünf Uhr früh ist ein großer BMW da."

Im Gegenzug sollen Rösner und Degowski die Kinder und Jugendlichen freilassen; darunter auch Tatjana de Giorgi.

Als kurz vor Sonnenaufgang der silberne BMW 735i vorfährt, müssen die übrigen Geiseln noch einmal Todesangst durchleben. Damit die Täter beim Umladen von Beute und Proviant sicher vor Scharfschützen sind, stellen sie drei Frauen als Kugelfang vor das neue Fluchtfahrzeug. Rösner hält während dieser ganzen Zeit seine geladene und entsicherte Colt-Pistole schussbereit in der rechten Hand. Einmal mehr ereignet sich dadurch ein Missgeschick, das beinahe in einer Katastrophe endet:

Als Rösner eine mit Cola-Flaschen gefüllte Plastiktüte hochheben will, wird er von dem unerwartet hohen Gewicht der Tasche überrascht und krümmt reflexartig die Finger der rechten Hand. Ungewollt betätigt er dabei den Abzug seiner Waffe, woraufhin ein ohrenbetäubender Knall durch das kleine Wäldchen schallt.

Die Kugel durchschlägt Marion Löblichs Oberschenkel, die an der offenen Bustür steht. Sie macht einen Satz zur Seite und fällt auf einen Sitz.

„Du Esel hast mich getroffen", keucht sie.

Auch der Busfahrer wird Opfer des Querschlägers. Das 9mm-Geschoss trifft ihn an einem Finger der linken Hand.

Degowski, der sich im Inneren des Busses befindet, glaubt, dass der Schuss von der Polizei stammt. Wutentbrannt stürmt er nach draußen und hämmert ziellos sein gesamtes Magazin in den Wald. Nur mit Mühe kann Rösner seinen Kumpel besänftigen.

Doch auch die Niederländer deuten die Schüsse falsch und beginnen damit, den Bus mit einem Kugelhagel zu bombardieren. Die Kidnapper suchen auf dem Boden des Mittelgangs Schutz, während Glassplitter auf sie hinabregnen. Die Frauen, die als Schutzschild vor dem BMW dienen sollten, suchen panisch das Weite. Die anderen, verbliebenen Geiseln, darunter auch Ines Voitle und Silke Bischoff, kauern verängstigt unter ihren Sitzen.

Rösner greift nach dem Funkgerät und brüllt, dass das Ganze ein Versehen gewesen und nichts passiert sei. Es dauert einige Sekunden, doch dann ist es mit einem Mal wieder ruhig. Die Spezialeinheit hat sich zurückgezogen und lässt die

Geiselnehmer ihre Fluchtvorbereitung fortsetzen. Wie durch ein Wunder wird niemand weiteres verletzt.

Während Löblich sich ihren Oberschenkel notdürftig mit einem Gürtel abbindet, versorgt Rösner den Busfahrer mit Mull aus dem Verbandskasten des Busses. Mehrfach versucht er seine Geliebte dazu zu bringen, ein Krankenhaus aufzusuchen, um sich behandeln zu lassen, doch Löblich lehnt ab. Zu groß ist die Angst, dass Degowski auch im Krankenhaus durchdrehen und es mehrere Tote geben könnte. Darüber hinaus trägt sie noch ein klein wenig Hoffnung in sich, mit Rösner und dem Geld davonzukommen und ein neues Leben zu beginnen.

Auch die weitere Flucht wollen die Täter nicht ohne Geiseln bestreiten. Degowskis Wahl fällt auf Silke Bischoff. „Mit der Silke hab‘ ich noch wat vor“, flüstert er seinem Komplizen zu.

Ines Voitle bietet sich freiwillig als zweite Geisel an, um ihre Freundin nicht allein zu lassen. Die restlichen Businsassen kommen nach fast 12 Stunden frei.

Um kurz nach sieben steuert Rösner den silbernen BMW mit dem gelben Kennzeichen und der Aufschrift „HR-20-TN“ der niederländischen Grenze entgegen. Er vertraut der Aufrichtigkeit der niederländischen Polizei so sehr, dass er nicht einmal auf den Gedanken kommt, das Fahrzeug könne präpariert sein. Doch da hat er sich gewaltig getäuscht. Experten des polizeilichen Fernmeldedienstes haben

Mikrofone und Peilsender in der Limousine versteckt. Darüber hinaus wurde die Höchstgeschwindigkeit durch gezielte Manipulationen an der Einspritzpumpe von 250 auf 200 Stundenkilometer gedrosselt und über eine Fernbedienung lässt sich der Motor während der Fahrt ausschalten.

Über die B54 von Gronau nach Münster erreicht die Truppe am späten Vormittag Wuppertal. Immer wieder warnt Rösner seine Geliebte während der Fahrt vor einer drohenden Wundinfektion. Er beschließt, Mittel zur Versorgung seiner Freundin sowie Captagon als neues Aufputschmittel für Degowski zu besorgen.

Mit der Pistole in der Hand betritt er um kurz nach neun die „Wupper Apotheke" und kauft ein kreislaufanregendes Medikament und verschiedene Mittel zur Wundversorgung. Vom Kauf eines Wachmachers will der Apotheker den Gangstern abraten; seiner Ansicht nach sind sie so vollgepumpt mit Adrenalin, dass sie noch tagelang weiterfahren könnten. Rösner allerdings bleibt hartnäckig. Er hatte bemerkt, dass Degowski während der Fahrt immer mal wieder eingenickt war. Doch da das verlangte Captagon rezeptpflichtig ist, gibt der Apotheker ihm ein anderes Wachhaltemittel.

Die Fahrt geht weiter zu einer Bäckerei, in welcher Rösner belegte Brötchen kauft. Anschließend erwirbt er in einem gegenüberliegenden Fotogeschäft ein Fernglas, um während der Fahrt etwaige Verfolgungskräfte im Auge behalten zu können.

Zum Abschluss der kurzen Shoppingtour schickt Marion Löblich ihren Geliebten in eine Modeboutique. Da ihre Jeans nicht mehr über den Verband am Oberschenkel passt, verlangt die Verletzte einen Damenrock. In freundlichem Ton und mit Pistole in der Hand kauft Rösner einen weißen Faltenrock für 69,90 Mark, den Löblich sofort im Wagen anzieht.

Auf dem Weg zur Autobahn scheint Rösner zum ersten Mal der Gedanke für einen richtigen Plan zu kommen. Ein Hinweisschild mit der Aufschrift „Köln" erinnert ihn an eine Geschichte, die er vor langer Zeit einmal im Gefängnis gelesen hat: Gerhard Benoit, ein anderer Geiselnehmer, war es 1982 gelungen, der Polizei im Gewirr der dichten Kölner Altstadtgassen zu entwischen. Rösner hofft, dass die Rheinmetropole auch für ihn das geeignete Pflaster ist, um seine Verfolger endlich abzuschütteln. Bei dieser Gelegenheit will er auch gleich eine kleine Sightseeingtour einlegen, denn er hat noch nie den Kölner Dom gesehen.

In der Innenstadt eilt der Chefredakteur des Kölner Express, Udo Röbel, etwas später fassungslos das Treppenhaus des Redaktionsgebäude runter und tritt hinaus in die Fußgängerzone. Zu seiner Linken die mehrspurige Tunisstraße, zu seiner rechten die Flucht der langen Einkaufsstraße.

Und tatsächlich: keine vierzig Meter von Röbel entfernt steht der silberfarbene BMW mit dem gelben Kennzeichen unmittelbar vor der Terrasse einer Eisdiele. Die wenigen Passanten, die sich um 11 Uhr vormittags in der Einkaufsmeile tummeln, bemerken nicht, dass sie gerade am Fluchtwagen der inzwischen weltweit bekannten Geiselgangstern vorbeischlendern.

Weitere 1,5 Kilometer entfernt, im Polizeipräsidium am Waidmarkt, ist inzwischen der Chef der Kölner Kriminalpolizei, Armin M., zum Einsatzleiter ernannt worden. Anders als seine Vorgänger in Gladbeck und Bremen ist der 59-Jährige bestens vorbereitet. Schon als die Geiselnehmer gegen neun Uhr vor der „Wupper-Apotheke" hielten, ließ der Einsatzleiter vorsorglich einen Führungsstab zusammentrommeln. Um 10:25 Uhr, die Täter befanden sich zu diesem Zeitpunkt noch auf der Autobahn, gab er die Anweisung, dass das Einschreiten in die Geiselnahme nur auf seinen ausdrücklichen Befehl hin erfolgen darf. Der befehlshabende Kriminalpolizist will es unter keinen Umständen zu einer ähnlichen Situation wie in Bremen kommen lassen und ist fest entschlossen, dem Spuk in „seinem Revier" ein Ende zu setzen. Koste es, was es wolle.

Unterdessen lässt Udo Röbel in der Breite Straße alle Hemmungen fallen und nähert sich vorsichtig dem BMW, der inzwischen von einer kleinen Traube Passanten umzingelt ist. Es hat sich rumgesprochen, dass man die Männer, die die Republik seit Tagen mit ihren schrecklichen Verbrechen in Atem halten, hautnah zu Gesicht bekommen kann. Innerhalb weniger Minuten ist das Fluchtfahrzeug umringt mit dutzenden Schaulustigen, die nicht fassen können, dass die Geiselnehmer unbeeindruckt ihren Kaffee trinken. In ihrer grenzenlosen Neugier vergessen die Zuschauer die

Gefahr, bei einer Kurzschlussreaktion der Täter selbst zum Opfer zu werden. Einige Passanten führen sich sogar auf, als seien soeben Stars aus Hollywood aufgetaucht: Rösner soll einem etwa dreißig Jahre altem Mann ein Autogramm auf einen Zeitungsfetzen kritzeln; eine Frau posiert im hellblauen Sommerkleid lässig vor der Motorhaube des BMW.

Röbel kämpft sich durch den Pulk Schaulustiger und dringt schließlich bis zur Fahrertür vor. Dort stellt er sich zunächst den Geiselnehmern vor und gibt Rösner, der gerade Kaffee für alle besorgt hat, seine Visitenkarte. Röbel fragt ihn, ob er bereit zu einem Gespräch sei. Rösner willigt ein. Es scheint ihm zu gefallen, sich vor den Augen der Weltöffentlichkeit in Szene zu setzen.

Beobachtet wird das Schauspiel von Kriminaloberrat Rolf B. sowie dem Leiter des Sondereinsatzkommandos (SEK), Alfred S. Beide wurden von Einsatzleiter Armin M. in die Fußgängerzone geschickt, um die Lage zu erkunden.

Inzwischen haben auch Reporter, Fotografen und Kamerateams Wind von der Sache bekommen und liefern sich einen erbitterten Kampf um die besten Plätze. Röbel ist mittlerweile vor der Fahrertür in die Hocke gegangen und befindet sich in einem lockeren Plausch mit Hans-Jürgen Rösner.

Alfred S. und Rolf B. gelingt es, sich bis an das Fluchtfahrzeug vorzuarbeiten – getarnt als Fotografen.

„Beide Täter haben die Waffe in der Hand", meldet der SEK-Chef der Einsatzleitung. „Finger am Abzug, die Hähne vorgespannt."

Rösner bekommt davon nichts mit. Zwar vermutet er, dass sich unter den Schaulustigen auch getarnte Polizeibeamte befinden könnten, doch die große Menschenmenge kommt ihm gelegen; ähnlich wie in Bremen will er der Polizei den Zugriff erschweren.

Um das Vertrauen der Geiselnehmer zu gewinnen, bieten ihnen einige der Reporter einmal mehr ihre Hilfe an, während Ines Voitle und Silke Bischoff den begierigen Blicken der Schaulustigen schutzlos ausgeliefert sind; eingesperrt in den silbernen BMW, in dem es nach Bier, Schweiß, Kaffee und Tabakqualm mieft. Einer der Journalisten führt sich als Ordnungshüter auf und drängt die Passanten zurück, indem er sie mit lauter Stimme auffordert: „Würden Sie bitte ... aus Menschenliebe ... zwei, drei Schritte zurückgehen. Sie können alles sehen, Sie können alles verfolgen, aber es muss hier nicht so'n Druck auf den Wagen ausgeübt werden ... zwei, drei Meter, jeder sieht so gut, wie beim Fußballspiel."

Der Polizei wird klar, dass ein Zugriff unter diesen Umständen kaum möglich ist, ohne ein Blutbad zu riskieren. Rösner und Degowski müssten, wenn überhaupt, gleichzeitig ausgeschaltet werden. Doch die Munition der Spezialeinheiten birgt ein Problem: die verwendeten neun-Millimeter-Vollmantelpatronen haben eine solch hohe Durchschlagkraft, dass sie den menschlichen Körper mühelos durchdringen und somit gegebenenfalls sich in der Nähe befindliche Personen verletzen können. Der Einsatzleiter will trotzdem zuschlagen und nimmt das Lebensrisiko der Geiseln in Kauf. Er gibt dem SEK den Befehl, sich auf einen möglichen Zugriff vorzubereiten.

Währenddessen geht in der Breite Straße die kuriose Pressekonferenz der Täter weiter. Rösners Geduld neigt sich langsam, aber sicher dem Ende zu. Er will, dass die Polizei über seine Pläne informiert wird und droht, sich, seine Komplizen sowie beide Geiseln umzubringen, sollten die Beamten einen Zugriff wagen.

„Dazu wären Sie bereit?“, fragt ein Reporter.

„Da … äh … sofort …“, erwidert Rösner. „Ich soll sie erschießen, hat se jesacht, wenn dat so weit kommt …“

Er deutet auf Löblich, die nach seiner Aussage bei einem Polizeieinsatz von ihrem Freund getötet werden möchte.

„ … und ich steck‘ mir dat Dingen dann in‘ Mund …“

Rösner demonstriert die Szene. Wieder klicken die Fotoapparate der Journalisten.

„… und dann ist die Sache erledigt.“

Der Reporter hakt nach: „Sie rechnen sich aber immer noch Chancen aus, zu einem positiven Ende für sich selbst und auch für die Geiseln zu kommen?“

„Ja“, sagt Rösner.

Sein Kumpel Degowski blickt dem Ende der Geiselnahme weniger optimistisch entgegen. Er sei lieber tot, als noch einmal ins Gefängnis zu müssen.

„Lebend kriegen die mich nicht“, verkündet er.

„Mit dem Leben haben Sie abgerechnet, ham Sie gesagt?“, fragt ein Reporter.

„Total abgeschlossen …“, entgegnet Degowski nickend. „Anders geht's nicht … und inne Kiste hab‘ ich kein'n Bock für …“, fährt er fort und meint damit, dass er nicht nochmals ins Gefängnis möchte.

„Aber Sie können das Leben der Geiseln doch nicht auf's Spiel setzen …“, mahnt ihn der Reporter.

„Dat is‘ mir uninteressant“, sagt Degowski. „Ich setz‘ ja mein Leben auch auf'n Spiel.“

„Okay …“

Der Reporter wendet sich an Silke Bischoff. Obwohl sie lächelt, steht der jungen Frau die Todesangst ins Gesicht geschrieben. Seit sie mitansehen musste, wie Degowski Emanuele de Giorgi erschossen hat, weiß sie, dass auch ihr Leben am seidenen Faden hängt.

„Wie geht's Ihnen?“, fragt der Reporter.

„Joa, gut, also …“, erwidert Silke bemüht lächelnd, „… ich hab‘ bloß Angst davor, dass die Polizei nicht darauf eingeht und dass nochmal sowas passiert …, dass jemand umgebracht wird oder so …“

„Was würden Sie jetzt der Polizei raten?“, fragt der Reporter weiter. Er geht nicht näher auf die Ängste der jungen Frau ein, der seit Stunden eine Waffe an den Kopf gedrückt wird.

„Ja, das zu machen, was die wollen …“, sagt Silke in schüchternem Tonfall. „Und nicht irgendwie dazwischenzufunken oder … weil da ham die wirklich Angst vor.“

„Du bist auch davon überzeugt, dass du unheimlich gefährdet bist, wenn die Polizei weiterhin so weiter macht?“, möchte der Reporter weiter wissen.

„Ja … das wäre dann ja auch irgendwie rücksichtslos.“

Der Reporter wendet sich an Degowski.

„Gibt es noch zusätzliche Geldforderungen?“, fragt er.

„Nein“, antwortet der Geiselnehmer. „Dat woll'n wir aus dem ganz einfachen Grunde nich haben – sonst werd'n die noch bestutzter … wär'n die immer heißer hinter uns her … obwohl ich schon ein'n umgelecht habe.“

Bei diesem letzten Satz zucken Silke Bischoffs weit aufgerissene Augen in Richtung der Kamera. Es ist ein stummer Hilfeschrei um ihr Leben, dem niemand nachkommt.

Die Hektik rund um den Wagen macht Degowski nervös. Immer wieder reißt er den Kopf angespannt zwischen Heckscheibe und Windschutzscheibe hin und her, während der Revolver an Silkes Kinn zu beben beginnt.

Auch Rösners Verfolgungsangst kehrt nun allmählich zurück. Als er dann auch noch von Reportern erfährt, dass in den Seitenstraßen allmählich die ersten Notarztwagen eintreffen, ist es vorbei mit seiner, zur Schau gestellten, Gelassenheit. Ihm wird klar, dass die Polizei diesmal wirklich stürmen will.

Ungezügelt greift Rösner nach seiner Pistole, die er im Schoß abgelegt hat, und zielt durch die Windschutzscheibe auf die versammelte Masse. Doch als die keinerlei Anstalten macht, aus dem Weg zu gehen, steigt er aus und brüllt mit der Waffe zielend:

„Weg da, aber schnell!"

Erst jetzt weichen die Schaulustigen zurück. Für einen Augenblick scheint der Flucht nichts mehr im Wege zu stehen. Rösner fährt an, muss sich aber nach wenigen Metern geschlagen geben: Zum Schutz der Schaulustigen hat jemand einen zuvor entfernten Straßenpfosten wieder eingesetzt. Die Geiselnehmer sitzen in der Falle.

Panisch winkt Rösner Udo Röbel zu sich heran.

„Sorg' dafür, dass der Poller wegkommt", befiehlt er dem Journalisten. „Sorg dafür, dass wir hier raus können! Sonst kann ich für nichts mehr garantieren! Wir müssen sofort weg hier. Der Degowski dreht gleich durch!"

Röbel eilt sofort davon und versucht wild gestikulierend, seine Kollegen und die Schaulustigen auf Abstand zu halten, während der Poller aus dem Boden gezogen wird.

Augenblicklich heult der Motor des BMW auf; der Wagen setzt sich in Bewegung. Mit durch das geöffnete Fenster nach vorne gerichteter Pistole steuert Rösner der Tunisstraße entgegen, doch nach wenigen Metern kommt der Wagen erneut zum Stillstand.

Die mitgeeilten Gaffer treten wieder näher an das Auto heran, darunter auch Udo Röbel. Er ist vollgepumpt mit Adrenalin.

„Wo geht's denn hier zur Autobahn?", fragt Rösner.

„Auf die A3?", entgegnet Röbel.

Rösner nickt. „Kannst du uns da hin bringen?", fragt er.

Röbel zögert keine Sekunde. Mechanisch öffnet er die linke Hintertür des BMW und steigt ins Auto. Ununterbrochen klicken die Fotoapparate der Journalisten.

Der Chefredakteur des Kölner Express zwängt sich neben Silke Bischoff auf den Rücksitz. Durch den Stoff der Hose glaubt er, ihren Puls zu spüren. Ines Voitle presst ihr Gesicht gegen das kühle Glas des Fensters; zu viert haben die Insassen auf der Rückbank nur wenig Platz.

Röbel fiebert innerlich der nahenden Sensationsstory entgegen. Wie im Rausch verweist er Rösner auf seine Visitenkarte und bietet ihm eine hohe Geldsumme für ein Exklusivinterview.

Als er den Wagen gegen 12:30 Uhr mit wilden Gesten aus der Breite Straße in Richtung Autobahn lotst, fällt ihm in der

Hektik nur ein Umweg stadtauswärts über die Zoobrücke ein. Hinter dem Fluchtwagen hat unterdessen eine regelrechte Hetzjagd begonnen. Journalisten und Schaulustige fahren in Taxen, Privatfahrzeugen und Kleinbussen den Geiselnehmern hupend hinterher.

Obwohl der Einsatzleiter ausdrücklich angeordnet hat, dass die Täter Köln nicht verlassen dürfen, schlägt das Sondereinsatzkommando der Polizei nicht zu. Die Fahrer des sogenannten Rammfahrzeuges halten sich selbst dann zurück, als Rösner brav an einer roten Ampel stoppt.

Die Frequenz des Autoradios im Fluchtwagen ist auf die des WDR eingestellt, der pausenlos über das Geschehen in der Kölner Innenstadt berichtet. Der Radiosprecher lässt verlauten, dass es im Gladbecker Geiseldrama eine Wendung gibt und nennt den Namen des Journalisten, der vor wenigen Minuten freiwillig selbst zur Geisel geworden ist. Es ist dieser Moment, in dem Röbel realisiert, dass er sich nun endgültig zum Handlanger der Gangster gemacht hat und nicht mehr bloß als Beobachter fungiert.

Er sieht, dass die Geiseln am Ende ihrer Kräfte sind. Immer wieder zermartert er sich das Hirn, wie er sie aus dieser Situation befreien kann.

„Ist es nicht besser, aufzugeben?“, fragt er, fast hilflos, bei Rösner nach.

„Halt's Maul, du Affe“, weist ihn Degowski zurecht. Noch immer hält er den Lauf seines Revolvers an Silke Bischoffs

Kinn. Röbel glaubt, dass das Mädchen die Tortur noch maximal drei Stunden durchhält.

„Kannst Du die Pistole nicht wenigstens für einen Moment beiseitelegen?", fragt er.

„Du sollst die Schnauze halten", entgegnet Degowski unerbittlich.

Um 13:05 Uhr fährt Rösner auf die A3 Richtung Frankfurt; fünfzehn Minuten zuvor hatte die Truppe die Zoobrücke über den Rhein passiert. Wenig später legen die genervten Geiselnehmer an der Raststätte Siegburg-West, knapp 25 Kilometer hinter Köln, einen Zwischenstopp ein.

Während dieses achtminütigen Aufenthaltes lässt Rösner den Fluchtwagen volltanken und begleitet die Geiseln zur Toilette. Davor gewährt er Röbel die Freiheit.

„Alles Gute", sagt er und gibt dem Journalisten die Hand. „Mach den Bullen klar, dass sie uns in Ruhe lassen sollen."

Doch daran denkt die Einsatzleitung nicht. Im Gegenteil: In Köln hat Armin M. den Befehl gegeben, die Geiselnahme unter Schusswaffengebrauch zu beenden. Drei Einsatzfahrzeuge machen auf den Fahrbahnen sowie auf dem Standstreifen halt und sperren so die Autobahn vor Siegburg-West. Per Funk erhält das SEK zum ersten Mal seit 53 Stunden den Befehl:

„Zugriff versuchen!"

Doch als die Streifenwagen der Auffahrt der Tankstelle entgegenrollen, befindet sich das Fluchtfahrzeug längst wieder auf der Autobahn. Der SEK-Chef schickt seine Leute hinterher. Der silberne BMW donnert unaufhörlich gen Süden und somit auch der Landesgrenze NRWs entgegen. Der Kölner Polizei droht, nach Gladbeck und Bremen, die Befehlsgewalt an das angrenzende Rheinland-Pfalz zu verlieren. Um Rösner und Degowski noch vor der Landesgrenze zu stoppen, bleibt dem Einsatzleiter nur noch eine einzige Möglichkeit: Den Fluchtwagen bei voller Fahrt zu rammen.

Um dies zu ermöglichen, ist das sogenannte Rammfahrzeug, ein dunkelblauer Mercedes 280 SE, im Frontbereich gepanzert. Auf diese Weise soll Rösner kampfunfähig gemacht und Degowski und Löblich überrumpelt werden.

Solch ein Manöver hängt jedoch von vielen Faktoren ab, die im richtigen Moment ineinandergreifen müssen. Zum einen muss sichergestellt werden, ob die Zündung des Fluchtfahrzeuges, wie vorgesehen, per Funk unterbrochen werden kann. Zum anderen sind die Positionen der einzelnen PKWs entscheidend: Drei weitere Autos fahren neben dem Rammfahrzeug her, um es mit ausreichend Deckung zu versorgen; im Idealfall bilden alle vier Limousinen eine L-Formation.

Zwar hat das Kölner SEK solch ein Szenario hundertfach geprobt, allerdings noch nie im Ernstfall angewendet. Entsprechend schockiert reagiert der SEK-Chef, als er den Zugriffsbefehl erhält. Eindringlich warnt er vor dem ungeheuren Risiko, dass die Geiseln bei unglücklichem Verlauf der Aktion getötet werden könnten. Doch der Einsatzleiter bleibt hart. Der Einsatz sei auch unter diesen Umständen durchzuführen.

Kurioserweise fühlen sich Rösner und Degowski, nur einige hundert Meter vor dem Einsatztrupp herfahrend, zum ersten Mal seit Langem nicht verfolgt. Degowski verspricht sogar, Ines Voitle und Silke Bischoff schon nach Einbruch der Dunkelheit in Frankfurt freizulassen. Augenblicklich macht sich im Fluchtwagen eine gelöste Stimmung breit und die Mädchen schöpfen ein wenig Hoffnung.

Da Rösner unter seinem langen Blaumann allmählich zu schwitzen beginnt, hält er bei Kilometer 30 auf dem Seitenstreifen an, steigt aus und legt den Overall ab. Auch Degowski verlässt kurz den Wagen und stellt sich an die Büsche. Marion Löblich bleibt mit den Geiseln im Wagen zurück. Sie beschleicht eine dunkle Vorahnung.

„Komm‘ rein, du stehst da wie auf dem Präsentierteller“, mahnt sie ihren Freund zur Weiterfahrt.

Rösner kommt ihrer Bitte nach und startet den Motor. Als er gerade das Gaspedal durchdrücken will, wird der BMW von einem weißen Jeep überholt. Am Steuer sitzt Holger A., Pressefotograf aus Siegburg. Seine guten Ortskenntnisse konnten ihn, auf der Jagd nach den Bildern seines Lebens, über Feldwege an den Polizeiabsperrungen vorbeiführen.

Irritiert von dem Geländewagen fährt Rösner einige Kilometer weiter und nimmt auf einer Bergkuppe schließlich den Fuß vom Gas. Der Wagen rollt unter einer Brücke hindurch und kommt, kurz vor Kilometer 38, auf dem Standstreifen zum Stehen.

Es ist der Moment, auf den die Verfolger gehofft haben. Auf das Kommando „Zugriff durchführen – Fahrzeug nicht mehr anfahren lassen!" rasen die schweren Limousinen auf den Fluchtwagen zu.

Oberhalb der Bergkuppe wagt der Fahrer des Rammfahrzeuges einen ersten Blickkontakt. Gelassen stellt er fest, dass das riskante Manöver wie geplant durchgeführt werden kann. Mit dem Ziel vor Augen steuert er das Rammfahrzeug mit der rechten vorderen Ecke auf die Fahrertür des BMW zu.

Dann passiert jedoch etwas Unvorhergesehenes: Ohne in den Rückspiegel zu gucken, fährt Rösner plötzlich an. Einen Moment später rast der gepanzerte Mercedes in die linke Hinterachse und bleibt mit gebrochenem Radlager fünf Meter vom Täterfahrzeug entfernt liegen. Zu allem Überfluss haben die SEK-Leute auch noch den Sender vergessen, mit dem man den Motor des BMW ausschalten kann. Zwar war der Fluchtwagen nicht weit gekommen, doch die wenigen Meter reichten aus, um dem Rammfahrzeug den idealen Aufprallwinkel zu nehmen.

Rösner glaubt, er sei aufgrund von Unaufmerksamkeit aus Versehen in ein anderes Auto hineingefahren; an Polizei denkt er zunächst nicht. Degowski allerdings erkennt sofort den Ernst der Lage und eröffnet das Feuer über den Kopf Silke Bischoffs hinweg, die sich angsterfüllt hinter den Fahrersitz kauert.

Anstatt sofort aus den Wagen zu springen und das Feuer zu erwidern, bringen sich die SEK-Beamte zunächst erstmal selbst in Deckung. Über eine Minute lang bleiben die Geiseln in den Fängen ihrer Peiniger gefangen, während diese bereits wild um sich schießen.

Kurz darauf werden hinter dem Heck eines SEK-Mercedes die ersten Schüsse abgefeuert; dann geht es Schlag auf Schlag. Ein Beamter knallt eine komplette Breitseite auf das Fluchtfahrzeug. Zwei Projektile treffen den linken Vorderreifen, zwei weitere schlagen in die Hintertür ein. Mit einem lauten Splittern zerreißt es die Heckscheibe sowie eine der Rückleuchten. Die Kugel saust durch das Innere des Fluchtwagens und wird von einem Bündel Geldscheine geschluckt.

Um die Täter zu irritieren, werfen die Schützen zwei Blendgranaten unter den Wagen, schießen sich mit diesem Vorhaben allerdings nur selbst ins Bein. Nach einem lauten Knall und grellem Licht verschwindet die Front des BMW unter einer meterhohen Rauchwolke, womit die Sicht beider Parteien erheblich eingeschränkt wird.

Degowski hat das Magazin seines Revolvers innerhalb weniger Sekunden restlos aufgebraucht – doch plötzlich sackt er zwischen Silke Bischoff und Ines Voitle zusammen. Wurde er von einer Kugel getroffen?

Rösner versucht unterdessen verzweifelt, den BMW noch einmal zum Laufen zu bringen. Mit Händen und Füßen drückt er das Gaspedal herunter, doch der Wagen bewegt sich keinen Millimeter.

„Bullen!", brüllt er. „Scheiß Bullen!"

Einer der SEK-Beamten glaubt sogar, eine Todesdrohung zu hören, doch in Richtung Polizei gibt Rösner keinen einzigen Schuss ab.

In dem lauten Krach des Kugelhagels ist auf einmal ein Schrei von Ines Voitle zu hören. Die 19-Jährige wurde vom Splitter eines Projektils am Rücken getroffen. Im selben Augenblick packt Marion Löblich Silke Bischoff und zerrt ihren Oberkörper als Schutz gegen die Geschosse nach vorn. Mit Rösners Pistole am Kopf fleht Silke um ihr Leben.

„Nein, nein, nein, nein, bitte nicht!", schreit sie. „Ines, spring raus! Geh raus, geh raus!"

Solch angsterfüllte Schreie hat Ines in ihrem gesamten Leben noch nie gehört. Verzweifelt greift sie nach dem Türgriff, doch Löblich will sie daran hindern. Sie faucht, Ines solle im Wagen bleiben. Doch als Silkes Schreie immer lauter werden, nimmt das Mädchen seinen ganzen Mut zusammen, öffnet die Wagentür und rettet sich in den Autobahngraben.

Der Fluchtwagen steht währenddessen weiterhin unter Beschuss; insgesamt 62 Kugeln gibt die Polizei innerhalb dieses dreiminütigen Angriffs ab. Allerdings wird nur einer der Geiselnehmer von einem der Geschosse getroffen: Es ist Rösner, der plötzlich einen Druck in der Leistengegend verspürt. Die Kugel eines SEK-Beamten hat die linke hintere Tür durchschlagen und Rösner in den Oberschenkel getroffen. Wie ein Vogel, der flatternd durch seinen Körper fliegt, bohrt sich das Projektil weiter durch Rösners Körper – bis hin zur rechten Beckenseite. Dies ist für Rösner das Signal zur Aufgabe. Er wirft seine Pistole aus dem geöffneten Fenster der Autotür und wartet auf die Erlösung. Die innerliche Anspannung sowie sein ganzer Hass auf die Polizei sind mit einem Mal wie weggeblasen.

Degowski, der mit dem Kopf auf Silke Bischoffs Knie gerutscht ist, kommt allmählich wieder zu Bewusstsein. Sein Mund ist feucht und er glaubt, einen Blutgeschmack zu vernehmen. Auch er erkennt, dass die Schlacht verloren ist, weshalb er es seinem Freund gleich tut und den Revolver durch das offene Fenster auf den Asphalt wirft.

„Marion, heb‘ die Hände hoch“, sagt Rösner zu seiner Geliebten. „Es hat keinen Zweck mehr.“

Sekunden später stürzen schreiende SEK-Männer zum Fluchtwagen und reißen die Türen auf. Rösner und Degowski werden gepackt und aus dem Auto gezerrt. Anschließend werden sie bäuchlings auf die Fahrbahn geworfen, das Gesicht auf den warmen Asphalt gepresst.

Während die Polizisten den Tätern Handschellen anlegen, öffnet einer ihrer Kollegen die linke hintere Tür des BMW 735i. Sofort gleitet ihm Silke Bischoff entgegen. Der SEK-Beamte merkt gleich, dass etwas nicht stimmt: Eine tiefrote Flüssigkeit breitet sich auf ihrem schwarzen Rollkragenpullover aus und ihre Augen sind geschlossen. Die 18-Jährige wurde von einer Kugel getroffen. Das Geschoss hat ihre Armbanduhr zerfetzt, ist durch das linke Handgelenk geschlagen und in den Brustkorb eingedrungen.

Schwerverletzt wird Silke vorsichtig neben den silbernen Fluchtwagen gelegt. Zwei SEK-Männer leisten um 13:43 Uhr mit einer Mund-zu-Mund-Beatmung erste Hilfe. Erst zwölf Minuten nach dem Angriff trifft der Notarztwagen ein, der aus dem acht Kilometer entfernten Städtchen Königswinter herbeigerufen wurde. Wenig später landen die beiden Rettungshubschrauber „Christoph 3" und „Christoph 25", mit weiteren Ärzten an Bord.

Nachdem alles Menschenmögliche versucht wurde, um Silke ins Leben zurückzuholen, treffen sich die Mediziner zu einer Beratungsrunde. Nüchtern hält Unfallchirurg Alex Lechleuthner im Protokoll fest, dass die Reanimationsbemühungen bei Silke Bischoff eingestellt wurden, da sie mit dem Leben nicht vereinbare Körperverletzungen aufweist.

Der Leichnam der 18-Jährigen wird unter einer weißen Plane vor den neugierigen Blicken der eintrudelnden

Journalisten und Schaulustigen verborgen; SEK-Männer mit Sturmhauben rennen auf die Kameramänner zu.

„Fotoapparat weg!“

„Machen Sie die Fotoapparate aus!“

Es scheint, als hätte die Polizei die Kontrolle über das Geschehen zumindest für wenige Minuten zurückerlangt. Doch die gierigen Reporter bleiben weiterhin hartnäckig und durchlöchern einen anwesenden Staatsanwalt mit Fragen, der diesen auszuweichen versucht.

Eine halbe Stunde nach der gewaltsamen Stürmung des Täterfahrzeugs wird auch Innenminister Herbert Schnoor über den Ausgang der Geiselnahme informiert: „Zugriff bei Kilometer 38 erfolgt. Täter festgenommen, eine Geisel verletzt, eine Geisel tot.“

Im Juli 1989 eröffnet Richter Rudolf Esders, vom Landgericht Essen, den Prozess gegen Rösner, Löblich und Degowski. Der Vorsitzende der Zweiten Großen Strafkammer steht vor einer der größten Herausforderungen seiner Karriere. Die gesamte Republik blickt auf ihn und verlangt Vergeltung für die toten Geiseln. Doch es steht nicht im Interesse eines Richters, sich blind und voller Hass an den Tätern zu rächen; Esders muss sachlich und vor allem gerecht urteilen – was auch immer er selbst von den Geiselnehmern und ihren grauenvollen Taten halten mag.

Allen voran schauen wieder einmal Journalisten dem 52-Jährigen peinlich genau auf die Finger und lauern auf jeden noch so kleinen Formfehler während des Verfahrens. Außerdem hoffen die Pressevertreter, die Geiselnehmer vor dem Prozess nochmals vor die Linse zu bekommen. Esders macht ihnen jedoch einen Strich durch die Rechnung und verbietet ausdrücklich, dass vor, während und nach der Verhandlung Bilder der Täter gemacht werden. Dadurch beabsichtigt der Richter eine erneute Zurschaustellung der Kidnapper zu verhindern. Ein Gerichtszeichner portraitiert die Teilnehmer an diesem Prozess. Degowskis Erscheinungsbild ist, bis auf sein nun kahles Gesicht, weitgehend unverändert geblieben; Marion Löblich hat ihre Haare ein Ticken kürzer schneiden lassen. Einzig Rösners Aussehen hat sich seit der Geiselnahme deutlich gewandelt: Er trägt einen Henriquatre-Bart und die langen Haare auf dem Kopf sind sauber und bedecken seine Ohren.

Waren sie während der Tat die gesamte Zeit über außergewöhnlich frei, so gelten für die Geiselnehmer nun erhöhte Sicherheitsmaßnahmen; Gerüchten zufolge soll die italienische Mafia ein Kopfgeld in Höhe von einer Millionen Mark auf Rösner und Degowski für den Mord an Emanuele de Giorgi ausgesetzt haben. Aufgrund dessen dürfen beide in den Verhandlungspausen nicht den Hof des Justizgebäudes aufsuchen.

Damit ihm während des Prozesses gar nicht erst ein Fehler unterläuft, hat Esders sich die Mitschnitte aus den Fluchtwagen angehört sowie die Fernsehbilder und Interviews haargenau unter die Lupe genommen. Dabei fällt ihm ein

Bild in die Hände, das die verstorbene Silke Bischoff mit entblößtem Oberkörper unmittelbar nach ihrem Tod auf der Autobahn zeigt. Esders größte Sorge ist, dass dieses Bild an die Öffentlichkeit gelangen und womöglich von Zeitungen abgedruckt werden könnte. Der 52-Jährige lässt das Foto daher aus den Akten nehmen und schließt es in einem Tresor ein.

Im Zuge der Vorbereitungen hat der Richter sogar einen Schießstand besucht, um sich über die technischen Gegebenheiten der Tatwaffen zu informieren. Dabei fällt ihm auf, dass bei einer Colt Pistole, wie sie Rösner und Degowski verwendeten, allein der bloße Gedanke daran abzudrücken zu einem Schuss führen kann.

Dieser Umstand kommt Rösner zugute, denn laut offiziellem Obduktionsbericht der Polizei ist Silke Bischoff durch eine Kugel aus seiner Waffe umgekommen. Es kann allerdings nicht zweifelsfrei nachgewiesen werden, dass Rösner den Schuss absichtlich, und durch Mordgedanken getrieben, abgegeben hat. Im Gegensatz zu seinem Komplizen Dieter Degowski, der den fünfzehnjährigen Emanuele de Giorgi aus nächster Nähe erschoss, muss Rösner daher keine Mordanklage befürchten.

Während des Prozesses baut sich eine Art Vertrauensverhältnis zwischen Rösner und Esders auf; der Angeklagte fühlt sich fair und respektvoll behandelt und sieht in dem Richter vielleicht auch so etwas wie eine Ersatzfigur für einen Vater. Der 32-Jährige scheint grundsätzlich eine andere

Seite von sich zu zeigen. Denn als Aldo de Giorgi in den Zeugenstand tritt und das Leben seines Sohnes unter Tränen Revue passieren lässt, muss auch der sonst so hartgesottene Schwerverbrecher schlucken. Degowski hingegen rührt keinen einzigen Muskel. Ob ihn der Mord tatsächlich kalt lässt oder er die Tat bereut, weiß bloß er selbst. Vielleicht schämt er sich für seine Gefühle und möchte sich ungern vor Richter Esders, dem Staatsanwalt sowie den Geschworenen entblößen.

Am 22. März 1991 steht das Urteil gegen die Beteiligten der Geiselnahme fest. Nach den insgesamt 109 Verhandlungstagen hat Esders seine Belastungsgrenze erreicht und ist nach eigenen Angaben zu einem richtigen Ekelpaket geworden. So zielte er beim Tennisspielen beispielsweise direkt auf seinen Gegner und verhielt sich in Gegenwart seiner Töchter alles andere als manierlich.

Marion Löblich muss für neun Jahre ins Gefängnis, Hans-Jürgen Rösner wird zu lebenslänglicher Haft mit anschließender Sicherheitsverwahrung verurteilt, da die Richter ihn für einen sogenannten „Hangtäter" halten, also ein Täter, der aufgrund eines Hangs zu strafbaren Handlungen straffällig geworden ist und dazu neigt, diese immer wieder zu begehen.

Auch Dieter Degowski soll lebenslänglich ins Gefängnis, bleibt allerdings von einer Sicherheitsverwahrung verschont, da bei ihm die Wiederholungsgefahr als gering eingeschätzt wird.

Mit der Verurteilung der Täter scheint der Fall abgeschlossen zu sein und einer längst vergangenen Zeit anzugehören. Doch auch über dreißig Jahre später sind die Narben immer noch nicht ganz verheilt. Weder bei der Polizei noch bei den Journalisten; und schon gar nicht bei den Angehörigen der Opfer. Karin R., die Mutter von Silke Bischoff, kommt nie über den Tod ihrer Tochter hinweg. Um die Trauer zu bewältigen, nimmt sie sich alte Fotoaufnahmen von Silke und malt sie ab; das ganze Haus ist voll davon. Die Mutter erhebt bis heute schwere Vorwürfe gegen die Polizei und ist überzeugt davon, dass die SEK-Beamte ihre Tochter auf dem Gewissen haben.

„Silke saß genau auf der Beschussseite“, schluchzt R. in einem Fernsehinterview. „Das kann sie nicht überlebt haben.“

Für Aldo de Giorgi sind die Geschehnisse heute genauso präsent wie in jenem verhängnisvollen Sommer 1988. Auch über dreißig Jahre später bringt er es nicht über sich, Fotos seines Sohnes anzuschauen. De Giorgi macht sich schwere Vorwürfe, dass er Emanuele nicht vor den Geiselnehmern beschützen konnte und nicht da war, als Degowski seinem Sohn kaltblütig eine Kugel in den Kopf jagte.

Emanueles Leichnam wird in einer Holzbox per Flugzeug nach Italien überführt. Bei der Beerdigung in seiner Heimatstadt Surbo erweisen ihm 6000 Menschen die letzte Ehre und feiern den 15-Jährigen als Helden. Wenige Wochen später kehrt die Familie Deutschland für immer den Rücken.

Die Bilder des Gladbecker Geiseldramas haben sich jedoch vor allem bei den überlebenden Geiseln eingebrannt.

„Die Gerüche von Schweiß, Blut und Urin, die ich aus dem Bus kannte, die lassen mich heute noch erschaudern und versetzen mich immer noch in Panik“, sagt Ines Voitle, die sich auch über dreißig Jahre später gelegentlich in psychiatrische Behandlung begeben muss. Sie lebt mit ihrer Tochter in Bremen und betreibt eine Zoohandlung. „Die Schüsse klingen noch im Ohr. Silvester war lange für mich die Hölle gewesen; wenn eine Tür zuknallt, war es die Hölle.“

Auch an Tatjana de Giorgi ist die Geiselnahme nicht spurlos vorübergegangen. Immer wieder hat sie den schrecklichen Moment vor Augen, als ihr Bruder aus dem Bus geschleift wird. Inzwischen ist Tatjana selbst Mutter von vier Kindern, die ihr dabei helfen, den Mut nicht zu verlieren. Bis heute schreckt sie zurück, wenn jemand Fremdes sie berühren möchte.

Der deutsche Presserat zog einige Konsequenzen aus dem „Sündenfall der deutschen Medien“, dem Verhalten der Presse in Gladbeck, Bremen und Köln. So wurde unter anderem ein neuer Pressekodex eingeführt, der besagt, dass die Medien die Polizei bei ihrer Arbeit nicht behindern dürfen. Gleichzeitig soll darauf geachtet werden, dass die freie Ausübung der Berichterstattung gewährleistet wird. Die Presse verpflichtet sich aber, keinerlei Interviews mit einem oder mehreren Tätern während des Verbrechens zu führen und nicht eigenmächtig als Vermittler zu fungieren.

Von den Presseleuten, die das Geiseldrama aus der ersten Reihe mitverfolgten, muss sich einzig Udo Röbel für sein Handeln vor Gericht verantworten. Laut Staatsanwaltschaft habe er sich in dem Moment, als er freiwillig in das Täterfahrzeug stieg, zum Handlanger der Täter gemacht. Richter Esders ist jedoch der Meinung, dass der Journalist in der Kölner Innenstadt ein Blutbad verhindert habe und verzichtet daher auf eine Strafe.

Dieter Degowski hat in der JVA-Werl eine Kochausbildung abgeschlossen und wurde im Februar 2018 unter Bewährungsauflagen und mit neuem Namen aus der Haft entlassen. Laut Gutachten sei Degowski, der im Gefängnis auch eine Therapie gemacht hatte, nachgereift und psychisch stabil – die Freilassung somit verantwortbar.

Hans-Jürgen Rösner sitzt seine Strafe noch immer in der JVA Aachen ab. Bei seinen Opfern hat er sich nie entschuldigt, bereue die Tat aber dennoch zutiefst. Laut eigenen Angaben habe er zu keinem Zeitpunkt der Tat Empathie aufbringen können, da er und Degowski unter ständiger Angst standen, erschossen zu werden.

Auch bei ihm haben sich die Bilder der Geiselnahme tief in die Seele gebrannt, weshalb sich Rösner 2017, nach langem Zögern, dazu entscheidet, eine Therapie zu beginnen. Besonders belastet es ihn, dass er für den Tod von Silke Bischoff verantwortlich gemacht wird. Bis heute streitet er ab, sie erschossen zu haben.

„Silke Bischoff war eine ganz Liebe!“, begründet Rösner. „Niemals hätte ich ihr irgendwas Zusätzliches antun können, schon gar nicht erschießen! Ein solches Ende hatte diese junge Frau nicht verdient.“

Zu allen Personen aus dieser Zeit hat er den Kontakt abgebrochen – auch zu Marion Löblich, die nach fünf Jahren Haft wegen guter Führung aus dem Gefängnis entlassen wurde. Seit Gladbeck ist sie verheiratet, tablettenabhängig und arbeitslos.

Sollte Rösner irgendwann einmal die Freiheit erlangen, so möchte er seine verbleibende Zeit zusammen mit seiner neuen Lebensgefährtin irgendwo in Ruhe verbringen. Den Pfad des Bösen habe er schon lange verlassen und möchte nach vorn blicken.

Die Bilder der Geiselnahme werden nie verschwinden. Weder bei den Tätern noch bei den Hinterbliebenen und Angehörigen der Opfer. Zu sehr wurde dieser Fall von Medienvertretern, Journalisten und Fotografen ausgeschlachtet. Alle Beteiligten wurden somit zwangsläufig zu „lebenslänglich“ verurteilt.

»Tot sein ist schöner als wie ohne Geld.«

*- Hans-Jürgen Rösner (*1957),*
Gladbecker Geiselnehmer -

KAPITEL 9

Der Zopfmann

26. März 1998, 22:50 Uhr. Frankfurter Institut für Rechtsmedizin. Sektionsnummer 282/98.

Auf dem blank polierten, kalten Stahltisch liegt unter einem Tuch die Leiche eines Jungen. Ein Umstand, an den sich der diensthabende Gerichtsmediziner auch nach Jahren seiner Tätigkeit nie hat gewöhnen können. Natürlich gehört der Tod zum Leben dazu und ist mit dem Beruf eines Gerichtsmediziners untrennbar vereint. Doch es scheint Dr. Ramsloh so unfair und unglaublich, wenn ein Kind, das sein ganzes Leben noch vor sich haben sollte, auf dem viel zu großen Obduktionstisch vor ihm liegt. Vor allem die Fälle, in denen ein unschuldiges Kind einen gewaltsamen Tod sterben musste, gehen dem erfahrenen Mediziner zu Herzen. Daran kann auch die jahrelange Berufserfahrung nichts ändern.

Der Gerichtsmediziner zieht die kalte Luft im Sektionssaal scharf durch seine Vorderzähne, als sein Assistent das Tuch vom Körper des ermordeten Kindes nimmt.

„Was zur Hölle…“, entfährt es ihm im Moment des ersten Anblickes. Fassungslos schaut er den leitenden Ermittler des Mordfalles an, der bei der Obduktion anwesend ist, um die Einschätzungen des Mediziners als Erster zu erfahren. „Ich habe solche Verletzungen noch nie gesehen“, gesteht Dr. Ramsloh. Der Kriminalist senkt sein Gesicht und schüttelt den Kopf. Auch er hat während seiner Karriere bei der Mordkommission noch kein Tötungsdelikt bearbeitet, das diesem Fall auch nur annähernd ähnelte.

Nachdem Dr. Ramsloh den ersten Schock überwunden hat, gewinnt er seine notwendige, kühle Professionalität zurück. Er seufzt, schiebt seine Brille zurecht, greift nach dem Diktiergerät und beginnt mit der äußeren Leichenschau. Noch ahnt der Gerichtsmediziner nicht, dass er gleich ein Verletzungsbild dokumentieren wird, das bis heute weltweit einzigartig ist.

Am 3. Oktober 1984 bringt Iris Brübach in Frankfurt am Main ihr erstes Kind zur Welt. Ein Junge. Vater Bernd erlebt mit der Geburt seines Sohnes Tristan einen der letzten glücklichen Momente in seinem Leben. Die kleine Familie, die im Frankfurter Stadtteil Höchst lebt, hat viele Probleme. Bernd Brübach ist alkoholabhängig. Mutter Iris erkrankt schwer an Depressionen. Es ist das Jahr 1995, als sie ihren Lebensmut in Folge der Erkrankung verliert und sich von einem Höchster Hochhaus in den Tod stürzt. Tristan ist da grade zehn Jahre alt. Von nun an ist es an Bernd, sich um die Erziehung des Jungen zu kümmern und den Lebensunterhalt zu bestreiten. Zu seiner Großmutter väterlicherseits hat Tristan ein enges Verhältnis. Nach dem Tod der Mutter ist sie, neben seinem Vater, eine wichtige Bezugsperson im Leben des Blondschopfs mit den hellen, freundlich dreinblickenden, grau-blauen Augen. Nur kurze Zeit nach dem Versterben von Iris Brübach zieht Bernd mit seinem Sohn in die Nähe seiner eigenen Mutter, in den Stadtkern von Frankfurt-Unterliederbach. So kann die Großmutter dem Vater-Sohn-Gespann bei der Bewältigung des Alltags noch besser unter die Arme greifen.

Herr Brübach arbeitet im Schichtbetrieb in einem Kiosk im Frankfurter Hauptbahnhof und obwohl Tristan viel Zeit mit seiner Oma verbringt, ist er doch auch häufig auf sich allein gestellt. Schon früh muss der kleine Junge Eigenverantwortung übernehmen. Er steht am Morgen allein auf, macht sich für die Schule fertig und plant seinen Tagesablauf. Soweit ein Kind das eben kann. Diesem Umstand ist auch die Tatsache geschuldet, dass Tristan mit seinen mittlerweile dreizehn Jahren mehr Freiheiten hat, als andere Teenager sie in seinem Alter von ihren Eltern zugestanden bekommen. Einen Großteil seiner Freizeit verbringt der Halbwaise um den Bahnhof Frankfurt-Höchst herum. Möglich, dass er hier Menschen kennenlernt, die man gemeinhin dem kriminellen Milieu zuordnet. Tristan selbst ist nicht in zwielichtigen Machenschaften verwickelt. Doch er versucht vor allem bei älteren Jugendlichen Anerkennung zu bekommen.

Trotz des schrecklichen Verlustes seiner Mutter und den schwierigen Lebensumständen entwickelt sich Tristan gut. Er liebt Videospiele, spielt leidenschaftlich gerne Fußball und beschäftigt sich ausgiebig mit seinem Haustier, dem Hasen Hoppelfried. Tristan mag Tiere sehr. Vielleicht, weil Tiere die Menschen bedingungslos lieben. Ihnen ist es egal, ob man Markenklamotten trägt oder nicht; Hauptsache man ist gut zu ihnen.

Bei seinen Altersgenossen sieht die Sache da schon ganz anders aus. Viele Freunde hat Tristan nicht. Obwohl seine Lehrer den Schüler als selbstbewusst, dennoch aber ruhig und unauffällig charakterisieren, wird der Junge häufig zur Zielscheibe anderer Jugendlicher. Der Blondschopf versucht körperliche Auseinandersetzungen zu vermeiden; trotzdem wird er oft drangsaliert und manchmal sogar bestohlen. Doch Tristan lässt sich nicht unterkriegen. Seine Fröhlichkeit kann ihm keiner nehmen.

Doch dann kommt der 26. März 1998; ein Tag, der noch Jahrzehnte später für Entsetzen bei den Menschen sorgt und die Ermittler bis heute nicht ruhen lässt.

Nachdem der Junge seine Grundschulzeit an der Walter-Kolb-Schule in Frankfurt-Höchst abgeschlossen hat, besucht er die Meisterschule in Frankfurt-Sindlingen. Im Jahre 1998 geht Tristan in die 5. Klasse. Der 26. März ist ein Donnerstag; kurz vor Beginn der lang ersehnten Osterferien. Vater Brübach hat schon um 04:30 Uhr die Wohnung verlassen und sich auf den Weg zur Arbeit gemacht. Tristan steht wie jeden Morgen allein auf und macht sich für den bevorstehenden Schultag fertig, dann verlässt er sein Zuhause.

Gegen 8 Uhr klingelt das Telefon am Arbeitsplatz von Bernd Brübach. Am anderen Ende der Leitung ist Tristan. Er habe sich schon auf den Weg zur Schule gemacht, rufe seinen Vater nun aber aus einer Telefonzelle an, weil er fürchterliche Rückenschmerzen habe und statt zur Schule lieber zu seinem Hausarzt gehen wolle. Herr Brübach schafft es, seinen Sohn davon zu überzeugen, zunächst den Unterricht zu besuchen. Sollten seine Beschwerden nicht besser werden, könne er immer noch zum Arzt gehen. Tristan stimmt dem Vorschlag seines Vaters zu. Der Junge hängt den Hörer wieder auf die Gabel. Beim Hinausgehen aus dem Telefonhäuschen sieht er seinen Freund Boris auf sich zukommen. Nachdem die beiden Teenager sich begrüßt haben, beschließen sie, gemeinsam noch ein oder zwei Zigaretten außerhalb des Schulgeländes zu rauchen, bevor sie in ihre Klassen gehen.

So kommt es, dass Tristan den Schulbeginn verpasst und erst zur zweiten Schulstunde an seinem Platz sitzt. Der weitere Vormittag verläuft wie jeder andere Schultag auch. Zur Mittagszeit nehmen alle Schüler zusammen eine warme Mahlzeit ein. Es ist 13:15 Uhr als Tristan seine Lehrerin fragt, ob er zum Arzt gehen könne. Auch ihr berichtet er von seinen quälenden Rückenschmerzen. Am Vortag sei er beim Klettern von einem Baum gestürzt und müsse sich wohl verletzt haben – ein bisschen flunkert der Junge hier. Viel mehr hatte er sich am gestrigen Tag mit seinem Freund Maik eine Steinschlacht geliefert, wobei ihn eines der Geschosse am Rücken getroffen hatte. Aber was soll das schon, das Ergebnis bleibt das gleiche. Die Lehrerin erlaubt Tristan, die Schule vorzeitig zu verlassen. Er packt seine Schulsachen zusammen, zieht seine Jacke an, nimmt seinen Ranzen und verabschiedet sich.

An der Bushaltestelle „Allesinastraße“ steigt der Teenager in den Bus Richtung Bahnhof Höchst ein. Wie immer geht er zu den letzten Plätzen im Bus durch und setzt sich auf die hintere Bank.

Es ist zwischen 14:00 Uhr und 14:20 Uhr, als Tristans Freund Boris ihn dort sitzend entdeckt. Boris selbst jedoch sitzt im Bus einer anderen Linie. Er versucht durch Winken und Klopfen, Tristan auf sich aufmerksam zu machen. Als Boris das nicht gelingt, entschließt er sich kurzerhand, aus dem Bus auszusteigen und über eine Abkürzung zum Bahnhof zu laufen, wo Tristans Fahrt enden sollte. Eilig durchquert er die Fußgängerzone, die der Bus, in dem Tristan sitzt, auf einem längeren Weg umfahren muss. Am Ziel angekommen kann Boris Tristan jedoch nicht finden. Der Bus steht da, doch Boris‘ Freund ist weit und breit nicht zu sehen. Eine Weile noch beobachtet Boris die Menschen, um vielleicht in der Menge doch noch einen Blick auf den bekannten blonden Schopf zu erhaschen, dann macht er sich auf den Heimweg.

Es ist gegen 15:20 Uhr, als eine Frau ihren Hund in der Bruno-Asch-Anlage, nahe dem Höchster Bahnhof, spazieren führt. Sie kommt an einer Holzbank vorbei, auf der ein Jugendlicher mit hellen Haaren sitzt. Gleich beugt der Junge sich zu ihrem Hund vor.

„Der ist aber niedlich! Darf ich ihn streicheln?" fragt er die Hundebesitzerin und schaut erwartungsvoll zu ihr hoch.

„Na klar, er liebt es sehr, gestreichelt zu werden", entgegnet sie ihm.

Der Junge krault den zutraulichen Hund liebevoll hinter den Ohren. Es scheint, als würde er alles um sich herum vergessen, als er die Finger in das weiche Fell gräbt. Die Stimme der Dame reißt den Jungen geradezu aus seiner Trance: „So, wir müssen unsere Runde noch zu Ende laufen. Ich wünsche dir einen schönen Tag!"

„Das wünsche ich Ihnen auch!", erwidert der freundliche Teenager.

Während die Frau ihren Weg fortsetzt, dreht sie sich noch einmal nach dem Jungen auf der Bank um. Sie sieht, wie sich rechts und links neben ihn zwei Männer „mit ausländischem Aussehen", wie sie später sagen wird, setzen. Die Hundebesitzerin ist die letzte Person, die Tristan lebend sieht.

Die Ermittler rekonstruieren die Geschehnisse nach dieser Begegnung wie folgt: Zwischen 15:20 Uhr und 15:30 Uhr begibt sich Tristan in Richtung des Südeinganges des Liederbachtunnels, der häufig als Abkürzung genutzt wird. Oberhalb des Tunnels verlaufen die Bahngleise. Die Umgebung um den Bahnhof herum ist sehr belebt, doch der Liederbachtunnel selbst liegt abseits des Trubels, etwas versteckt durch eine dichte Böschung und nicht einsehbar. Ein kleiner Trampelpfad führt durch das Gestrüpp hinunter zum Eingang des Tunnels. Wer diesen finden möchte, muss Ortskenntnisse besitzen; hierhin verirrt man sich nicht einfach so. Der etwa 100 m lange Tunnel verdankt seinen Namen dem in ihm fließenden Liederbach. An manchen Tagen des Jahres ist dieser komplett ausgetrocknet, an diesem 26. März 1998 jedoch führt das Bächlein seinen normalen Wasserpegel von 30 cm. Neben dem Flussbett befindet sich etwas erhöht ein schmaler Fußweg und ein Betonsockel. Sowohl vom Süd- als auch vom Nordeingang kann man jeweils das Licht am anderen Ende des Tunnels sehen; doch der mittlere Teil liegt auch bei hellstem Sonnenschein komplett im Dunkeln. Eine Beleuchtung gibt es nicht. Durch die Abgeschiedenheit gehen hier häufig dunkle Gestalten unbekümmert ihrem Treiben nach. Jüngere Kinder laufen gerne durch den unheimlichen Liederbachtunnel, um ihren Mut unter Beweis zu stellen. Von der Bruno-Asch-Anlage, vorbei am Bahnhofsgebäude, bis zum südlichen Eingang des Tunnels sind es etwa 400 Meter. Da Tristan nördlich des Tunnels wohnt, ist es gut möglich, dass er an diesem Tag, wie so häufig, den Tunnel als Abkürzung nutzen wollte.

Es ist circa 15:30 Uhr, als drei Jugendliche, die sich auf einem Spielplatz nahe des Nordeinganges aufhielten, beschließen, den Liederbachtunnel zu durchqueren. Ihr Ziel ist der Bahnhof Höchst, von wo sie einen Bus nehmen und zu einem Sportplatz fahren wollen. Vom Nordeingang blicken sie in den Tunnel und sehen die dunkle Silhouette eines Mannes, der sich über etwas beugt, das auf dem Betonsockel liegt. Den Jungen ist die Szenerie so unheimlich, dass sie sich nicht trauen, den Tunnel zu betreten; lieber nehmen sie einen Umweg in Kauf. Und ihr Gefühl trügt sie nicht: Später wird man davon ausgehen, dass die drei Jugendlichen den Mörder während seiner Tat beobachtet haben. Ob der Täter die Jungen auch bemerkte, können die Ermittler nicht mit Gewissheit sagen.

Es ist circa 16 Uhr, als zwei Kinder den Liederbachtunnel durchqueren. Was die kleinen Kinderaugen dort entdecken, ist ein Schock fürs Leben: auf dem Betonsockel im Tunnel liegt eine verstümmelte Leiche. In der Kindertagesstätte angekommen, berichten die Kinder aufgeregt von ihrer Entdeckung. Die Betreuer können zunächst gar nicht glauben, was ihnen da erzählt wird. Doch die Kleinen bleiben dabei und erklären mit Nachdruck, was sie an dem dunklen Platz gesehen haben wollen. Zwei Betreuer machen sich auf den Weg zum Tunnel, um den Wahrheitsgehalt der Geschichte zu überprüfen. Um 17:08 Uhr setzt einer der Betreuer einen Notruf ab.

Am Tatort findet die Polizei ein Bild des Grauens vor: auf dem Betonsockel, circa 25 m vom Eingang entfernt, liegt in Bauchlage eine junge, männliche Leiche. Der Täter hat sein Opfer so abgelegt, dass es aussieht, als würde es schlafen. Die Jacke wurde dem Jungen über den Kopf gezogen, um sein Gesicht zu bedecken. Die Hose und Unterhose versuchte der Täter notdürftig hochzuziehen, was aber nur zum Teil gelang. Auf Hüfte und Oberschenkel drapierte er die Schuhe seines Opfers.

Obwohl die Polizisten sofort die große, klaffende Wunde am Hals des Kindes sehen, bemerken sie auch, dass es nur erstaunlich wenig Blut am Fundort gibt. Damit liegt der Verdacht nahe, dass der Fundort nicht der Tatort ist. Vor dem Südeingang des Tunnels liegen Schulutensilien, Bücher und Hefte; achtlos hingeworfen. Ein dazugehöriger Schulrucksack findet sich nicht. Schnell wissen die Polizisten, wer das Opfer ist, das sie im Inneren des düsteren Tunnels vorgefunden haben; auf all den Schulsachen steht sein Name: Tristan Brübach.

Nachdem Dr. Ramsloh die innere Leichenschau beendet hat, können die Kriminalisten mit Hilfe seines Obduktionsergebnisses den Tod rekonstruieren: Tristans Mörder hatte ihm, höchstwahrscheinlich mit der Faust, ins Gesicht geschlagen und dabei massive Verletzungen in Form von großflächigen Hämatomen verursacht. Anschließend nahm er ihn von hinten in den Schwitzkasten und begann, den Jungen zu würgen. Während dieses Kampfes muss es Tristan gelungen sein, sich nochmals loszureißen und einige Meter zu flüchten. Hierbei verlor er einen seiner Turnschuhe. Der Mörder schaffte es jedoch ihn einzuholen, schleifte ihn zurück in Richtung des Südeinganges und begann den Jungen erneut von hinten zu würgen. Diesmal bis zur Bewusstlosigkeit. Dann setzte er einen einzigen, tödlichen Kehlenschnitt von Ohrläppchen zu Ohrläppchen, fast bis zur Wirbelsäule, der beinahe zur Enthauptung von Tristan führte. Im Anschluss ließ er den Jungen im Liederbach ausbluten. Dieser Vorgang, so vermuten die Ermittler, dauerte nur wenige Minuten.

Nachdem sein Opfer nahezu blutleer war, schleifte der Mörder die Leiche des Jungen ins Innere des Liederbachtunnels und legte ihn auf dem Betonsockel ab. Hier setzte er mit einem Messer präzise Schnitte, um Hautteile sowie Muskelgewebe aus Gesäß, Oberschenkel und Hüfte zu entfernen. Durch einen professionellen Schnitt am Schambein entfernte der Täter die Hoden seines Opfers. Die Ermittler nehmen an, dass der Täter 15 bis 20 Minuten für seine Tat brauchte. Insgesamt 2 kg Fleisch hatte der Mörder vom Körper des Kindes abgetrennt und wahrscheinlich in den fehlenden Schulrucksack von Tristan gepackt, um es unbemerkt vom Tatort zu schaffen. Als Tristan schließlich gefunden wurde, sah es aus, als hätte der Täter sein Opfer aufgebahrt; als würde Tristan nur schlafen. Der Mörder nahm sich sogar die Zeit, Tristans verlorenen Turnschuh am Tunneleingang zu suchen und drapierte beide Schuhe auf den massiven Schnittwunden am Oberschenkel, die er dem Jungen zugefügt hatte.

Eine mögliche Theorie dazu ist, dass es sich bei diesem Verhalten um das sogenannte „un-doing" handelt; übersetzt „ungeschehen machen". Dieser Begriff kommt aus der Kriminalwissenschaft und beschreibt das Verhalten eines Täters nach seiner Tat im Sinne einer symbolischen Widergutmachung seines Verbrechens an seinem Opfer. Das Verhalten des „un-doings" kommt häufig dann vor, wenn zwischen Täter und Opfer eine besondere Beziehung bestand, was umgekehrt allerdings nicht der Fall sein muss. Denn manchmal kommt dieses Verhalten auch einfach zustande, weil das Opfer für den Täter eine besondere Bedeutung hatte.

Das „un-doing" kann sich in verschiedenster Weise äußern: Der Täter bahrt sein Opfer auf oder drapiert es in einer Schlafposition, das Gesicht wird verdeckt, die Hände zum Gebet gefaltet, manchmal werden auch religiöse Reliquien auf den Leichnam gelegt oder der Tatort gründlich gereinigt und die Toten einer Waschung unterzogen, um sie von den Spuren der Tat zu säubern. Allerdings nicht, um Spuren zu verwischen; vielmehr handelt es sich bei diesen Handlungen um Akte der Reue.

Nachdem Tristans Leiche gefunden wurde und die ersten Ermittlungsergebnisse vorliegen, beauftragen die Kriminalisten einen unabhängigen Psychologen, der seine Einschätzung über den Täter abgeben soll. Er sichtet die Akten samt Fotos und nimmt den Tatort in Augenschein.

Nach etwa zwei Tagen gibt der Psychologe ein erstes Täterprofil ab: Bei dem Täter scheint es sich um einen

Menschen zu handeln, der unter einer Psychose leidet und der schon sehr bald wieder, vielleicht sogar in den nächsten Stunden, ein ähnliches Delikt begehen wird. Nach seiner Einschätzung handelt es sich um einen sehr aggressiven Tätertypus mit geringem sprachlichem Ausdrucksvermögen und einem ungepflegten Äußeren. Zudem trägt er wahrscheinlich einen Bart. Der Psychologe geht davon aus, dass es sich bei dem Täter um einen Einzelgänger handelt, der allein in einer Wohnung im ersten Stock oder in einer Mansardenwohnung lebt. Auch lege die Vermutung nahe, dass der Täter in Tatortnähe wohnt. Das Motiv für die Verstümmelung bleibt aber weiterhin so mysteriös wie der Mord an sich. Bis heute konnte das Täterprofil dieses Psychologen weder bestätigt noch ausgeschlossen werden.

Auch der bekannte Fallanalytiker Alexander Horn und sein Kollege Markus Hoga von der operativen Fallanalyse in München haben sich mit dem Mord an Tristan beschäftigt und ein weiteres Täterprofil erstellt. Im Mittelpunkt steht für die Profiler das Motiv. Tötete der Mörder um des Tötens Willen oder ging es ihm um die Trophäen? Horn meint, der Mörder könne noch – ganz unauffällig – mitten unter uns leben. Häufig hätten die Menschen ein falsches Bild von solchen Tätern im Kopf. Zwar seien ihre Taten monströs, die Täter selbst aber seien häufig ganz unauffällige Menschen. Markus Hoga führt weiter aus, dass es sich bei dem Mord an Tristan, auch wenn es paradox klinge, nicht um eine Tat handele, die durch große Brutalität gekennzeichnet sei. Der Mörder habe den Jungen schnell töten wollen, um dann seine Fantasien umsetzen zu können. Auch könne es durchaus sein, dass der Täter sich auf Friedhöfen gezeigt hat; versucht hat Gräber zu öffnen oder in Leichenhäuser einzudringen, oder bestimmtes pornografisches Material konsumiert, das in ähnlicher Weise seinen Fantasien gerecht wird. Hoga und Horn gehen davon aus, dass der Täter genau weiß was er tut, und wie er sich Kindern, die seinem Beuteschema entsprechen, nähern kann.

Tristan war ein selbstbewusstes Kind. Warum sollte er einfach mit einem Erwachsenen mitgehen, der ihn dazu auffordert? Der leitende Mordermittler Uwe Fey geht davon aus, dass Tristan seinen Mörder bereits kannte. Wie eng die Beziehung war, das könne er jedoch nicht einschätzen. Zudem geht er, nach einigen Zeugenaussagen, davon aus, dass der Kindermörder schon Wochen vor dem Mord an Tristan im Stadtteil Höchst unterwegs war. Nach den Aussagen der Heimkinder erhärtet sich der Verdacht, dass es sich bei dem Täter um einen Einheimischen handelt, da sie keinerlei Auffälligkeiten an der Sprache des Mannes ausmachen konnten.

Die Ermittler stellen sich die Frage, wer in der Lage sein könnte, solch eine brutale Tat auszuführen. Ein Metzger, der im Umgang mit Fleisch und Messer geübt ist? Oder vielleicht war der Mörder auch ein Fremdenlegionär? Die Kriminalisten wissen aber auch, dass die Täter, die eine Leiche zerstückeln, meist keine berufliche Erfahrung darin haben. Diese Überlegungen bringen sie also auch nicht weiter.

Harald Dern, Fallanalytiker des BKA, spricht bei dem Mord an Tristan von einem sehr komplexen Tatgeschehen; er rät den Kriminalisten, sich nicht auf das spektakuläre Verletzungsmuster zu fokussieren. Stattdessen sollen sie bedenken, dass diese Tat spontane Elemente hat, ruhigere Elemente, sehr heftige Elemente, überlegte Elemente. Profiler würden so etwas als unklare oder unspezifische Motivlage bezeichnen, zumal es hierfür keine Vergleichsfälle gebe, erklärt er. Der Profiler meint: wenn eine Tatbegehung sehr viel ungewöhnliches Verhalten aufzeigt, dann suche man häufig nach seltsamen Menschen, die durch abnormes Verhalten auffallen. Doch einerseits werde man immer eine ganze Reihe Menschen finden, die ungewöhnliches Verhalten praktizieren; und anderseits zeige sich im Nachhinein häufig, dass der Täter gar nicht so bizarr ist. Dass er sogar vergleichsweise unauffällig sein kann. Vielleicht ist er ein bisschen dissozial. Aber man dürfe bei einer ungewöhnlich wirkenden Tat nicht erwarten, dass sie automatisch von einem ungewöhnlich wirkenden Täter begangen wurde.

Warum der Täter Tristan Muskelfleisch und seine Hoden entnommen hat, darüber können die Experten nur spekulieren. Die Vorgehensweise könnte einen kannibalistischen Hintergrund haben; es könnte sich aber auch um Trophäen für den Täter handeln. Vielleicht diente die Entnahme des Muskelfleisches und der Hoden aber auch der Erfüllung einer lang gehegten, sexuellen Fantasie des

Mörders. Sehr sicher ist man sich jedoch, dass eine gestörte Sexualpräferenz bei dem Täter vorliegt.

Der Mord an Tristan Brübach löst großes Entsetzen in ganz Deutschland aus. Die Menschen in Frankfurt sind geschockt. Die Schulen in Höchst entscheiden, dass sie am kommenden Tag den Unterricht ausfallen lassen. Die Bevölkerung ist verunsichert. Wo ist der Kindermörder jetzt? Schlägt er nochmal zu? Ist mein Kind in Gefahr? Um den Bürgern ein Gefühl der Sicherheit zu vermitteln, wird die Polizeipräsenz, auch unter Einsatz von zivilen Ermittlern, deutlich erhöht. Die Straßenkriminalität geht in dieser Zeit in Höchst merklich zurück.

Der komplette Bereich um den Liederbachtunnel wird in den folgenden Tagen abgesucht. Familie, Freunde, Schulkameraden, Lehrer, Menschen, die in der Nachbarschaft des Verbrechens wohnen, Passanten und Pendler: die Polizei führt zahlreiche Befragungen durch. Um den Täter keine Anhaltspunkte zu geben, wie weit die Kriminalbeamten in ihren Ermittlungen sind, werden vorerst keine weiteren Informationen an die Öffentlichkeit gegeben. Die Polizei benötigt aber dringend Zeugen und Hinweisgeber und ruft am Wochenende nach dem Mord im Stadtteil Höchst mithilfe eines Lautsprecherwagens und Plakaten dazu auf, zu helfen. Polizisten verteilen Flugblätter unter den Passanten. Tristans Gesicht ist allgegenwärtig.

Nach Bekanntwerden des Mordes gehen bereits 50 Hinweise bei der Kriminalpolizei ein. Am 31. März 1998 wird der Liederbach von den Beamten abgeriegelt und mit Hilfe von drei Pumpen trockengelegt. Den ganzen Tag suchen die Polizisten Zentimeter für Zentimeter das Flussbett mit Metalldetektoren und Sonden ab; auf der Suche nach der Tatwaffe und eventueller weiterer Hinweise. 130 Beamte der SOKO Tristan sind auf dem Landweg und in der Luft auf der Suche nach dem Mörder, der den Jungen so grausam zugerichtet hat. Spürhunde kommen auch zum Einsatz. Ohne Erfolg.

Auch die Spurensicherung kann nur sehr wenige Anhaltspunkte liefern. Das Wasser des Liederbaches hat die meisten Spuren weggespült. Nur auf der Rückseite von Tristans Deutschheft kann ein blutiges Fragment eines Daumenabdrucks sichergestellt werden. In einem der Schulhefte finden die Ermittler zudem eine blutige Wischspur von einem Messer mit geriffelter Klinge. Das Tatmesser ist bis heute verschwunden; auch die entwendeten Leichenteile sind nie wieder aufgetaucht. Den damaligen Dienststellenleiter des Polizeipräsidiums nimmt dieser gewaltsame Mord so mit, dass er nach drei Tagen in seinem Büro vor Erschöpfung zusammenbricht.

11 Tage nach dem grausamen Verbrechen, am 6. April 1998, findet Tristans Beerdigung auf dem Friedhof in Frankfurt-Höchst statt. Auf Wunsch von Bernd Brübach und Tristans Großmutter kommen nur die engsten Angehörigen und keine Journalisten zur Beisetzung des Kindes. Auf dem liebevoll gestalteten Grab befindet sich am Kopfende ein

weißes Kreuz mit einem Foto von Tristan. Davor liegt ein großes Herz aus Stein, das als Grabtafel dient. Zu lesen ist dort nicht wie üblich „verstorben", sondern „ermordet" 1998. Das hat sich Tristans Großmutter so gewünscht.

Einen Tag nach Tristans Beerdigung meldet sich ein, bis heute unbekannter Anrufer bei der Polizei und behauptet, er sei der Mörder des Jugendlichen. Er befände sich am Bahnhof Höchst und bittet die Polizei, ihn festzunehmen. Als diese am Bahnhof ankommt, ist von dem Mann aber weit und breit nichts zu sehen. Lange Zeit wird versucht die Identität des unbekannten Anrufers herauszufinden. Es kann der Täter gewesen sein, muss es aber nicht. Nach Angaben der Kriminalpolizei sagte der Mann einige Dinge, die nahelegen, dass der anonyme Anrufer der gesuchte Mörder von Tristan sein könnte. Ab September 1998 kann die Bevölkerung unter der bundesweiten Telefonnummer 01166 Ausschnitte aus dem Telefonat abhören, um den Anrufer vielleicht zu identifizieren. Ohne Erfolg. Mittlerweile misst man diesem Telefonat keine allzu große Bedeutung mehr zu, denn die Beamten sind sich sicher, dass der anonyme Anrufer sie auf der Suche nach Tristans Mörder nicht weiterbringt; wahrscheinlich hat sich da jemand einen üblen Spaß mit den Ermittlungsbehörden erlaubt.

Es gibt einige dieser Ermittlungsansätze, die Zeit kosten und keinen Erfolg bringen. Auch eine Frau aus Amerika meldet sich bei den Ermittlern und beschuldigt ihren Ex-Ehemann, der gesuchte Mörder von Tristan Brübach zu sein. Es braucht viel Aufwand und Ressourcen, bis die Kriminalbeamten schlussendlich herausfinden, dass es sich bei dieser Beschuldigung um einen Rachefeldzug in einem Rosenkrieg handelt. Der Ex-Ehemann hat nichts mit der Ermordung von Tristan zu tun.

Es ist das Jahr 2002, als eine verdachtsunabhängige Reihenuntersuchung von Fingerabdrücken den Täter endlich überführen soll. Alle männlichen Einwohner, auch bereits verzogene, der Stadtteile Höchst und Unterliederbach im damaligen Alter von 15 und 45 Jahren und männliche Berufspendler, ebenfalls im Alter von 15 und 45 Jahren, werden gebeten, ihre Fingerabdrücke abzugeben. Die Bereitschaft der Männer dazu ist überwältigend. Bis 2014 haben fast 99% der Höchster und knapp 93% der Unterliederbacher ihre Fingerabdrücke abgegeben. Von fast 14.000 Männern gab es somit nur 54 Verweigerer; eine verschwindend geringe Zahl. Die 54 Verweigerer sowie die 800 Männer, die nach 1998 verzogen sind, kommen nach einer gründlichen Überprüfung ebenfalls nicht als Täter in Frage.

Der Fingerabdruck des Mörders, den er auf dem Deutschbuch von Tristan hinterlassen hat, wurde zudem zahlreichen anderen Ländern, die eine Datenbank für Fingerabdrücke haben, zur Verfügung gestellt. Doch auch hier: Kein Treffer. Die Beamten durchleuchten Tristans familiäre Umgebung genau. Der Mörder stammt auch nicht aus seinem engeren Umfeld. Langsam macht sich Resignation bei den Kriminalbeamten breit. Was können sie bloß noch tun, um den Kindermörder zu finden?

Die Staatsanwaltschaft Frankfurt am Main hat für Hinweise, die zur Ermittlung von Tristans Mörder führen, eine Belohnung von 15.000 Euro ausgesetzt. Diese Belohnung stockt eine Privatperson, zeitlich unbegrenzt, um 5.000 Euro auf. Eine zweite Privatperson setzt, allerdings befristet bis zum Mai des Jahres 2016, eine Belohnung von 80.000 Euro aus, wodurch vorübergehend sage und schreibe 100.000 Euro Belohnung ausgelobt sind.

Ein Jahr nach dem grausamen Mord geht die Polizei nochmals verstärkt an die Öffentlichkeit und bittet die Bevölkerung um Hinweise. Und tatsächlich: Es meldet sich ein Zeuge, der eine wichtige Entdeckung gemacht haben will. Eines der von der Polizei verteilten Plakate zeigt unter anderem Tristans bis dato verschwundenen Rucksack der Marke Fishbone. Bereits einige Monate zuvor soll der Zeuge, ein Mitarbeiter eines Stromversorgers, an einer Bankstrecke im vom Tatort 30 km entfernten Niedernhausen einen Rucksack gesehen haben, der dem Rucksack auf dem Plakat ähnelt. Er führt die Kriminalpolizei zu dem Fundort und tatsächlich liegt dort noch immer ein Rucksack der Marke Fishbone – es ist Tristans Schultasche. Der Inhalt: eine Deutschlandkarte in tschechischer Sprache und ein blauer Müllsack. Die Kriminaltechniker können auch nach einer gründlichen Untersuchung nicht zweifelsfrei klären, ob der Mörder das entnommene Muskelfleisch tatsächlich in dem Rucksack vom

Tatort wegtransportierte, auch wenn die Vermutung nahe liegt.

Die Ermittler suchen die Umgebung des Fundortes ab und finden ein rostiges Messer, das jedoch als Tatwaffe nicht in Frage kommt, sowie einen alten Wasserkocher, bei dem es sich um ein tschechisches Massenprodukt handelt. Osteuropäische Bahnarbeiter bauen zu dieser Zeit die ICE-Trasse zwischen Frankfurt und Köln. Während der Arbeiten leben die Männer in einer Containersiedlung, nahe dem Fundort von Tristans Rucksack. Die Überprüfung sämtlicher Gleisarbeiter bleibt jedoch auch ohne einen konkreten Hinweis auf den Mörder. Dennoch konzentrieren sich die Ermittler jetzt auch auf diese Spur und weiten ihre Ermittlungen nach Tschechien aus. Sie fahnden mit Plakaten und Fernsehbeiträgen nach dem Täter und bitten auch dort die Bevölkerung um Hinweise in diesem rätselhaften Mordfall. Doch auch dieser Fahndungsansatz bleibt erfolglos.

In Frankfurt und in der angrenzenden Main-Taunus-Gemeinde haben dagegen einige Zeugen einen Mann beobachtet, bei dem die Kriminalbeamten davon ausgehen, es handle sich um den gesuchten Mörder. Die Person wird von den Zeugen als circa 175 cm groß und mit einer ungepflegten Gesamterscheinung beschrieben. Er soll zur Tatzeit etwa 20 bis 30 Jahre alt und von schlanker, sogar als hager bezeichneten, Statur mit blassem Gesicht sein. Der Verdächtige hat längere, dunkelblonde, fettige Haare, die zu einem Zopf getragen wurden. Auffällig fanden die Zeugen eine Narbe im Bereich der linken Oberlippe. Möglicherweise handelt es sich dabei um eine Lippen-Kiefer-Gaumen-Spalte, umgangssprachlich auch als „Hasenscharte“ bezeichnet.

Rund 10 km vom Tatort entfernt liegt das Kinderheim Vincenzhaus in Hofheim am Taunus. Ende 1997 bemerken hier einige Jungen, wie sie von einem Mann aus dem angrenzenden Waldstück heraus beobachtet werden. Obwohl er auf die Kinder unheimlich wirkte, erschlich er sich das Vertrauen der Jungen; lud sie ein, kaufte ihnen Süßigkeiten und Spielzeug. Er soll dem Mann auf dem Phantombild geähnelt haben.

Wenige Tage vor der Tat beobachtet Tristans Nachhilfelehrerin das spätere Opfer in Begleitung eines Mannes, der vermutlich ebenfalls der Gesuchte auf dem Phantombild ist.

Am Tag des Mordes sieht ein 12-jähriges Mädchen, während sie einen Zebrastreifen überquert, einen Mann, wie er aus einem Gebüsch am Liederbachtunnel kriecht. Sie sagt der Polizei, dass der Mann dem „Zopfmann“, wie die Medien den gesuchten Mörder taufen, sehr ähnlich sah.

Eine Woche nach der Tat taucht ein Mann in einer Anwaltskanzlei auf und behauptet, dass er „gerade erst aus dem Knast entlassen“ worden sei und „schon wieder Scheiße gebaut“ habe. Da die Kanzlei aber auf Wirtschaftsrecht spezialisiert ist, gibt ihm die Anwaltsgehilfin die Adresse einer

Kanzlei, die ihren Schwerpunkt auf Strafrecht gelegt hat. Hier taucht der Mann jedoch nie auf.

Jahre später meldet sich ein junger Mann als Zeuge bei der Kriminalpolizei, der zum Zeitpunkt von Tristans Ermordung noch Schüler war. Er will den Zopfmann Tage vor dem Mord des Öfteren gesehen haben. Immer wenn der Junge von der Schule nach Hause ging, kam ihm der unheimliche Mann entgegen. Wenn der Zeuge die Straßenseite wechselte, tat der Zopfmann es ebenfalls, um nah an ihm vorbei gehen zu können. Dem Jungen jagten diese Begegnungen schreckliche Angst ein.

Nachdem die Polizei den Liederbach gründlich abgesucht hatte, wurden die Tunneleingänge vergittert. Man gelangt jetzt nur noch mit einem Schlüssel oder tauchend, unter die Gitter hindurch, in das Tunnelinnere. Zwei Jahre nach dem Mord scheint Tristans Mörder diesen Weg gewählt zu haben, um erneut zum Tatort zu gelangen – das legt diese Zeugenaussage nahe. Der Junge, der dem Zopfmann Tage vor dem Mord immer wieder begegnet war, erzählt von einem Spaziergang mit seinem Hund über eine Brücke, von der aus man den Südeingang des Tunnels sehen kann. Hinter dem Gitter sieht er den Zopfmann stehen. Der unheimliche Mann blickt ihn direkt an. Der Zeuge ist so schockiert, dass er den Blick sofort abwendet und schnell nach Hause geht.

Im Laufe der Jahre kommt es immer wieder zur Überprüfung möglicher Tatverdächtiger. 2003 spricht der derzeit leitende Kriminalbeamte Uwe Fey, wegen eines möglichen kannibalistischen Hintergrundes bei der Tötung, auch mit Armin Meiwes, der als der Kannibale von Rothenburg bekannt wurde. Die Überprüfung ergibt, dass Meiwes als Mörder von Tristan nicht in Frage kommt. Aber er gibt Uwe Fey einen Tipp, wo er in Frankfurt nochmal nach Hinweisen suchen könne. Der Ermittler geht dem nach; die genannten Personen werden ausgeforscht – doch einen Tatverdächtigen findet Fey nicht.

Auch der Serienmörder Manfred Seel wird als möglicher Mörder von Tristan überprüft. Seel war im Jahr 2014 an Speiseröhrenkrebs verstorben. Als seine Tochter und ihr Lebensgefährte daraufhin eine angemietete Garage des Entrümplers ausräumen, entdecken sie zwei blaue Fässer. Darin: die Überreste einer ermordeten Prostituierten. Bis zu 9 Frauen sollen dem Sadisten Seel im Laufe der vergangenen Jahrzehnte zum Opfer gefallen sein. Er verstümmelte ihre Leichen und auch ein kannibalistischer Hintergrund scheint nicht undenkbar.

Nicht nur die örtliche Nähe zwischen Frankfurt Höchst und Schwalbach am Taunus, wo Seel mordete, lässt die Beamten aufhorchen. Auch einige Parallelen im Modus operandi, also die Art und Weise, wie der Täter handelt, sind auffällig. Bei einem seiner Mordopfer stellte Seel die Schuhe der Getöteten neben ihren Leichnam.

Nachdem im Juni 2016 der Fall Tristan bei „Aktenzeichen XY ungelöst“ Thema war, brachte ein Bekannter die Klarinette des Hobbymusikers Seel zur Polizei. Verwertbare

Fingerabdrücke von dem Musikinstrument für eine Vergleichsanalyse waren nicht vorhanden. Um doch noch an Fingerabdrücke des Serienmörders zu kommen, wird Pädophile Seels Leichnam exhumiert. Sechs von zehn Fingerabdrücken können genommen und mit dem gefundenen blutigen Fingerabdruck auf dem Deutschheft von Tristan verglichen werden. Ergebnis: keine Übereinstimmung. Manfred Seel ist nicht Tristans Mörder.

Sogar das amerikanische FBI kontaktieren die Mordermittler. Die renommierte Abteilung für Verhaltensforschung studiert den Mordfall an Tristan Brübach genau; doch auch sie können den Ermittlern in diesem mysteriösen Fall nicht weiterhelfen. Sie bestätigen ihnen nur, was die deutschen Kriminalisten bereits ahnen: Die Handlungsweise des Mörders ist weltweit einzigartig.

Im Jahr 2020 kommt noch einmal Bewegung in den Fall des ermordeten Jungen. Der 43-jährige Christian B. gilt als der Hauptverdächtiger in dem Vermisstenfall Madeleine McCann, jenes britische Mädchen, das im Mai 2007 spurlos aus einer Ferienanlage im portugiesischen Praia da Luz verschwand. Plötzlich fällt auf: Christian B. weist optische Ähnlichkeiten mit dem Phantombild des Zopfmannes auf. Nach ausführlichen Ermittlungen liegen den Kriminalisten aber keine Hinweise vor, dass er tatsächlich der gesuchte Zopfmann ist.

In der Nacht vom 7. auf den 8.Oktober 1999, eineinhalb Jahre nach der Ermordung von Tristan, versuchen ein oder mehrere Täter das Grab des Kindes zu öffnen. Als die Großmutter ihren Enkel am nächsten Tag an seiner Ruhestätte besuchen will, findet sie das halbgeöffnete Grab vor. Auf mehreren Plastikplanen sind die Blumen des Grabes und die Erde ordentlich voneinander getrennt aufgetürmt. Der Täter scheint jedoch gestört worden zu sein, sodass es nicht zur Öffnung des Sarges gekommen war. Über die Motivation hinter dieser Aktion können die Kriminalbeamten auch nur spekulieren. Sie halten es für wahrscheinlich, dass der Mörder zu seinem Opfer zurückgekehrt war und für die Schändung verantwortlich ist. Letztlich konnte bis heute nicht geklärt werden, wer und vor allem warum derjenige versuchte, an Tristans Leichnam zu kommen.

Im Dezember 2014 verstirbt Tristans Vater im Alter von nur 59 Jahren, zerbrochen am Schicksal seines Sohnes und ohne in 16 Jahren je erfahren zu haben, wer sein Kind ermordet hat. Die Hoffnung, dass der Täter jemals gefunden wird, hatte er schon lange aufgegeben. Dabei war es sein größtes Verlangen, dem Mann in die Augen zu schauen, der bei seinem einzigen Kind war, als dieses seinen letzten Atemzug nahm. Und der nicht vor dem Versuch zurückschreckte, den Leichnam seines geliebten Sohnes zu schänden. Auch wenn der Mörder bei seinem Vorhaben gestört wurde, bereitete es dem Vater unsägliche seelische, ja fast schon körperliche Schmerzen, dass Tristan selbst nach seiner Ermordung nicht vor seinem Peiniger sicher ist. Wut und Hass auf den Kindermörder fraßen sich tief ins Herz von Herrn Brübach, bis es eines Tages aufhörte zu schlagen.

Bis heute hat die Polizei über 23.000 Hinweise abgearbeitet. Der Fall umfasst mittlerweile 400 prall gefüllte Aktenordner; nebeneinander aufgereiht hätten sie eine Länge von 22 Metern. Sollten neue Hinweise eingehen, wird der leitende Kriminalbeamte Uwe Fey diesen gründlich nachgehen. Sein Leitsatz: „Wer aufgibt, hat schon verloren." Er hat die Hoffnung deshalb noch nicht aufgegeben, dass er dem Zopfmann eines Tages gegenübersitzt und ihm die Frage stellen kann, die den erfahrenen Kriminalisten seit Jahren umtreibt: „Warum?"

**Einige Namen wurden geändert*

»Niemand käme auf die Idee, Tinte mit Tinte abzuwaschen; nur Blut soll immer wieder mit Blut abgewaschen werden.«

- Marie von Ebner-Eschenbach (1830-1916), mährisch-österreichische Schriftstellerin. -

KAPITEL 10

Löwin

Der Himmel über der Stadt Lübeck in dieser Freitagnacht des 5. Mai 1980 ist tief und stiller als der Fluss Trave unter ihm.

Die einzigen Geräusche, die um diese Uhrzeit durch die schmalen Gassen der Altstadtinsel schallen, entstammen einem mehrstöckigen, weißen Gebäude mit rotem Ziegeldach, über dessen grüner Eingangstür golden geschwungene Buchstaben prangen: „Im alten Zolln" – ein Wirtshaus, dessen altmodische Einrichtung einem das Gefühl gibt, Teil einer längst vergangenen Zeit des frühen 20. Jahrhunderts zu sein.

Männer und Frauen verschiedenster Altersstufen sitzen gemeinsam an viereckigen Tischen, nehmen allerlei alkoholische Getränke zu sich, spielen Karten und unterhalten sich mit ihren Sitznachbarn. Neben einem grünen Kachelofen, in einer Ecke des Lokals, sorgen Musiker für Unterhaltung der bereits angeheiterten Gäste.

Inmitten dieser ausgelassenen Stimmung sitzt ein Mann mit dunkler Mine. Unter seiner dicken Nase trägt er einen dunkelbraunen Vollbart und tiefe Tränensäcke umsäumen die apathisch blickenden Augen. In der Hand qualmt eine glimmende Zigarette, deren Rauch als feiner Dunst unter der Deckenlampe über ihm hängt. Gedankenverloren stiert er in eines der leeren Schnapsgläser vor ihm auf dem Tisch.

Was hatte er da bloß getan? Es war um eine müde Mark gegangen. Nichts weiteres hatte sie von ihm verlangt.

„Wenn du mir keine Mark gibst, sage ich meiner Mama, dass du versucht hast, mich anzufassen."

Die Worte des kleinen Mädchens hallen in seinen Ohren nach. Es war eine Kurzschlussreaktion gewesen. Plötzlich übermannte ihn die aufsteigende Panik in seinem Inneren. Die Angst vor einer erneuten Verurteilung. Wer würde schon der Aussage eines Pädophilen Glauben schenken, der behauptet, ein kleines Mädchen habe ihn um eine Mark erpressen wollen?

Ehe er sich versah, hatte er sie mit in seine Wohnung genommen und dort für Stunden festgehalten. Doch nun erschien die Lage noch aussichtsloser. Nun war es unbestreitbar, dass er das Kind ohne dessen Zuspruch eingesperrt hatte. Damit würde er niemals davonkommen.

Wie die Strumpfhose in seine Hände gelangt war, weiß er nicht mehr, doch wenige Sekunden später hatte sie sich bereits eng um den Hals des Mädchens geschlungen. Das Kind wand sich in Todesangst, doch gnadenlos drückte er weiter zu, so lange, bis der kleine Körper schlaff wie eine Puppe seitlich vom Stuhl kippte.

Mit gefesselten Armen und Beinen legte er das Mädchen in einen Karton und stellte diesen am Ufer des Elbe-Lübeck-Kanals ab. Niemand würde ihm je auf die Schliche kommen. Davon war er überzeugt.

Doch Morden war nicht so einfach, wie er es sich erhofft hatte. Da war kein entspannendes Gefühl in seinem Inneren und schon bald hatten ihn seine Schuldgefühle überwältigt. Er wurde zunehmend nervös. Suchte die Mutter bereits nach ihrer Tochter? Unwissend, dass diese nie mehr lebend zu ihr zurückkehren würde?

Am liebsten würde er sich jetzt gerne nochmals irgendjemandem anvertrauen. Doch wem? Damit wäre doch nur weiter die Büchse der Pandora geöffnet. Unweigerlich würde ihn das Gefängnis und sein gesamtes restliches Leben anhaltende Verachtung erwarten. Er hat sich nicht bloß an dem Mädchen vergangen, sondern es mit seinen eigenen Händen ermordet.

Die Eingangstür des Lokals öffnet sich und mehrere Polizisten treten über die Schwelle. Augenblicklich wenden sich die Gäste zu den Beamten; die Gespräche und die Musik verstummen.

„Befindet sich hier ein gewisser Klaus Grabowski?", fragt einer der Polizisten und lässt seinen strengen Blick durch die Wirtschaft gleiten.

Der bärtige Mann schließt die Augen. Nun ist es vorbei. Seine Lebensgefährtin hatte ihn tatsächlich verraten.

Langsam erhebt er sich von seinem Stuhl. „Ja“, sagt er. „Das bin ich.“

Alle Augen ruhen auf ihm. Einige Gäste stecken tuschelnd ihre Köpfe zusammen.

„Ihre Lebensgefährtin hat ausgesagt, dass Sie ihr gegenüber den Mord an einem Kind gestanden haben“, sagt der Polizist.

„Das ist richtig“, entgegnet Grabowski.

Der Polizist nickt seinen Kollegen zu. Sie fesseln Grabowskis Hände mit Handschellen auf dem Rücken.

„Sie sind festgenommen.“

6. März 1981, Landgericht Lübeck

Es ist der dritte Verhandlungstag im Prozess gegen den 35-jährigen Fleischer Klaus Grabowski wegen Mordes an der siebenjährigen Anna Bachmeier.

Das Kind hatte am Morgen des 5. Mai 1980 nach einer heftigen Auseinandersetzung mit seiner Mutter, die eine Kneipe in der Lübecker Schlumacherstraße betreibt und an diesem Tag wieder einmal erst spät nachts nach Hause gekommen war, aus Trotz die Schule geschwänzt und war am Nachmittag dieses lauen Frühlingstages losgezogen, um eine gleichaltrige Klassenkameradin zu besuchen.

Am Wohnhaus der besagten Freundin angelangt, musste sie nach mehrmaligem Betätigen der Klingel jedoch resigniert feststellen, dass niemand zuhause war. Als sie sich gerade zum Gehen wenden wollte, öffnete sich die Haustür und Klaus Grabowski trat hinaus auf die Straße.

Vor Beginn der Verhandlung sitzt der Angeklagte mit dem Rücken zum Saal, der sich allmählich mit Prozessbeobachtern und Journalisten zu füllen beginnt.

Es ist nicht das erste Mal, dass er vor Gericht steht: am 4. September 1974 wurde Grabowski vom Landgericht Lübeck wegen sexuellen Missbrauchs an einem Kind zu einer Freiheitsstrafe von einem Jahr verurteilt. Zusätzlich wurde die Unterbringung in einer psychiatrischen Klinik angeordnet.

Die „abnorme sexuelle Triebrichtung" des Angeklagten habe Suchtcharakter und somit Krankheitswert, hieß es in einem Gutachten von Fachärztin Dr. Hartmanis. Grabowski sei sich über das Unerlaubte seiner Tat zwar im Klaren, aufgrund seiner Sucht bei der Tatbegehung jedoch erheblich in seiner Einsichtsfähigkeit eingeschränkt gewesen. Des Weiteren wird ausgeführt, dass ohne ärztliche Behandlung des Angeklagten die Gefahr gegeben sei, dass sich derartige Taten „zum Nachteil von Kindern" wiederholen könnten.

Vier Monate nach der Urteilsverkündung wurde Grabowski ins Landeskrankenhaus Neustadt aufgenommen, wo er sich einer operativen Kastration unterzog; ein Jahr später ließ das Krankenhaus dann optimistisch verlauten, dass die Wiederholungsgefahr bei Grabowski „gering“ sei und entließ den gelernten Fleischer im Mai 1977. Der Rest seiner Haftstrafe wurde zur Bewährung ausgesetzt; das Ende der Führungsaufsicht auf den 04. März 1979 datiert. Ärztliche Ratschläge oder die Überweisung an einen Arzt bekam Grabowski bei seinem Antritt in die zurückerlangte Freiheit nicht.

Um Ende 1977 an ein wenig Geld zu gelangen, wollte sich der damals 31-Jährige als Blutspender melden. Als man sich nach irgendwelchen Vorerkrankungen und verschreibungspflichtigen Medikamenten erkundigte, sagte Grabowski, dass er kastriert ist und schilderte „erhebliche Beschwerden“. Er wurde daraufhin zu einem Endokrinologen geschickt, um sich einer hormonellen Behandlung zu unterziehen. Parallel suchte er hierfür auch einen Psychiater sowie im Januar 1978 einen Urologen auf.

Letzterer forderte über den Psychiater den Bericht des Endokrinologen an. Darin hieß es, dass der Endokrinologe „aufgrund des Vorlebens des Patienten“ nicht entscheiden wolle, ob dieser wirklich behandelt werden solle oder nicht. Er befürchtete, dass Grabowski seine Sexualtriebe zurückerlangen und somit seine Gefährlichkeit wiederhergestellt werden könnte.

Trotz dieser Bedenken beginnt der Urologe im April 1978 damit, Grabowski zu behandeln. Dieser soll ihm gesagt haben, er sei aufgrund Exhibitionismus, also der krankhaften Zurschaustellung seiner Geschlechtsteile in Gegenwart fremder Personen, kastriert worden. Er, Grabowski, sei der erste deswegen operativ Kastrierte.

Dieser, doch sehr düsteren, Sensation ging der Urologe nicht nach und behandelte Grabowski bis zum 25. April 1980. In dieser Zeit sprach er ganze sieben Mal mit seinem Patienten; fünfmal im Jahr 1978 sowie jeweils einmal in den Jahren 1979 und 1980. Sonst sah er Grabowski kein einziges Mal persönlich.

Sollte der Endokrinologe letzten Endes also doch Recht behalten haben? Führte die Hormonbehandlung tatsächlich zu einer Regeneration von Grabowskis Sexualtrieb? Wie sonst hätte er dazu in der Lage sein können, die kleine Anna zu vergewaltigen und zu töten? Der Urologe behauptet, er habe seinem Patienten lediglich mit den Kastrationsfolgen helfen wollen.

Eine Frau mit schulterlangen, brünetten Haaren, gekleidet in einen beigefarbenen Mantel betritt den Gerichtssaal. Die Hände in den Taschen verborgen steuert sie geradewegs auf die hohe und abgetrennte Stuhlreihe an der Längsseite des Saals zu. Dort, wo Grabowski platzgenommen hat.

Mechanisch zieht die dunkelhaarige Frau ihre Hand aus der Tasche und zielt mit einer Pistole des Typs Beretta 70, Kaliber .22lr auf den Rücken des Angeklagten. Acht ohrenbetäubende Knalle ertönen.

Einige der Anwesenden stoßen spitze Schreie aus. Andere fahren erschrocken zusammen, halten sich die Ohren zu und verlassen fluchtartig den Raum. Was war geschehen? Ein Terroranschlag?

Mehrere Sekunden lang ist der Saal in Schockstarre verfallen. War das alles? Oder wird die Schützin jeden Moment wild um sich schießen? Diese steht jedoch einfach nur da, die Pistole gesenkt, und starrt paralysiert auf den reglosen Körper Grabowskis. Sechs Kugeln haben den 35-Jährigen am Rücken getroffen, eine am Arm. Es scheint, als habe es die Frau nur auf den Angeklagten abgesehen. Und offenbar hat sie ihr Ziel auch erreicht.

Als ein Anwesender herbeieilt und der Frau die Pistole abnimmt, protestiert sie nicht. Auch, als Polizeibeamte sie packen und aus dem Saal bringen, leistet sie keinen Widerstand.

Wer ist diese Frau? Eine Terroristin? Eine Auftragskillerin? Nein. Es handelt sich um Anna Bachmeiers Mutter: Marianne Bachmeier.

Der Mord an Klaus Grabowski zieht ein gewaltiges Medienecho nach sich. Während das Gesicht der „Rache-Mutter“ über Wochen die Titelseiten der Tages- und Boulevardzeitungen ziert, erinnert bloß eine einzelne Sterbeanzeige an den hingerichteten Klaus Grabowski:

„Durch Selbstjustiz wurde das Leben von

Klaus Grabowski

am 6. März 1981 beendet.

M.

Seine Freunde

„Ich fühle mich ausgebrannt und nutzlos.

Ich weiß wirklich nicht, ob ich noch das

Recht habe zu wünschen, daß ich noch einmal

froh und etwas glücklich werden darf."

Klaus in einem Brief, zwei Tage vor seinem Tod."

Wer genau die Todesanzeige aufgegeben hat, ist nicht bekannt und geht in der hitzigen öffentlichen Diskussion um den Namen „Grabowski" unter.

Viele sympathisieren offen mit Marianne Bachmeier. Obwohl sie den Mörder ihrer Tochter aus reiner Rachlust umbrachte, würde man das Gleiche tun, wenn das eigene Kind betroffen wäre. Es sei eine Schande, dass Bachmeier für ihre Tat hinter Gitter muss, habe sie doch das einzig Richtige getan.

Von Bachmeiers Unterstützern wird sogar eine Initiative ins Leben gerufen, die Spendengelder für eine ordentliche Verteidigung der Mutter sammelt; nicht einmal eine Woche nach der Tat haben die Verantwortlichen bereits über 100.000 Mark Spendengelder gesammelt. Auch ein Blumenstrauß mit beiliegender Aufmunterungskarte wird Bachmeier in U-Haft zugeschickt. Die Behörden stoppen dieses Unterfangen jedoch.

Bei all dem Beifall, den sie für ihre Tat erntet, muss sich Marianne Bachmeier auch scharfer Kritik stellen.

„Wenn man gegen Mord ist, so dürfe man nicht selbst zum Mörder werden“, heißt es. Darüber hinaus wird sich über eine angeblich mangelnde Sicherheit in Justizgebäuden beklagt. Wie schaffte es Marianne Bachmeier, die Beretta 70 in den Gerichtssaal zu schmuggeln? Wurde bei der Sicherheitskontrolle möglicherweise geschlampt?

Für einen Laien mag die Antwort darauf einfach sein, gibt es doch in jedem Gerichtsgebäude heutzutage Eingangskontrollen. In den 1980ern war dies allerdings völlig anders. Die Sicherheitsmaßnahmen wurden, je nach Schwere der Tat des Angeklagten, angepasst. Man rechnete schlicht und ergreifend nicht damit, dass bei sogenannten „Zivilverfahren“, wie etwa einem Beleidigungsdelikt oder einem Erbschaftsstreit, die Beteiligten plötzlich die Kontrolle verlieren und die Absicht haben könnten, sich gegenseitig Schaden zuzufügen. Anders sah es da bei aufsehenerregenden Terrorprozessen oder Verfahren gegen brutale Banden aus. Dort galten schon immer verschärfte Sicherheitsvorkehrungen mit Personenkontrollen, Metalldetektoren oder sogar einer Fesselung der Angeklagten.

Das Sicherheitsrisiko für den Prozess gegen Klaus Grabowski wurde als „gering“ eingestuft. Eingangskontrollen gab es daher nicht. Eine tödliche Fehleinschätzung.

Ähnlich überschaubar sind die Sicherheitsmaßnahmen auch beim Prozessbeginn gegen Marianne Bachmeier am 2. November 1982. Die Verantwortlichen sind sehr damit beschäftigt, den großen Medienandrang im Zaum zu halten. Von den begeisterten Unterstützern Marianne Bachmeiers lässt sich hingegen niemand blicken. Grund dafür ist wohl eine kürzlich veröffentliche Enthüllungsstory vom Magazin „Stern", dem Bachmeier ihre Lebensgeschichte für 250.000 Mark verkauft hat. Mit dem Geld deckt die Mutter unter anderem ihre Anwaltskosten.

In einer 13-teiligen Serie erfahren die Leser schockierende Details aus dem Leben Bachmeiers – die plötzlich gar nicht mehr so fürsorglich und kämpferisch zu sein scheint, wie viele Leute anfangs dachten. Das Bild der Frau, die den Tod ihrer Tochter rächte und damit zu einer Heldenfigur vieler Eltern wurde, beginnt zu bröckeln.

Marianne Bachmeier wird am 3. Juni 1950 geboren und durchlebt eine schwere Kindheit, die von Prügeleien ihres Stiefvaters geprägt ist. Im Alter von 16 Jahren gebärt sie ihre erste Tochter, welche sie allerdings unmittelbar nach der Geburt zur Adoption freigibt. Zwei Jahre später wird sie erneut von ihrem damaligen Lebensgefährten schwanger. Doch auch dieses Kind gibt sie kurz nach der Geburt ab.

Als Anna im Jahr 1973 als dritte Tochter zur Welt kommt, will die damals 23-Jährige endlich alles richtig machen und schwört sich, eine gute Mutter zu sein. Dieses Vorhaben lässt sich allerdings nur schwer mit ihrem Traum vom eigenen

Restaurant verwirklichen, weshalb sie ihre Tochter zunehmend vernachlässigt.

Dieser Umstand nagt an der alleinerziehenden Marianne und sie überlegt mehrfach, ob es nicht doch das Beste wäre, auch Anna in eine andere Familie zu geben. Eine Familie, die sich um sie kümmert und ihr die Aufmerksamkeit schenkt, die sie von ihrer Mutter schmerzlich vermisst. Ein gut befreundetes Ehepaar erklärt sich bereit, das Mädchen aufzuziehen. Doch noch ehe es dazu kommen kann, entscheidet jemand anderes über das Schicksal der Siebenjährigen: Klaus Grabowski.

Die Schwurgerichtskammer des Landgerichts Lübeck hat es bei so viel öffentlichem Interesse nicht leicht, ein gerechtes und, für alle Beteiligten, zufriedenstellendes Urteil zu finden. Obgleich die Anklage auf Mord lautet, ist es Aufgabe des Gerichts zu klären, ob Marianne Bachmeier den Mord an Klaus Grabowski sorgfältig plante oder im Affekt, also aus einer Laune heraus, handelte.

Doch woher wusste sie, dass es kaum Sicherheitskontrollen im Gerichtsgebäude geben würde? Hätte sie tatsächlich aus Heimtücke gehandelt, wäre die Tat mit einem großen Risiko verbunden gewesen. Was, wenn man sie mit der Pistole in der Tasche erwischt hätte?

Bachmeiers Anwälte behaupten, dass ihre Mandantin keinerlei Erfahrung im Umgang mit einer Schusswaffe habe und die Schüsse auf Klaus Grabowski dementsprechend nicht vorsätzlich abgegeben hatte. Auch wenn sich manch einer über die ausgesprochen präzise Treffsicherheit der Frau wundert, kann das Gericht Marianne Bachmeier nicht nachweisen, dass sie lügt und lässt daher den Mordvorwurf fallen. Stattdessen wird sie des Totschlags angeklagt.

Von da an geht alles ganz schnell: exakt vier Monate später, am 2. März 1983 und nach 28 Verhandlungstagen, wird Marianne Bachmeier wegen Totschlags und unerlaubten Waffenbesitzes zu sechs Jahren Haft verurteilt.

Unter Begleitung von Fernsehkameras zieht sie ins Gefängnis ein und verbüßt dort insgesamt drei Jahre lang ihre Strafe, ehe sie im Juni 1985 vorzeitig aus der Haft entlassen wird. Kurz darauf kehrt sie Deutschland den Rücken und lebt bis 1990 in Nigeria. Danach zieht sie weiter nach Sizilien, wo sie in Palermo als Sterbehelferin in einem Hospiz arbeitet.

Als Marianne Bachmeier im Jahr 1996 an Bauchspeicheldrüsenkrebs erkrankt, kommt sie nach Deutschland zurück. Auf eigenen Wunsch wird sie während ihrer letzten Lebenswochen von NDR-Reporter Lukas Maria Böhmer und einem Kamerateam begleitet. Dass sie die Öffentlichkeit an ihrem Sterbeprozess teilhaben lässt, zeigt, wie konsequent Marianne Bachmeier immer wieder die Aufmerksamkeit und Anteilnahme an ihrem Schicksal sucht. Obwohl sich das öffentliche Interesse an ihrer Person in Wahrheit längst gelegt hat, bleibt dieses Bedürfnis bis zu ihrem Tod am 17. September 1996 bestehen. Ihr Wunsch, in Palermo beigesetzt zu werden, dort, wo sie scheinbar einige glückliche Jahre verbringen konnte, erfüllt sich nicht.

Stattdessen wird sie an der Seite ihrer Tochter Anna auf dem Burgtorfriedhof in Lübeck beerdigt.

Bereut hat Marianne Bachmeier ihre Tat nie. Im Gegenteil: ein Jahr vor ihrem Tod gesteht sie in einer ARD-Talkshow, dass sie die Hinrichtung des mutmaßlichen Mörders ihrer Tochter nach langer und eifriger Überlegung durchgeführt habe. Einerseits um einer, für ihre Begriffe zu milden, Strafe des Täters zuvorzukommen. Andererseits wollte sie verhindern, dass Grabowski weitere „Unwahrheiten" über Anna verbreite. Sie erklärt, dass ihre Tochter niemals „einfach so" zu fremden Personen gegangen wäre und diese erpresst hätte. Schon gar nicht mit so etwas wie einer angeblichen sexuellen Misshandlung.

Auch Schießübungen gehörten demnach zur Vorbereitung des Mordes an Klaus Grabowski, wie frühere Freundinnen von Marianne Bachmeier zu berichten wissen. Sie habe sich nach dem Mord an Anna im Keller unter ihrer Kneipe mit der späteren Tatwaffe Beretta 70 vertraut gemacht.

Nachträglich belangt wurde Bachmeier für ihr spätes Geständnis nicht. Vielleicht ahnte sie, dass es mit ihrem Leben bald zu Ende geht und sie nichts mehr zu verlieren hatte.

Der Urologe kam letztlich nochmal mit einem blauen Auge davon. Die Staatsanwaltschaft vom Landgericht Lübeck hatte keinerlei Anlass gesehen, den Arzt wegen fahrlässiger Tötung anzuklagen. Dies sah Marianne Bachmeier jedoch anders. Sie war der Meinung, dass Klaus Grabowski ihre

Tochter nicht hätte vergewaltigen und töten können, wenn er vorher nicht von dem Urologen mit Hormonen behandelt und seine Gefährlichkeit dadurch wiederhergestellt worden wäre. Bachmeier erstattete Strafanzeige gegen den Arzt.

Als diese bei der Staatsanwaltschaft Lübeck abgewiesen wurde, leitete sie ein „Klageerzwingungsverfahren" beim Oberlandesgericht Schleswig ein. Dies wurde allerdings von Richtern des 2. Strafsenats des OLG abgewiesen. Es heißt, man könne auch in einem Hauptverfahren gegen den Urologen nicht mehr eindeutig rekonstruieren, ob der Arzt tatsächlich von Grabowskis begangenen Straftaten wusste.

Die Selbstjustiz der Marianne Bachmeier fand in den Jahren danach zahlreiche Nachahmer. 1994 erschoss ein wegen Körperverletzung zu einer Geldstrafe verurteilter Mann in einem Gericht in Euskirchen, Nordrhein-Westfalen kurz nach Verkündigung des Urteils den Richter und sechs weitere Menschen, ehe er sich selbst mit einer Handgranate in die Luft jagte. Ein Jahr später tötete in Bremen der Bruder eines Mordopfers den mutmaßlichen Täter vor dem Gerichtssaal während einer Verhandlungspause.

Es dauerte lange, und kostete unzählige Menschenleben, bis die Justiz auf diese immer wiederkehrenden Anschläge reagierte und bundesweite Eingangskontrollen mittels Gepäckscanner und Sicherheitsschleusen in Gerichtsgebäuden einführte.

Obgleich Marianne Bachmeiers Tat kein Einzelfall bleibt, schuf sich die von den Medien getaufte „Rache-Mutter" eine Art Denkmal. Bis heute gilt sie für einige Eltern als Paradebeispiel für die Annahme, dass es für eine Mutter nichts Schlimmeres als den Tod des eigenen Kindes gibt und dieser Verlust ungeahnte Kräfte und Kompromisslosigkeit freisetzen kann. Ähnlich wie im Tierreich, etwa bei Löwen, kämpfen diese Frauen um ihren Nachwuchs und machen keine Gefangenen. Doch ist dies wirklich eine Rechtfertigung dafür, einen Menschen umzubringen? Hätte Marianne Bachmeier ebenso viel Verständnis für ihre Tat geerntet, wenn das Opfer nicht die Tochter, sondern der Bruder oder eine gute Freundin gewesen wäre? Damals wie heute gehen die Meinungen weit auseinander. Laut einer Allensbach-Umfrage halten 28 Prozent der Befragten das Strafmaß für angemessen, 27 Prozent finden es zu hoch und 25 Prozent finden es zu niedrig. Sie sind der Meinung, dass Selbstjustiz wohl eben doch nicht der Weg ist, erfahrenes Leid zu begleichen.

»Welchen Weg musste nicht die Menschheit machen, bis sie dahin gelangte, auch gegen Schuldige gelind, gegen Verbrecher schonend, gegen Unmenschliche menschlich zu sein! Gewiß waren es Männer göttlicher Natur, die dies zuerst lehrten.«

- Johann Wolfgang von Goethe (1749-1832), deutscher Dichter -

KAPITEL 11

Menschenwürde

(Stefanie Löschmann / Von Mord und Totschlag – der Podcast)

Die Stimme des Richters hallt durch den Sitzungssaal des Frankfurter Landgerichtes, während er das Urteil der Strafkammer gegen den Angeklagten verkündet. Doch zu Wolfgang Daschner dringen die Worte der Begründung nicht durch. Der ältere Herr mit dem ergrauten Oberlippenschnäuzer und dem fein säuberlich gescheitelten, leicht bräunlichen Haar fühlt sich wie benebelt. Auch das väterliche Tätscheln seiner zitternden Hand und ein ermutigendes Zunicken von seinem Verteidiger können Daschner nicht aus seiner Starre befreien. Fühlt sich der ehemalige stellvertretende Frankfurter Vize-Polizeipräsident ungerecht behandelt und missverstanden? Oder kann er die Entscheidung des Gerichtes nachvollziehen? Aus seiner Miene kann der Beobachter es nicht ablesen. Daschner starrt mit leerem Blick in den Gerichtssaal. Das ändert sich auch nicht, als das Blitzlichtgewitter unzähliger Medienvertreter über ihn hereinbricht. Journalisten, die ihn in den letzten Wochen teils heftig für seine Entscheidung kritisiert haben. Daschner wirkt wie ein gebrochener Mann. Von dem stolzen, rechtschaffenden Polizeibeamten scheint nicht mehr viel übrig zu sein. Die Versetzung in den Innendienst schmerzt ihn wohl am meisten. Dabei hatte der Verurteilte damals nur ein Ziel: er wollte das Leben eines Kindes retten.

Es ist der 11. April 1975, als Maria Gäfgen ihren Sohn Magnus in Frankfurt am Main zur Welt bringt. Gemeinsam mit seinem Bruder Amadeus wächst der kleine Junge in einer Arbeitersiedlung im Frankfurter Stadtteil Sachsenhausen auf. Vater Günter arbeitet als Bauingenieur, Mutter Maria ist als Erzieherin in einer Kindertagesstätte angestellt. Die Familie lebt in einfachen Verhältnissen. Das Ehepaar erzieht ihre beiden Söhne streng nach den christlich-katholischen Glaubenssätzen. Einem Gutachter erzählt Gäfgen später, seine Mutter habe viel mit ihm gekuschelt und ihn und seinen Bruder liebevoll umsorgt.

Als Magnus ein Teenager ist, engagiert er sich in seiner Gemeinde als Jugendbetreuer. Die Kinder finden den großgewachsenen Jungen mit den dunklen Haaren „cool“ und lassen sich gerne von ihm beaufsichtigen. Bei Gleichaltrigen hingegen kommt der Junge bei Weitem nicht so gut an. Sie finden ihn unsympathisch. Denn Magnus legt zuweilen ein ganz und gar unchristliches Verhalten an den Tag: er protzt, er stiehlt, er lügt.

Nachdem Gäfgen 1995 sein Abitur an der Carl-Schurz-Schule erfolgreich bestanden hat, leistet er seinen Zivildienst in der Altenpflege ab. Es ist das Jahr 1996, als der 21-Jährige ein Studium der Rechtswissenschaften an der Goethe-Universität in Frankfurt am Main beginnt. Seine Eltern sind stolz auf ihren Nachkömmling und seine Pläne, Jurist zu werden. Vor allem Vater Günter sieht in dem Studium seines Sohnes verheißungsvolle Zukunftsaussichten. Der „sozialen Schiene", die seine Frau und sein zweiter Sohn Amadeus, angehender Sonderschullehrer, fahren, steht das Familienoberhaupt mit gemischten Gefühlen gegenüber. Magnus hingegen will sich auf Steuerrecht spezialisieren; das scheint dem Bauingenieur ein unterstützenswertes Vorhaben.

Während Magnus an der Goethe-Universität zu studieren beginnt, lernt der junge Mann einige Teenager kennen, die, anders als er, aus wohlhabenden Familien stammen. Sie nennen sich die Ibiza-Clique. Der Student sieht sich im Zugzwang. Er gibt vor, ebenfalls aus reichem Elternhaus zu kommen und nach seinem Studium würde er seinen eigenen Reichtum aufbauen. Eine renommierte Anwaltskanzlei in Frankfurt am Main habe vor, ihn nach seinem Abschluss zum Kanzleipartner zu machen. Um seiner Geschichte vom Sohn vermögender Eltern Glaubwürdigkeit zu verleihen, kleidet er sich in teure Markenklamotten, macht mit seinen wohlsituierten Freunden Urlaub und feiert rauschende Feste. Das nötige Geld nimmt er aus einem Rentenfond, den sein Vater für ihn angelegt hat. Dieser ahnt von der Geltungssucht seines Sprösslings nichts. Mutter Maria wundert sich zwar, dass ihr Sohn neuerdings nur noch teure Hemden mit eingestickten Emblemen trägt, darauf ansprechen tut sie den mittlerweile 27-Jährigen aber nicht. Genauso wenig wie auf seine 11 Jahre jüngere Freundin Katharina, von allen nur „Katha" genannt.

Die 16-Jährige stammt aus einfachen Verhältnissen. Sie genießt es darum umso mehr, dass ihr Freund Magnus ihr so viel ermöglichen kann. Er schenkt Katha wertvollen Schmuck, lädt sie in teure Restaurants ein und macht einen vierwöchigen Amerikatrip mit dem Mädchen. Was Katharina jedoch nicht ahnt: die Finanzreserve des Studenten neigt sich rasant dem Ende zu. Damit seine Lügengeschichte des reichen Sohnes nicht in sich zusammenbricht, heckt er einen Plan aus, der ihn für die nächsten Jahre sorgenfrei machen soll.

Familie von Metzler ist in Frankfurt am Main eine wahre Institution, gehört ihnen doch das älteste private Bankhaus Deutschlands, das sich seit dem Jahre 1674 im Familienbesitz befindet. Mäzen und Bankier Friedrich von Metzler heiratet 1984 die 28-jährige Sylvia Wirth. Ihr Glück wird durch ihre drei Kinder Franz, Elena und dem Nesthäkchen Jakob gekrönt. Die Familie lebt auf einem großen Anwesen in einer zurückgesetzten Villa. Um auf das Grundstück zu kommen, muss man ein schmiedeeisernes Tor passieren. Obwohl die Bankiersfamilie wohlhabend ist, möchten sie nicht, dass ihre Kinder mit dem sprichwörtlichen „goldenen Löffel im Mund" aufwachsen. Aber auch Franz, Elena und Jakob legen keinen Wert darauf, als etwas Besonderes wahrgenommen zu werden. Sie gehen viel lieber auf eine staatliche Schule, gemeinsam mit ihren Freunden. Den Weg legen sie mit öffentlichen Verkehrsmitteln zurück, ohne Bodyguards. Ihre Kleidung kaufen sie in den bekannten, großen Modehäusern, wie alle normalen Teenager in ihrem Umfeld. Und auch Friedrich und Sylvia leben trotz ihres Reichtums bescheiden. Die Familie von Metzler wird von den Frankfurtern sehr geschätzt. Vor allem wegen ihres Engagements hinsichtlich der sozialen und kulturellen Belange ihrer Heimat. Und auch für ihre Freundlichkeit und Großzügigkeit gegenüber ihren Mitmenschen ist die Bankiersfamilie sogar weit über die Grenzen Frankfurts bekannt.

Es ist der 27. September 2002. Der letzte Freitag vor Beginn der lang ersehnten Herbstferien. Die von Metzler-Geschwister sind aufgeregt. Schon morgen soll es mit der ganzen Familie in den Urlaub nach Frankreich gehen. Doch der 11-jährige Jakob von Metzler kommt an diesem Tag nicht von der Schule nach Hause. Zunächst macht sich Mutter Sylvia nicht allzu große Sorgen. Vielleicht hat er ein wenig getrödelt. Auf dem Heimweg gibt es einen Spielplatz, eventuell hat Jakob sich dazu verleiten lassen, noch ein wenig zu spielen, statt nach Hause zu kommen?

Doch all ihre Überlegungen werden zerschlagen, als der Hausmeister gegen 12:40 Uhr mit einem Zettel, der sich in einer Klarsichthülle befindet, in die Villa geeilt kommt. Er fand das mit einem Stein beschwerte Schreiben im Garten der Bankiersfamilie.

Der Verfasser hatte mit einer Schreibmaschine einige Sätze auf das Papier getippt, die Sylvia das Blut in den Adern gefrieren lassen.

„Wir haben Ihren Sohn entführt. Wir wollen niemanden schaden, es geht uns nur ums Geld“, liest sie. Um Jakob unversehrt zurückzubekommen, fordern die Verbrecher 1.000.000 DM (475.530 €) Lösegeld. In der Nacht von Sonntag auf Montag um 1:00 Uhr soll die Geldübergabe stattfinden. Die Summe soll in einer Stückelung bis 500 DM-Scheine in zwei Plastiktüten eines bekannten Discounters an einer Straßenbahnhaltestelle durch Friedrich von Metzler abgestellt werden. Dann soll der Bankier wieder nach Hause gehen. Am Morgen würde die Familie Jakob dann unbeschadet zurückbekommen. Die Entführer fordern von der Familie, nicht die Polizei einzuschalten.

Friedrich und Sylvia von Metzler müssen nicht lange überlegen. Dank ihrer Bekanntheit haben sie auch Kontakte zu hochrangigen Personen. Vater Friedrich ruft im Innenministerium an und meldet die Entführung seines jüngsten Sohnes. Ihm wird mitgeteilt, dass der Polizeipräsident von Frankfurt derzeit im Urlaub sei, aber es würde sich in den nächsten Minuten der fähigste Polizist in Deutschland bei der Familie melden. Und so ist es auch: kurze Zeit später ruft Vize-Polizeipräsident Wolfgang Daschner bei den besorgten Eltern an. Er erklärt ihnen das weitere Vorgehen.

Oberste Priorität sei es zunächst, dass die Öffentlichkeit nicht mitbekommt, dass der Bankierssohn Jakob von

Metzler entführt wurde und die Eltern um Lösegeld erpresst werden. Die Verbrecher sollen im Glauben bleiben, Friedrich und Sylvia würden sich an ihre Vorgaben halten. Die Sonderkommission analysiert derweil den Erpresserbrief und bereitet die Geldübergabe vor.

Dann kommt die Nacht von Sonntag auf Montag. Die Nerven der Familie von Metzler sind zum Zerreißen gespannt. Im Polizeipräsidium Frankfurt herrscht geschäftiges Treiben. Die Seriennummer eines jeden einzelnen Geldscheines des Lösegeldes wird akribisch notiert und in einer der beiden Plastiktüten eines Discounters verpackt. Vater Friedrich schreibt mit einem Füllfederhalter auf einen Zettel: „Wir haben unseren Teil der Forderung erfüllt und wir hoffen, dass Sie Jakob gut behandelt haben und morgen, so schnell wie möglich, nach Hause kommen lassen.“ Dann legt er den Zettel in eine der Tüten.

Ein Zivilbeamter fährt Friedrich von Metzler gegen 1:00 Uhr in der Nacht zu der Straßenbahnhaltestelle Oberschweinstiege, gelegen im Frankfurter Stadtwald. Das Gebiet wird von Beamten in zivil observiert; vor allem die Haltestelle. Sie beobachten, wie sich der Bankier, je eine Plastiktüte in jeder Hand, auf die Straßenbahnschienen zubewegt, bevor er nach links abbiegt und den nur schwach beleuchteten Bahnsteig betritt. Wie in dem Erpresserschreiben gefordert, stellt von Metzler die Discountertüten an das Schild der Haltestelle. Er blickt sich um; sieht jedoch niemanden. Der Mann zieht den Kragen seiner Jacke hoch, um sein

Gesicht vor der nächtlichen Kälte zu schützen, bevor er den Rückzug antritt.

Es dauert einige Minuten, bis die wartenden Zivilbeamten auf ihren Posten eine Beobachtung machen. Ein groß gewachsener Mann, mit einer Wollmütze auf dem Kopf, nähert sich den Tüten mit dem Lösegeld. Er blickt sich nach rechts und links um, bevor er sich die Plastiktüten schnappt und eiligen Schrittes in das nahgelegene Waldstück geht. Die Nerven der Ermittler sind zum Zerreißen gespannt. Was macht er denn nur da? Sie beobachten ihn, wie er in eine der Tüten greift, einen kurzen Blick auf das Schreiben von Friedrich von Metzler wirft, bevor er es zerknüllt und achtlos auf den Waldboden wirft. Der Mann beginnt in aller Seelenruhe, das Geld zu zählen, dann begibt er sich zu seinem Wagen und startet den Motor.

Eine Zivilstreife haftet sich an seine Fersen und folgt dem Unbekannten. Seinen ersten Stopp macht der Mann an einer Bankfiliale. Später werden die Ermittler feststellen, dass er hier 800 DM (382 €) einzahlte. Im Anschluss setzt er seine Fahrt fort, bis er an einem Mehrfamilienhaus ankommt und am Straßenrand parkt. Der Unbekannte packt sich die beiden Plastiktüten, verschließt sein Auto und schlendert den Weg zur Eingangstür entlang, bis er im Inneren des Hauses verschwindet. Während der verdeckten Verfolgung hatten die Zivilbeamten ihren Kollegen das Nummernschild des unbekannten Fahrers zur Überprüfung durchgegeben. Nun erhalten sie endlich das Ergebnis der Abfrage: Fahrzeughalter ist der 27-jährige Student Magnus Gäfgen.

Ist der Student ein Komplize? Sollte er vielleicht nur das Lösegeld entgegennehmen? Oder ist er gar der Entführer des fröhlichen Jungen mit den großen Schneidezähnen? Die ganze Nacht bleibt die Zivilstreife vor dem Haus des Tatverdächtigen und observiert den Hauseingang. Irgendwann muss sich etwas tun. Entweder weil der Student das Geld seinem Auftraggeber übergeben muss oder weil er zum Versteck von Jakob will.

Zum Erstaunen der Ermittler tritt am Vormittag des kommenden Montags ein junger Mann mit dunklen Haaren aus der Haustür. An seiner Seite ein junges Mädchen. Das Pärchen steigt in Gäfgens Auto und fährt los. Die Zivilbeamten hängen sich unauffällig an die Fersen der beiden.

In den kommenden Stunden werden die Ermittler immer unruhiger. Der Student macht keinerlei Anstalten, dem Entführer das Geld zu bringen oder sich zum Versteck des entführten Jakobs zu begeben; geschweige denn, dass er die Rückkehr des Kindes zu seiner Familie vorbereitet. Während die Familie von Metzler sehnsüchtig auf die Heimkehr ihres kleinen Jakobs warten, besucht Gäfgen mit seiner Freundin ein Autohaus und kauft sich einen Mercedes C 200 für 60.050 DM (30.700 €). Im Anschluss bummeln sie durch die Stadt, gehen zum Frisör, shoppen in edlen Boutiquen und besuchen ein Reisebüro. Hier bucht das Pärchen einen Luxusurlaub auf Fuerteventura. Die Ermittler sind sich nach dem Kaufrausch sicher: Gäfgen ist kein Komplize, der Student ist der Entführer!

Während der Observation der Ermittler haben ihre Kollegen den Hintergrund des 27-Jährigen durchleuchtet. Und so stellen sie fest, dass Magnus das jüngste Familienmitglied der von Metzlers kennt. Die Freundin des Studenten geht in die Parallelklasse von Jakobs großer Schwester Elena und ist locker mit ihr befreundet. Gäfgen hatte die Geschwister auch schon mal nach der Schule nach Hause gefahren.

Die Sorge der Kriminalisten wächst immer weiter. Jakob muss nun wenigstens über 12 Stunden nicht mehr mit Wasser und Essen versorgt worden sein, vielleicht sogar schon seit dem vergangenen Freitag; außer natürlich, Gäfgen hat einen Komplizen. Doch dafür haben sie keinerlei Anhaltspunkte. Langsam, aber sicher, müssen die Experten in Betracht ziehen, dass Jakob vielleicht auch schon tot sein könnte. Hatte Gäfgen den Jungen als Tatzeugen beseitigt? Immerhin kannte das Kind den Studenten und hätte die Polizei nach seiner Freilassung direkt zu ihm führen können. Doch die Beamten schieben diesen Gedanken beiseite. Sie beschatten den Tatverdächtigen weiter, bis ihnen der Geduldsfaden reißt.

Gegen 16:20 Uhr an diesem Montagnachmittag stellt Gäfgen sein Auto im Parkhaus des Frankfurter Flughafens ab. Mehrere bewaffnete, vermummte Zivilbeamten stürmen aus den umliegend stehenden Autos auf seinen Wagen zu. „POLIZEI, POLIZEI, POLIZEI!“, schreien die Männer, während sie die Türen der Fahrer- und Beifahrerseite aufreißen. Sie zerren Gäfgen und seine Freundin Katha unsanft heraus, drücken sie zu Boden, fixieren ihre Arme auf ihren Rücken und legen ihnen Handschellen an.

„Wo ist das Kind!“, brüllt einer der Männer Gäfgen an. „Sag uns sofort, wo wir den Jungen finden!“

Der Student scheint überrumpelt; er antwortet nicht.

Katha schreit: „Was wollt ihr von uns? Von welchem Jungen redet ihr?“ Sie ist ahnungslos.

Einer der Polizisten zerrt Gäfgen auf die Beine und drückt ihn gegen sein Auto. „WO – IST – JAKOB?“, schreit der Mann den Gefesselten an. Magnus schaut dem schnaubenden Beamten in die Augen bevor sich seine Mundwinkel nach unten ziehen und seine Augen glasig werden. Weinerlich antwortet er: „Ich weiß nicht, wovon Sie reden!“ Doch die Zivilbeamten glauben ihm kein Wort.

Im Polizeipräsidium angekommen wird der tatverdächtige Student in ein Verhörzimmer gebracht. Es folgen stundenlange Befragungen des jungen Mannes. Zeit, die Jakob nicht hat, um auf seine Rettung zu warten. Mit jeder Stunde, die verstreicht, werden die Kriminalisten nervöser, unruhiger, verzweifelter. Das Leben dieses Kindes steht auf dem Spiel, doch der Festgenommene scheint sich für das Schicksal des kleinen Jakobs nicht zu interessieren. Zunächst behauptet er, ein Unbekannter habe ihn gebeten, die beiden Discountertüten abzuholen. Im Gegenzug würde er dafür 20.000 DM (10.225 €) erhalten. Er habe einen Teil des Geldes aus den Tüten genommen; die restlichen Banknoten würde er in seiner Wohnung in zwei Geldkassetten aufbewahren. Aber wo Jakob ist, das wisse er nicht. Die Ermittler glauben dem Studenten kein Wort. Irgendwann entscheiden die Beamten, in Absprache mit der Familie des entführten Jungen, eine Pressekonferenz einzuberufen. Sie erhoffen sich Hinweise aus der Öffentlichkeit, die sie zu dem Versteck von Jakob führen.

In der Zwischenzeit durchsuchen weitere Beamte die Wohnung von Magnus Gäfgen. Auch der Erkennungsdienst ist vor Ort. Als der Kriminalhauptkommissar, der die Durchsuchung leitet, gegen 19:30 Uhr seine Kollegen im Polizeipräsidium anruft, um sie auf den neuesten Stand zu bringen, haben sie bereits 500.000 DM des Lösegeldes sichergestellt.

Und sie fanden einen Zettel, auf dem Gäfgen handschriftlich eine Art Checkliste notiert hatte: „Weg abfahren, Ortstermin Steg, Rucksäcke, Brieftest, Brief Ortsinformation, Briefsteinwurf testen, Beil“. Nun scheint es klar: der Tatverdächtige hat keinen Komplizen, Jakob ist irgendwo versteckt, in höchster Lebensgefahr. Der Junge siecht wahrscheinlich vor sich hin, während Gäfgen auf Zeit spielt. Es macht den Eindruck auf die Ermittler, der Entführer ziele darauf ab, dass sie Jakob erst finden, wenn er tot ist. So will Gäfgen wohl den einzigen Belastungszeugen beseitigen. Der psychische Druck, der auf allen Beteiligten lastet, ist enorm.

Noch in der Dunkelheit der Nacht von Montag auf Dienstag durchkämmen zahlreiche Polizisten, unterstützt von Polizeikräften aus angrenzenden Bundesländern und 60 Suchhunden, den Frankfurter Stadtwald. Auch in den angrenzenden Gebieten wird jeder Bunker, jedes leerstehende Haus nach dem Jungen durchsucht. Von Jakob finden sie keine Spur.

Währenddessen probiert einer der vernehmenden Ermittler eine andere Strategie aus. Er schreibt drei Fragen auf ein Blatt Papier: „Befindet sich Jakob allein irgendwo? Oder ist er unter Bewachung/Aufsicht? Oder ist er nicht mehr am Leben?“

Der Beamte schiebt Gäfgen den Zettel herüber und legt den Stift daneben. „Ich drehe mich jetzt um. Und du kreuzt an, welche der drei Optionen zutrifft. Wir wissen, dass die Situation auch für dich nicht einfach ist. Aber du musst uns wenigstens eine Chance geben, den Jungen zu finden.“ Der Beamte blickt Gäfgen, der sich bis jetzt wie ein Aal gewunden hat, den die Kriminalisten nicht zu fassen bekamen, tief in die Augen. Mit einem Seufzer dreht er sich auf seinem Bürostuhl mit dem Rücken zu dem jungen Mann. Es vergehen einige Minuten der Stille, bis sich der Beamte wieder zum Schreibtisch dreht und auf den Zettel blickt. Gäfgen hat die zweite Option angekreuzt.

Jakob werde in einer Hütte am Langener Waldsee bewacht, erzählt Gäfgen den Ermittlern nun. Doch wo genau die Hütte liegt, das konnte der Tatverdächtige auf einer eilig herbeigeholten Karte nicht zeigen. Es folgen wieder drei Stunden zäher Vernehmung, bis Gäfgen gegen 00:45 Uhr den Ermittlern sagt, das Kind sei von zwei Brüdern, Nils* und

Mark* A.*, abgeholt und zu der Waldbehausung gebracht worden. Es ist 01:30 Uhr, als Gäfgen in eine Zelle gebracht wird. Er legt sich auf eine kahle Pritsche und fällt sofort in einen tiefen Schlaf. Währenddessen planen die Beamten das weitere Vorgehen: die Durchsuchung am Langener Waldsee muss koordiniert und die Verhaftung der beiden Brüder organisiert werden. Zudem planen die Kriminalisten eine Gegenüberstellung Gäfgens mit Elena und Friedrich von Metzler. Denn eines wussten sie bereits: Magnus Gäfgen wollte zu der Clique von Jakobs Schwester gehören. Vielleicht würden sie es auf der emotionalen Schiene schaffen, den Mann endlich zum Reden zu bringen. Sie brauchen mehr Informationen.

In den frühen Morgenstunden des Dienstags beginnen tausend Polizeikräfte das Gebiet am Langener See zu durchkämmen, auf der Suche nach der Hütte, in der sich Jakob befinden soll. Zeitgleich stürmt ein Spezialeinsatzkommando, maskiert und schwer bewaffnet, die Wohnung von Nils und seiner Freundin. Das Paar liegt im Bett und weiß nicht wie ihnen geschieht, als grell strahlende Taschenlampen und die Läufe von Waffen auf sie gerichtet werden.

Parallel fällt ein weiteres SEK in die Wohnung der Mutter beider Brüder ein, um Mark zu verhaften, der noch bei ihr lebt. Die Einsatzkräfte erklären der geschockten Frau, dass ihre Söhne eines schweren Verbrechens beschuldigt sind. Sie führen den Sohn in Handschellen ab. Im Vorbeigehen versucht er seine Mutter zu beruhigen: „Mama, da ist nichts dran. Wir haben nichts gemacht. Da steckt bestimmt Magnus Gäfgen hinter. Das wird sich aufklären." Die beiden jungen Männer werden zum Polizeipräsidium Frankfurt gebracht.

„Magnus Gäfgen ...", murmelt die Mutter niedergeschmettert, während sie sich kraftlos auf einen Stuhl fallen lässt. „Nimmt das denn nie ein Ende?"

Ihre Söhne hatten Gäfgen 1992 während einer Sommerfreizeit der katholischen Gemeinde kennengelernt. Der damals 17-Jährige war dort als Betreuer eingesetzt. Nils und Mark mochten den älteren Jungen. Und auch nach den Sommerferien bestand noch enger Kontakt zu Magnus. Er lud die Jungs ins Kino ein, ging mit ihnen Eis essen oder bestellte sie zum Konsolenspielen zu sich nach Hause. Doch schon bald wurden den beiden Brüdern der einst „coole" Jugendbetreuer unangenehm. Jeden Tag rief er an oder wartete auf der Treppe vor dem Haus der Familie, bis die Jungen nach Hause kamen. Wenn Nils und Mark ihm die Haustür mal nicht öffneten, schreckte der Jugendliche auch nicht davor zurück, in die Fenster der Wohnung der Familie A. zu spähen, um sicherzugehen, dass die Jungs auch wirklich nicht zu Hause waren. Vor allem Mark fürchtete sich bald vor Magnus, der ihm körperlich deutlich überlegen war. Immerzu drängte er den Jungen zu Ringkämpfen, die Mark nur verlieren konnte. Er versuchte, dem älteren „Freund" aus dem Weg zu gehen; blockte jeden Kontaktversuch des Jugendlichen ab.

Doch Magnus gab nicht so schnell auf. Er schrieb dem mittlerweile 13-jährigen Mark sogar Briefe, in denen er ihn bat, die Freundschaft nicht einfach so wegzuschmeißen. 1994 schafft der Jugendliche es tatsächlich, den Jüngeren noch einmal zu sich nach Hause zu locken. Gemeinsam zockten sie die neusten Computerspiele, bis Mark während des Spielens beinahe die Augen zufielen. Er bat Magnus, auf dem Gästesofa schlafen zu dürfen, doch der 19-Jährige sagte ihm, er solle lieber in seinem Bett schlafen. In der Nacht missbraucht Gäfgen den Jungen, der keine Chance hat, sich gegen den großen, starken Täter zu wehren.

Mark schafft es nicht, jemanden zu berichten, was ihm in jener Nacht widerfahren ist. Und so passiert es, dass wenige Wochen später Nils auf den gleichen Trick von Magnus reinfällt. Auch er wird missbraucht.

Nachdem Gäfgen Mark am Telefon droht, ihn zu töten, sollte er sich nicht bei ihm melden, fassen die beiden Brüder sich ein Herz. Sie vertrauen sich ihrer Mutter an. Diese setzt alle Hebel in Bewegung: Sie meldet sich beim Jugendamt, sie informiert die Schule ihrer Kinder, sie spricht mit dem Pfarrer und der Mutter von Magnus. Das Jugendamt erteilt dem 19-Jährigen zwar eine Kontaktsperre zu den beiden Brüdern, aber ansonsten fühlt sich die verzweifelte Mutter nicht ernstgenommen. Beweisen kann sie nicht, was ihre Söhne ihr berichtet haben. Sie will Gäfgen wegen des sexuellen Missbrauchs anzeigen, doch ihr wird davon abgeraten. Die Gefahr sei zu groß, ihre Söhne damit noch weiter zu traumatisieren.

Magnus Gäfgen bestreitet bis heute, Nils und Mark jemals sexuell missbraucht zu haben.

Nachdem die Kriminalbeamten die beiden Brüder vernommen, ihre Wohnungen durchsucht und die Alibis geprüft haben, stellen sie bald fest: Gäfgen hat sie bewusst auf eine falsche Fährte gelockt. Er versucht Zeit zu schinden. Die Verzweiflung der Polizisten nimmt immer weiter zu. Seit drei Tagen und zwanzig Stunden gibt es nun kein Lebenszeichen mehr von Jakob. Und obwohl die Einsatzkräfte das Gebiet um den Langener Waldsee akribisch absuchen, haben sie noch keine Spur gefunden, die sie zu Jakob führen könnte. Vize-Polizeipräsident Daschner platzt bald der Kragen; vor Wut, vor Verzweiflung. Was kann er bloß tun, um Gäfgen zum Reden zu bringen? Solange ihm nicht das Gegenteil bewiesen wurde, muss der erfahrene Beamte davon ausgehen, dass das Kind noch lebt. Und dass es sich in akuter Lebensgefahr befindet. Ohne Wasser, ohne Nahrung, vielleicht verletzt. Armer Jakob – Daschner kann sich kaum ausmalen, welche Todesängste der Junge ausstehen muss.

Daschner berät sich mit seinen Kollegen, die Gäfgen seit Stunden verhören. Und er trifft eine Entscheidung; er wähnt sich in einer Situation extremen Notstandes. Und er ist sich sicher, dass sein Vorgehen „explizit die Rechtfertigungsgründe der Notwehr in Form der Nothilfe sowie des übergesetzlichen Notstandes“ deckt. Er will kein Geständnis mit der Androhung der Folter erreichen. Er will nur wissen wo Jakob ist, um ihn retten zu können. Der

Vize-Polizeipräsident bestellt Frau Gäfgen, die Mutter des Entführers, auf das Polizeipräsidium. Vielleicht bringt sie ihren Sohn endlich zum Sprechen. Parallel ordnet er an, dass ein Wahrheitsserum in Form von Natriumpentothal besorgt werden soll. Diese psychoaktive Substanz beeinträchtigt die Entscheidungsfähigkeit, das Bewusstsein und den Willen einer Person so, dass sie leichter Informationen preisgibt. Zudem soll Gäfgen „unmittelbarer Zwang" unter polizeiärztlicher Aufsicht angedroht werden. Die Maßnahme sei mit Bild- und Tonaufnahmen zu dokumentieren. Hierfür soll ein Beamter des Spezialeinsatzkommandos gesucht werden, der auch psychisch in der Lage ist, Gäfgen Schmerzen zuzufügen. Die Boulevardpresse wird ihn später als einen „Folterspezialisten" betiteln.

Während die Maßnahmen organisiert werden, holt ein Streifenwagen Gäfgens Mutter am Morgen des Dienstags zu Hause ab und bringt sie in das Polizeipräsidium. Doch der Entführer lässt sich nicht beirren. Er sagt seiner aufgelösten Mutter, dass er unter massiven Druck stehe; erpresst werde. Er könne nicht sprechen, er müsse sie schützen. Dann überreicht er seiner Mutter eine wertvolle Breitbach-Uhr; er habe Angst, dass sie während der U-Haft wegkommen könnte. Später stellt sich heraus, dass Magnus das wertvolle Stück einem Bekannten aus der Ibiza-Clique gestohlen hatte.

Nachdem Frau Gäfgen das Polizeipräsidium wieder verlassen hat, bekommt Daschner einen Anruf. Die Einsatzkräfte hätten am Waldsee in einer Hütte einen

Kinderschlafsack mit bräunlichen Anhaftungen, eventuell getrocknetes Blut, entdeckt. Nachdem der Vize-Polizeipräsident den Hörer auflegt, ist ihm klar, dass er jetzt schnell handeln muss. Die Wahrscheinlichkeit ist groß, dass der Junge nicht nur seit fast vier Tagen nicht mehr versorgt wird, sondern auch verletzt ist. Daschner ordnet nun das weitere Vorgehen an.

Es hatte sich ein Polizeibeamter gefunden, der bereit war, Magnus Gäfgen kontrolliert Schmerzen zuzufügen. Da er sich im Urlaub befindet, macht sich ein Hubschrauber auf den Weg, um ihn einzufliegen. Daschner beauftragt einen Beamten, der den Entführer bis jetzt noch nicht vernommen hat, Gäfgen auf die bevorstehenden Maßnahmen vorzubereiten. Der Beauftragte ist sich der Brisanz dieses Vorhabens bewusst. Er sucht noch einmal das Gespräch mit Gäfgen; bittet ihn, endlich zu sagen, wo sie Jakob finden können. Doch sein Gesprächspartner bleibt eiskalt. Kein Wort verlässt seine Lippen. Der resignierte Beamte spielt nun seinen Trumpf aus: der Mann eröffnet seinem Gegenüber, dass die Anwendung unmittelbaren Zwangs angeordnet ist. Es wird in diesem Moment jemand eingeflogen, der ihm Schmerzen zufügen wird, bis Magnus endlich sein Schweigen bricht.

Die Ansage des Kriminalisten scheint keinen großen Eindruck auf Gäfgen zu machen. Der Polizist seufzt. „Ein letzter Versuch“, denkt er bei sich. Er beginnt nochmals auf sein Gegenüber einzureden; er will Bilder im Kopf des Entführers erzeugen. Die flehenden Augen des Kindes, die Schreie, die

Angst, die Jakob nun ausstehen muss. Er prophezeit ihm, dass er keine Nacht mehr ruhig schlafen wird, wenn er nicht endlich sagt, was mit dem Kind passiert ist. Gäfgen merkt, dass der Beamte nicht gedenkt, locker zu lassen. Immer weiter und weiter redet der erfahrene Kriminalist auf den Entführer ein. Bis er endlich eine Reaktion erhält. Gäfgen stammelt vor sich hin. Dann der entscheidende, lang ersehnte Satz: „Ich glaube, er ist an einem See. In der Nähe von Birnstein."

Sofort macht sich ein Tross von Polizeibeamten und die Spurensicherung samt Gäfgen auf den Weg zu dem Fischweiher im Schauerwald. Auf dem Weg zum See bleibt der in Handschellen gelegte Entführer stehen.

„Wo ist Jakob?", herrscht ihn einer der Beamten an. Gäfgen blickt den Mann an. Tränen steigen in seine Augen. Er spricht nicht; deutet nur mit seiner Hand in Richtung eines Badestegs. Dann bricht er weinend auf dem Schotterweg zusammen.

Es ist Dienstag, der 1. Oktober 2002 gegen 12 Uhr, als die Beamten die Leiche des entführten Jakobs, verpackt in blaue Müllsäcke und mit schwarzen Bettlaken umhüllt, unterhalb des Stegs im Wasser entdecken. Die Enttäuschung ist groß. Alle Mühe umsonst. Sie konnten das Leben dieses Kindes nicht retten. Die Gedanken aller Beteiligten sind jetzt bei der Familie von Metzler, die nun das schlimmste Schicksal, das Eltern widerfahren kann, ertragen müssen.

Vize-Polizeipräsident Wolfgang Daschner ist ob der Tragik des Falles tief berührt. So etwas hat er in seiner langen

Polizeikarriere noch nie erlebt. Und noch nie hat er solche Verfügungen treffen müssen – „die schwerste Entscheidung im Leben“. Betrübt fertigt Daschner einen Vorgangsbericht über die von ihm erlassenen Maßnahmen an und legt sie der Akte Gäfgen bei.

Während des Prozesses gesteht Magnus Gäfgen sein Verbrechen. Er lockte am Freitag, dem 27. September 2002, den kleinen Jakob in seine Wohnung. Von dort aus konnte er die Bushaltestelle beobachten, an der sein Opfer auf den Bus nach Hause wartete. Gäfgen ging zu ihm und bat ihn, mit ihm zukommen. Als er Jakob und seine Schwester Elena das letzte Mal nach Hause gefahren hat, habe das Mädchen ihre Jacke in seinem Auto liegen lassen. Diese habe er nun in seiner Wohnung. Jakob folgt dem Mann.

In der Wohnung angekommen, überwältigt er den Jungen; drückt ihm Streifen von Klebeband auf Mund und Nase. Der Junge beginnt sich gegen seinen Angreifer zu wehren; versucht zu schreien. Dass sein Opfer sich wehren könnte, das habe Gäfgen in seinem Plan nicht bedacht. Er habe die Nerven verloren. Der Student schüttelt Jakob, schreit ihn an, würgt ihn. Dann legt er sich neben ihn; presst seine Hand auf Mund und Nase des Kindes, bis Jakob den Erstickungstod stirbt. Im Anschluss entkleidet er den Leichnam bis auf die Unterhose, legt ihn in seine Badewanne und wäscht den Körper. Er will DNA- und Faserspuren beseitigen. Nachdem der Mörder sein Opfer in Müllsäcke und Bettlaken gehüllt hat, bringt er das tote Kind unbemerkt aus dem Haus und legt es in den

Kofferraum seines Autos. Auf dem Weg zum Ablageort der Leiche macht er Halt in der Nähe des Hauses der Familie von Metzler und wirft das vorbereitete Erpresserschreiben auf das Grundstück. Im Anschluss fährt er zum Mittagessen zu seinen Eltern.

Am 28. Juli 2003 wird am Landgericht Frankfurt am Main das Urteil gegen Magnus Gäfgen gesprochen. Wegen „Mordes in Tateinheit mit erpresserischem Menschenraub mit Todesfolge und wegen falscher Verdächtigung in Tateinheit mit Freiheitsberaubung in zwei Fällen" erhält der Angeklagte eine lebenslange Freiheitsstrafe. Das Gericht stellt die besondere Schwere der Schuld bei den Taten des Beklagten fest. Für Gäfgen bedeutet das, dass er nach 15 Jahren Haft keinen Antrag auf eine vorzeitige Entlassung auf Bewährung stellen kann. Der Verurteilte geht in Revision. Erfolglos. Das Urteil ist rechtskräftig.

Letztlich ist es der Aktenvermerk von Wolfgang Daschner selbst, der schon im Januar 2003 dazu führt, dass gegen den Ermittler eine Untersuchung wegen einer Aussagenerpressung beginnt. Er wird aus dem Amt des Vize-Polizeipräsidenten enthoben und muss bis auf weiteres im hessischen Innenministerium seinen Dienst verrichten.

Im November 2004 beginnt der Prozess gegen Daschner und den Kriminalbeamten, der die Drohung Gäfgen gegenüber ausgesprochen hatte, vor dem Landgericht Frankfurt und endet mit einer Verurteilung der beiden Männer. Das Gericht stellt die Schuld der Beamten fest und verhängt gegen beide eine Geldstrafe, verwarnt sie ob ihres Vorgehens und setzt die Geldstrafen zu einer einjährigen Bewährung aus. Die Richter halten dem ehemaligen Vize-Polizeipräsident zugute, dass er nur das Wohl des Kindes im Sinne hatte und eigenmächtig einen Aktenvermerk über sein Vorgehen anfertigte, ohne den die strafrechtliche Aufarbeitung eventuell gar nicht möglich gewesen wäre, oder zumindest deutlich erschwert hätte. Der Prozess spaltet die Gesellschaft in zwei Lager: die einen, die in dem Verhalten Daschners eine Gefährdung der deutschen Rechtsordnung sehen und die anderen, die seine Entscheidung moralisch unterstützen.

Es ist das Jahresende 2005, als der Kindsmörder wieder für Schlagzeilen sorgt. Nach kleineren Hürden wurde dem Mittellosen Prozesskostenbeihilfe bewilligt. Er verklagt das Land Hessen auf eine Entschädigung von 10.000 € für die erlittenen seelischen Qualen durch die angedrohte Folter. Er sei dadurch traumatisiert worden. Die beauftragten Psychiater konnten jedoch nicht klären, ob die beklagten psychischen, subjektiven Spätfolgen des Kindsmörders auf der Androhung der Folter durch die Polizisten beruhen. Vielleicht fußt die Traumatisierung auch darauf, dass der Mann ein 11-jähriges Kind ermordet hat. Nichtsdestotrotz werden Gäfgen 3.000 € Entschädigung zugesprochen. Das Gericht begründet seine Entscheidung damit, dass die Beamten des Landes Hessen die Menschenwürde von Magnus Gäfgen in „eklatanter Weise schuldhaft verletzt“ hätten.

Die Familie von Metzler zieht sich nach der Ermordung ihres jüngsten Kindes zunächst aus der Öffentlichkeit zurück. Doch sie lassen nicht zu, dass der Mörder ihres Sohnes sie auseinanderbringt. Sie halten fest zusammen und meistert den Verlust ihres kleinen Jakobs gemeinsam. Öffentlich äußern die von Metzlers sich nicht zu dem Mordfall. Sie stehen noch heute in freundschaftlichem Kontakt zu Wolfgang Daschner. Vor allem Friedrich von Metzler belastet das Urteil gegen den ehemaligen Vize-Polizeipräsidenten.

Währenddessen studiert Magnus Gäfgen in Haft weiter Jura und legt sein erstes Staatsexamen ab. Zum zweiten Staatsexamen wird der Schwerverbrecher wegen seiner lebenslangen Haftstrafe jedoch nicht zugelassen. Der Häftling möchte die Gäfgen-Stiftung gründen. Ziel sei es, Kinder, die Opfer eines Gewaltverbrechens wurden, zu unterstützen. Der Großteil der Bevölkerung und Politik sieht darin allerdings keine Widergutmachung, sondern eine Verhöhnung der Opfer von schweren Gewalttaten. Der Kindsmörder verfolgt das Projekt daraufhin nicht mehr weiter. Die Hürden der Stiftungsgründung scheinen zu hoch. Gäfgen meldet Verbraucherinsolvenz an; seit 2008 ist er schuldenfrei. Der Täter ändert seinen Namen. Dies soll der Resozialisierung dienen.

Im Jahr 2017 beantragt der Gefangene die Aussetzung seiner Strafe zur Bewährung. Das erstellte psychiatrisch-psychologische Prognosegutachten sieht in Magnus Gäfgen jedoch noch immer eine Gefahr für die Gesellschaft. Seine

Haftstrafe verbüßt er weiterhin in der sozialtherapeutischen Anstalt der Justizvollzugsanstalt Kassel II.

Einige Namen wurden geändert.

»Mag auch das Böse sich noch so sehr vervielfachen, niemals vermag es das Gute ganz aufzuheben.«

- Thomas von Aquin (1225-1274), italienischer Philosoph und Theologe -

Schlusswort der Autoren

Liebe Leserin, lieber Leser,

Hat Ihnen dieses Buch gefallen? Dann tragen sie sich doch in meinen Autoren-Newsletter ein. Als besondere Begrüßung und Dankeschön schenke ich Ihnen eine Sammlung der verstörendsten Fälle meiner True Crime Buchreihe.

Außerdem bereiten sie Benjamin, Stefanie und mir eine große Freude, wenn sie uns mit einer ehrlichen Rezension unterstützen. Jede Bewertung zählt, denn sie sorgt dafür, dass dieses Buch im großen digitalen Dschungel auffindbar ist.

Den Newsletter finden sie unter:

https://www.subscribepage.com/truecrimedeutschland

Herzlichst ihr Adrian Langenscheid, mit Benjamin Rickert und Stefanie vom Podcast „Von Mord und Totschlag".

Instagram: @truecrimedeutschland

NEWSLETTER:

Instagram

EMPFEHLUNGEN

Steffis Podcast „Von Mord und Totschlag“ ist im Dezember 2019 mit der 1. Episode an den Start gegangen. Als begeisterte Thriller-Leserin in ihrer Jugend kam sie über True Crime-Bücher dann zu True Crime-Podcasts. Da sie aber schnell merkte, dass ihr das Warten auf neue Folgen ihrer Lieblings-Podcaster zu lange dauerte, begann sie selbst spannende Kriminalfälle zu recherchieren. Die Idee und der Wunsch, einen eigenen Podcast zu starten, war geboren. Auch wenn sie keinen journalistischen oder kriminalistischen Hintergrund hat, werden bei ihr die Kriminalfälle bis ins kleinste Detail beleuchtet. Alle interessanten Informationen und spannende Fakten trägt sie für euch zusammen, sodass ihr euch selbst ein umfassendes Bild von Opfer und Täter, Tat und Motiv machen könnt. Auch die psychologische Seite kommt bei ihr nicht zu kurz.

Steffi entführt euch aus eurem Alltag in die tiefsten Abgründe des Menschen und erzählt euch von tragischen Schicksalen, gelösten und ungelösten Verbrechen, die sich auf der ganzen Welt zugetragen haben. Unbedingt reinhören!

TRUE CRIME INTERNATIONAL:

Die erfolgreiche Buchreihe von Adrian Langenscheid

Sein unverkennbarer Stil und der Erfolg seiner Bücher machten Adrian Langenscheid zu einem der erfolgreichsten True Crime-Autoren Deutschlands. Hat Ihnen dieses Buch also gefallen? Dann bestellen Sie sich gerne auch die anderen Bücher der Reihe.

QUELLEN

Kapitel 1 Blütenreiner Zaster

https://de.wikipedia.org/wiki/Hans-J%C3%BCrgen_Kuhl

https://www.ksta.de/geldfaelscher-der-16-millionen-dollar-mann-11810800?cb=1621526590695

https://www.zdf.de/dokumentation/terra-x/terra-x-christian-berkel-stellt-in-f-wie-faelschung-100.html

https://www.youtube.com/watch?v=haGNBzdKuDQ

https://www.youtube.com/watch?v=RX1DCSrQJhs&t=98s

https://www.welt.de/vermischtes/weltgeschehen/article10928755/Hans-Juergen-Kuhl-der-Geldfaelscher-der-Nation.html

https://www.amazon.de/Blütenträume-unglaubliche-Geschichte-Geldfälschers-Taschenbücher/dp/3832162593/ref=sr_1_1?__mk_de_DE=ÅMÅŽÕÑ&dchild=1&keywords=jürgen+kuhl&qid=1621526661&sr=8-1

Kapitel 2 Besessen

https://open.spotify.com/episode/5XmLvWMvkyxbNrZM4K9FVe?si=45dac16c27dc4bf4

https://www.spiegel.de/panorama/justiz/lehrerin-als-stalking-opfer-gero-war-eine-tickende-zeitbombe-a-712298.html

https://www.spiegel.de/panorama/justiz/stalking-tod-einer-lehrerin-a-731831.html

https://www.stern.de/panorama/stern-crime/mord-an-bremer-lehrerin-behoerde-wusste-von-stalker---und-tat-nichts-3873256.html

https://www.youtube.com/watch?v=9giaVZlhgW0

https://www.spiegel.de/panorama/justiz/eklat-in-mordprozess-angeklagter-verhoehnt-sein-opfer-a-712981.html

https://www.spiegel.de/panorama/justiz/fall-gero-s-sie-sind-gefaehrlich-sie-bleiben-gefaehrlich-a-713379.html

https://www.spiegel.de/panorama/justiz/stalking-bgh-bestaetigt-urteil-nach-mord-an-bremer-lehrerin-a-741267.html

https://taz.de/GASTKOMMENTAR-VON-KERSTIN-HERRNKIND/!5140943/

Kapitel 3 Ein Bunker im Wald

Wikipedia - Jürgen Bartsch

Zeitungsartikel aus Der Westen „Erschauern beim Treffe am Todesstollen von Jürgen Bartsch" von Georg Howahl

SWR Doku von 2000 „Die größten Kriminalfälle- Jürgen Bartsch"

SPIEGEL Ausgabe 32/1977 „Also du bist Gisela"

Kapitel 4 Zerfressen

https://open.spotify.com/episode/4eteqV59xOzIslvcux4yY0?si=164dc656805e496c

https://www.spiegel.de/thema/fall_rudolf_rupp/

https://www.donaukurier.de/lokales/neuburg/wochennl112019-Einer-der-bizzarsten-Kriminalfaelle;art1763,4107528

https://www.donaukurier.de/nachrichten/aktuellesthema/Neuburg-Leiche-aus-Autowrack-soll-Mordopfer-Rudolf-Rupp-sein;art3112,2059171

https://www.augsburger-allgemeine.de/neuburg/Ermordeter-Landwirt-aus-Neuburg-Rudolf-Rupp-wurde-nicht-vergiftet-id5868716.html

https://de.wikipedia.org/wiki/Todesfall_Rudolf_Rupp

https://www.gesetze-im-internet.de/gg/art_13.html#:~:text=(1)%20Die%20Wohnung%20ist%20unverletzlich,dort%20vorgeschriebenen%20Form%20durchgef%C3%BChrt%20werden

Kapitel 5 Endstation

https://www.spiegel.de/thema/niels_hoegel/

https://www.stern.de/panorama/stern-crime/krankenpfleger-niels-hoegel-verurteilt--kliniken-perfekt-fuer-serienmoerder--8424662.html

https://de.wikipedia.org/wiki/Niels_H%C3%B6gel

https://www.nwzonline.de/blaulicht/oldenburg-delmenhorst-mordserie-niels-hoegel-warum-schaltete-das-klinikum-oldenburg-nicht-die-polizei-ein_a_50,1,2663257204.html

https://www.nwzonline.de/blaulicht/oldenburg-die-akte-hoegel-die-kliniken-das-versagen-der-helfer_a_50,0,3977173143.html

https://www.nwzonline.de/blaulicht/oldenburg-delmenhorst-preisgekroente-reportage-warum-stoppte-niemand-niels-hoegel_a_32,0,3169274527.html

https://www.nwzonline.de/region/oldenburg-die-akte-hoegel-die-morde-auf-frischer-tat-ertappt_a_50,0,3985268394.html

https://www.weser-kurier.de/region/niedersachsen_artikel,-wie-hoegel-aufflog-_arid,1779288.html

https://www.nwzonline.de/region/oldenburg-die-akte-hoegel-der-taeter-ja-ich-bin-ein-serienmoerder_a_50,0,3985718343.html

https://www.sueddeutsche.de/panorama/niels-hoegel-mordserie-pfleger-chronologie-1.4190867

https://www.nwzonline.de/blaulicht/oldenburg-die-akte-hoegel-die-heldin-eine-frau-gibt-nicht-auf_a_50,0,3977312947.html

https://www.weser-kurier.de/stadt-delmenhorst/erinnerung-scheibchenweise-doc7e40srabm0m9j3cj7mu?reloc_action=artikel&reloc_label=/region/delmenhorster-kurier_artikel,-erinnerung-scheibchenweise-_arid,1795840.html

https://www.nwzonline.de/politik/niedersachsen/getoetet-aus-angst-vor-dem-tod-toetete-er-aus-angst-vor-dem-tod_a_24,0,485248569.html

https://www.morgenpost.de/vermischtes/article216003205/Patientenmoerder-Niels-Hoegel-Deshalb-toetete-er-regelmaessig.html

Kapitel 6 Die herrenlose Hand

Wikipedia, Gundolf Köhler

Wikipedia, Oktoberfestattentat

Wikipedia, Whersportgruppe Hofmann

ZEIT online „Die unbekannte Hand" von Ulrich Chaussy vom 09.09.10

ZEIT online „Wie war es wirklich?" von Stefanie Waske vom 26.02.15

www.tagesschau.de „Ermittlungen nach 40 Jahren eingestellt" Stand: 07.07.20

Kapitel 7 und 8 Linie 53 – Teil 1 / Linie 53 – Teil 2

https://www.spiegel.de/thema/geiselnahme_gladbeck/

https://gladbeck.rnd.de/

https://www.spiegel.de/spiegel/print/index-1989-26.html

https://www.spiegel.de/spiegel/print/index-1989-27.html

https://www.spiegel.de/spiegel/print/index-1989-28.html

https://www.spiegel.de/spiegel/print/index-1989-29.html

https://www.spiegel.de/spiegel/print/index-1989-30.html

https://www.spiegel.de/spiegel/print/index-1989-31.html

https://www.youtube.com/watch?v=B8LyLcRwCsM

https://www.youtube.com/watch?v=dJBFYPDrp6w

https://www.youtube.com/watch?v=PcjH_SJyK-g

Kapitel 9 Der Zopfmann

https://www.bka.de/DE/IhreSicherheit/Fahndungen/Personen/UnbekanntePersonen/Br%C3%BCbach_Tristan/bruebachTagesablauf.html

Podcast Von Mord und Totschlag, Episode 24 „Gegen das Vergessen- Mord an Tristan Brübach, ungelöst"

www.mordfall-tristan.de

Spiegel TV Der Mordfall Tristan Brübach

Speigel TV: Im Visier der Fahnder- Der Fall Tristan Brübach

https://www.faz.net/aktuell/rhein-main/mord-an-tristan-bruebach-die-losen-enden-12125962.html

Kapitel 10 Löwin

https://www.spiegel.de/panorama/justiz/selbstjustiz-im-gerichtssaal-rache-in-eigenregie-a-633791.html

https://www.spiegel.de/spiegel/print/d-14319511.html

https://www.familien-welt.de/familie/ratgeber/1747-der-fall-bachmeier

https://www.familien-welt.de/familie/ratgeber/1747-der-fall-bachmeier/2

https://www.lto.de/recht/hintergruende/h/gerichte-sicherheit-kontrollen-dachau/

https://www.ndr.de/geschichte/chronologie/Marianne-Bachmeier-Selbstjustiz-einer-Mutter,mariannebachmeier101.html

https://www.spiegel.de/spiegel/print/d-14346354.html

https://www.emma.de/artikel/muessen-auch-wir-marianne-bachmeier-den-prozess-machen-265214

https://www.welt.de/vermischtes/article1725386/Die-Rache-der-Marianne-Bachmeier.html

https://magazin.spiegel.de/EpubDelivery/spiegel/pdf/14319511

https://www.spiegel.de/politik/hoffentlich-ist-er-tot-a-d54abc89-0002-0001-0000-000014018089?context=issue

Kapitel 11 Menschenwürde

https://de.wikipedia.org/wiki/Daschner-Prozess

https://de.wikipedia.org/wiki/Magnus_G%C3%A4fgen

https://taz.de/Wie-sich-Magnus-Gaefgen-als-Opfer-stilisiert/!5179691/

https://www.anstageslicht.de/themen/justiz-und-polizei/folter-drohung-wolfgang-daschner/die-berichte/die-berichte-des-berliner-tagesspiegel/ja-mama-ich-wars/

https://de.wikipedia.org/wiki/Bankhaus_Metzler

https://de.wikipedia.org/wiki/Friedrich_von_Metzler

https://www.journal-frankfurt.de/journal_leute_info/Kultur-69/Sylvia-von-Metzler-78.html

https://www.wunderweib.de/jakob-von-metzler-kaum-war-das-kind-tot-buchte-der-entfuehrer-einen-luxus-urlaub-114745.html

https://www.heise.de/tp/news/Die-Menschenwuerde-des-Magnus-G-2034383.html

https://www.op-online.de/region/frankfurt/jakob-metzler-waere-heute-jahre-2514382.html

Podcast: Reich, schön, tot – Folge 32 „Der Fall Jakob von Metzler- Sonderfolge mit Tanja May"

Podcast: Verurteil! Der Gerichtspodcast – Folge 10 „Der Kindsmörder"

ZDF-Fernsehfilm „Der Fall Jakob von Metzler" 2012

Buch: „Um Leben und Tod- Wie weit darf man gehen, um das Leben eines Kindes zu retten? Der Fall Jakob von Metzler- Protokoll eines Verbrechens" von Ortwin Ennigkeit und Barbara Höhn

Printed in Poland
by Amazon Fulfillment
Poland Sp. z o.o., Wrocław

81717163R00175